Marie-Luise Marjan
»Denk jetzt nicht, du kannst schon alles ...«

Marie-Luise Marjan
mit Hans Dieter Schreeb

»Denk jetzt nicht, du kannst schon alles ...«

Autobiografie

Die Deutsche Bibliothek – CIP-Einheitsaufnahme
Marjan, Marie-Luise:
»Denk jetzt nicht, du kannst schon alles...« : Autobiografie /
Marie-Luise Marjan mit Hans Dieter Schreeb. – Orig.-Ausg. –
Köln : vgs, 2000
ISBN 3-8025-2713-5

Originalausgabe
© vgs verlagsgesellschaft, Köln 2000
Umschlagfoto: Cornelis Gollhardt/Köln; Stephan Wieland/Düsseldorf
Umschlaggestaltung: Alex Ziegler, Köln
Text- und Bildauswahl: Kurt-Jürgen Heering
Bildredaktion: Ina Schmidt
Produktion: Angelika Rekowski
Satz: Greiner & Reichel, Köln
Druck: Pustet, Regensburg
Printed in Germany
ISBN: 3-8025-2713-0

Inhalt

Das Leben ist ein langes Rätsel	7
Ein fröhliches Kind	17
Butterblumen und Kürbissuppe	24
»Du kommst doch nicht mit leeren Händen«	29
»Bonjour, mes enfants!«	39
Ritt auf dem Besen	45
Buttercremetorte und Lohengrin	52
Ein schlimmer Vertrauensbruch	62
Der erste Kuss	69
Wunschkinder und wahre Eltern	72
»Willst du dich ins Unglück stürzen?«	81
»Wir Westfalen sind nun mal so gewachsen …«	90
Ein »möbliertes Fräulein«	99
»Der Untergang der Freiheit«	108
»Denk jetzt nicht, du kannst schon alles!«	115
Ab in die Provinz	121
»Ein herzlicher Gruß aus dem D 464«	128
Der liebe Augustin	132
»Die Bänke waren ein bisschen hart …«	139
Wie eine Nordpolexpedition …	145
»Oh, mein Marlieselein!«	152
»Und mit dem Namen, da überlegen Sie sich was!«	161
Schwester Malwine	167
Eine eigene Identität	173
Der leise Wahnsinn	178
»Extraordinaire … extraordinaire!«	186
Ich habe die Rolle nicht bekommen	192

»Haben Sie auch die Rose Bernd drauf?«	198
Ein ordentliches Bier	208
Das lange Sterben	215
»Von Politik versteht ihr Weiber ja nichts …«	223
Das letzte Wort	229
Wilde Zeiten	240
»Wenn du dich so sehen willst …«	245
»Ach, wär ich doch aus Stein wie du …«	252
Hure, Bäuerin, Krankenschwester	261
»Vom Libanon wirst du kommen mit mir …«	270
Eine Schauspielerin muss alles spielen	281
»Ich mochte die Cliffs von Anfang an nicht …«	288
Schwarzer Jahrmarkt	295
Die Trösterin Consolazione	304
Der Bankier der Mafia	310
Residenz zu vermieten	316
»Was man vor zwölf nicht erlebt …«	324
Das galante Kätzchen	331
»Alle sagen, Sie sind Mutter Beimer …«	338
Totgesagte leben länger	345
Eine deutsche Familie	349
»Jetzt will ich Ihnen mal was sagen, Frau … Beimer!«	356
Was macht Mutter Beimer im tiefsten Westfalen?	363
Mutter der Nation	370
Morgenröte der Freude	382
Schloss Bellevue	390
Bildnachweis	396
Register	397

Das Leben ist ein langes Rätsel

Warum? Warum ich?

Gewöhnlich stellt man sich eine solche Frage, wenn man sich vom Schicksal verfolgt fühlt, wenn man verzweifelt ist. Mir kam sie, als ich mich glücklich, geradezu euphorisch fühlte – an einem Abend, als ich zusammen mit meinen Kollegen aus der »Lindenstraße« unsere erste große Auszeichnung feierte, den »Bambi«. Das war im Jahr 1989.

Bei der Ehrung, im Arri-Studio in München Schwabing, saßen wir an großen, prachtvoll dekorierten Tischen. Neben mir Joachim Hermann Luger, mein Fernseh-Ehemann; in meiner Nähe Annemarie Wendl, die neugierige Hausmeisterin Else Kling, und Wolfgang Grönebaum, der den Egon Kling spielte. Ludwig Haas war da, der vom Schicksal gebeutelte Allgemeinmediziner Dr. Dressler; und Ute Mora, unsere Berta Griese; Martin Rickelt, mein »Onkel Franz«, ein seit dreißig Jahren mit mir befreundeter Kollege; Marianne Rogée, die damals den Friseursalon der »Lindenstraße« führte; und Tilli Breidenbach, im Fernsehen die Lydia Nolte; Kostas Papanastasiou, seit der neunten Folge der Wirt der griechischen Taverne Akropolis, und Andrea Spatzek, unsere Gabi, auch sie eine Bewohnerin der »Lindenstraße« von der ersten Stunde an.

Das ganze Team sollte ausgezeichnet werden. Hans W. Geißendörfer, der geistige Vater der Serie, sprach bei der Preisverleihung einige Worte für uns alle, über die Absichten, die unsere Geschichten verfolgten: Anspruchsvolle Unterhaltung mit Tiefenwirkung; nun, nach fast vier Jahren, konnten wir sagen, dass wir das erreicht hatten. Die »Lindenstraße« war auf dem Weg eine Institution zu werden, und da ihre Autoren immer Stellung bezogen, ernteten wir begeisterte Zustimmung oder heftige Ablehnung, aber unsere Fernsehschicksale ließen niemanden kalt.

Stellvertretend für alle nahm Moritz A. Sachs, »mein Klausi«, der Jüngste der Beimers, den »Bambi« in Empfang.

Es war die 42. Verleihung des Preises, den das Verlagshaus Burda 1948 gestiftet hatte. In den einundvierzig Jahren davor hatte sich der »Bambi« zu einer ganz besonderen Auszeichnung entwickelt – eine große Zeitung verglich den Preis einmal mit einer Illustrierten, die nur einmal im Jahr erscheint und so »ein Spiegelbild unserer Gesellschaft zeigt«.

Die Statuten verlangen, dass Leistungen bedacht werden, »die in der Bevölkerung Zustimmung, Beifall und Anklang« finden. Ausgezeichnet werden Persönlichkeiten aus Film, Fernsehen, Theater, Musik, Mode, Politik und Sport; jeder von ihnen muss Deutschland in den Monaten vor der Preisverleihung durch besondere Leistungen beeindruckt und begeistert haben.

Die Geschichte, der dieser Preis seinen Namen und sein Aussehen verdankt, erzählt von einem Rehkitz, dem »Prinzen des Waldes«, und handelt von Freundschaft und dem Erwachsenwerden. Walt Disney und seine Zeichner haben daraus einen der schönsten aller Zeichentrickfilme gemacht, einen Kino-Klassiker, der noch heute Kinderherzen in aller Welt erfreut.

Mit Hans W. Geißendörfer bei einem »Lindenstraße« – Sommerfest. 1989.

Auch für mich gehört »Bambi« zu meinen herzergreifenden Jugenderinnerungen. Ich habe den Film 1950 in einer Kindervorstellung gesehen, zusammen mit meiner Mutter und vielen Kindern, die mindestens so aufgeregt waren wie ich. Als Bambis Mutter von Jägern erlegt wurde, ging ein Schluchzen durch den Saal. Das wird heute nicht anders sein.

Als die Mitwirkenden der »Lindenstraße« ihren »Bambi« erhielten, wurden auch Karl Lagerfeld, Marcel Reich-Ranicki, Helmut Markwort, Michele Placido und Marianne Sägebrecht ausgezeichnet. Heidi Kabel wurde für ihr Lebenswerk geehrt, Teddy Kollek, der Bürgermeister von Jerusalem, bekam den »EhrenBambi«, und zum aller ersten Mal erhielt auch eine Fernsehproduktion der DDR den Medienpreis des Hauses Burda, das Jugendmagazin »elf/99«. Das deutete an, welche ungeheuren Umwälzungen dieses Jahr gebracht hatte. Aber wer hätte zu diesem Zeitpunkt, im Dezember 1989, ahnen können, dass es ein Jahr später keine DDR mehr geben würde?

So prominent wie die Preisträger waren auch die, die lobende Worte über die Ausgezeichneten zu sagen wussten; Jürgen Prochnow, Laudator für Marianne Sägebrecht, scherzte, die »pfundige« Marianne habe »ihr ganzes Gewicht in den neuen deutschen Film geworfen«. Und Außenminister Hans-Dietrich Genscher nahm es gelassen, dass er zu früh auf die Bühne wollte, um Teddy Kollek zu würdigen. Er sagte schlagfertig: »Eigentlich müsste ich es besser wissen: Ich habe doch immer das letzte Wort.«

Unter den Gästen waren viele Kollegen, die ich seit langem kannte, aber auch Berühmtheiten, die ich hier zum ersten Mal sah: Aenne Burda zum Beispiel, achtzig Jahre und unglaublich agil; Dr. Hurbert Burda und Leo Kirch.

Hinterher gab es nicht enden wollende Gratulationen. Das

Festessen für 400 Personen umfasste exotische Köstlichkeiten aller nur erdenklichen Art – asiatische Riesenkrebse, Papaya, Sojakeimlinge und Wilden Reis; auf den Vorspeisenteller legte sich ein leichter Schleier, weil sich die Nebelmaschine vorzeitig in Bewegung gesetzt hatte und nicht abstellen ließ. Eigentlich sollte sie die Mitternachtsshow stimmungsvoll untermalen, auf der Tom Jones und Chris de Burgh, auch er ein Preisträger dieses Jahres, sangen.

Und dann kam der Moment, von dem ich erzählen möchte. Mitten in dem Riesentrubel und der allgemeinen Heiterkeit und Ausgelassenheit schoss es mir plötzlich durch den Kopf: Warum? Warum ich?

Für die Dauer eines Herzschlags erschien mir alles unbegreiflich. Wahrscheinlich kennt jeder solche Momente. Man steht neben sich und sieht sich selbst zu. Das kann einem bei einer Beerdigung passieren oder auf einem überfüllten Marktplatz. Man denkt: Was mache ich hier? Was suche ich hier? Wie ist das alles zusammengekommen?

Es gibt einen französischen Film von Claude Lelouch, »So sind die Tage und der Mond«, in dem kommt der Satz vor: »Das Leben ist ein langes Rätsel, für die Gewinner wie für die Verlierer.« Dieser Satz drückt aus, was ich in diesem Moment fühlte. Für einen Augenblick empfand ich nur Nachdenklichkeit und Staunen, gemischt mit Dankbarkeit, ja, Dankbarkeit.

Was wäre gewesen, wenn ich damals abgelehnt hätte, als mir die Rolle der Helga Beimer angeboten wurde? Wie wäre es gekommen? Besser? Schlechter?

In jedem Fall anders, ganz anders.

Hatte ich erreicht, was ich mir als Schauspielerin erträumt hatte? Oder hatte der Zufall die Lebensweichen gestellt?

Das Leben ist ein langes, langes Rätsel. Für jeden von uns!

Porträt. 1979.

Porträt. Anfang der 70er Jahre.

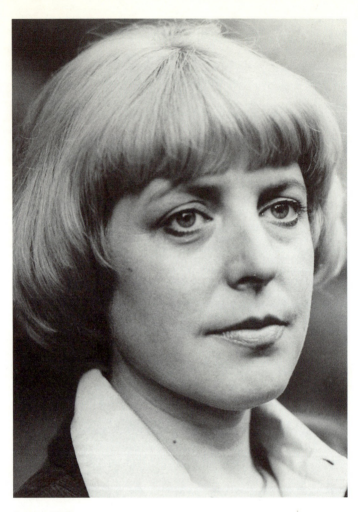
Porträt. 1973.

Porträt. 1970.

Ein fröhliches Kind

Ich war ein fröhliches Kind. Mutter sagte mir später einmal, ich hätte sie vom ersten Augenblick an angestrahlt. Jeden Morgen freute ich mich schon beim Aufstehen auf den Kindergarten. Ich war zwar evangelisch getauft, doch Mutter schickte mich aus praktischen Gründen in den katholischen Kindergarten: Er lag auf der anderen Straßenseite. Dort haben wir gesungen, gespielt und natürlich auch gebetet.

Es hat mir schon damals große Freude bereitet, zu singen und kleine Gedichte aufzusagen. Nach meiner Erinnerung habe ich sogar die Leute im Luftschutzkeller zu erheitern versucht. Aber es ist nicht einfach, Menschen zum Lachen zu bringen, die Angst haben. Auch als Kind spürt man die Unruhe der Erwachsenen. Und wenn die Bomben fallen, der Boden vibriert und das Licht flackert, wird auch das fröhlichste Kind still.

Ich bin am 9. August 1940 in Essen geboren und in Hattingen an der Ruhr aufgewachsen, in der Bahnhofstraße 32. Meine Eltern hießen Hanni und Emil Lause, ich wurde auf den Namen Marlies getauft.

Unsere Wohnung befand sich im ersten Stock, die beiden Fenster des Wohnzimmers gingen zur Bahnhofstraße. Vom Schlaf-

Im Waisenhaus. Weihnachten 1941. Auf dem Boden sitzend, zweite von rechts.

zimmer aus blickte man in einen schönen Garten – mit Springbrunnen, Blumenbeeten, Johannis- und Stachelbeersträuchern sowie einem alten, knorrigen Pflaumenbaum. Außerdem hatte Vater hier einen Schuppen für Werkzeuge errichtet, in den er sich gerne zurückzog.

Im Wohnzimmer gab es einen halbhohen Kachelofen mit einer weißen Marmorplatte. Auf ihr ließ Mutter in der Weihnachtszeit den Gebäckteig »gehen« und »ruhen«. Sie backte alle Leckereien, die zu Weihnachten gehören: Anis-, Butter- und Nussplätzchen, Spritzgebäck und Zimtsterne. Selbstverständlich gab es diese Köstlichkeiten erst nach der Währungsreform, nach dem Ende von Reichsmark und Lebensmittelkarten. In den Jahren zuvor hatte Mutter aus »Zuteilungen« wie Haferflocken und künstlichen Aromen etwas Plätzchen-Ähnliches gezaubert; das schmeckte auch.

An der großen Wand neben dem Kamin stand das klassische mahagonifarbene, für die Ewigkeit gezimmerte Büffet, dekoriert mit Porzellantellern und Familienfotos in kleinen goldenen Rahmen, deren Gold allmählich verblasste. Später wurde umgeräumt und an seine Stelle kam ein Klavier. Es war für »das Kind« angeschafft worden, für mich. Mit neun Jahren bekam ich meine erste Klavierstunde; Mutter hatte das durchgesetzt. Dann gab es den schweren, ausziehbaren Esstisch. Normalerweise lag eine Häkeldecke auf der Platte, die nur abgenommen wurde, wenn Mutter den Tisch für Gäste deckte.

Das Radio, unser Ohr zur Welt, stand in der Küche. Erst war es ein Volksempfänger, der zu Beginn der fünfziger Jahre einem dunkel polierten Gerät mit magischem Auge und genopptem Stoff vor den Lautsprechern Platz machen musste. Das neue, schöne Radio wurde in wöchentlichen Raten abgezahlt und brachte für Mama Musik und für Papa Politik. Außerdem die Totozahlen und die Vorschau zu den Wochenendspielen: »Rot-Weiß Essen gegen Schalke 04 – der Großkampf von entscheidendem Charakter steht bevor, Form bei Rot-Weiß Essen zur Zeit grandios, bei Schalke 04 brillant...« Allerdings haben diese Experten-Tipps Vater nicht viel genützt, wir haben nicht ein einziges Mal eine nennenswerte Summe gewonnen.

Die weiß gekachelte Küche war der zentrale Raum der Wohnung. Wollte man ins Wohn- oder Schlafzimmer gehen, musste man hier durch. Im Schlafzimmer standen die Ehebetten und quer davor meines. Über dem Bett der Eltern hing ein großer Buntdruck, eine büßende Magdalena mit Schleier, und in der Buße noch so schön wie in der Sünde.

Ich habe lange mit den Eltern in einem Zimmer geschlafen; erst spät wurde mir eine eigene kleine Kammer unter dem Dach eingerichtet. In der Erinnerung haben meine Eltern immer die Kleider an, mit denen sie tagsüber umherliefen, oder lange Nachthemden beziehungsweise längs gestreifte Schlafanzüge. Aus dem An- und Ausziehen oder dem Waschen wurde immer ein Geheimnis mit auf- und zugehenden Türen und langem Warten gemacht. Wir wuschen uns in der Küche und samstags badeten wir auch dort, in einer Zinkwanne, die aus dem Keller geholt wurde.

Die Wäsche wurde in einer gemauerten Wanne im Keller gewaschen. Vater half Mama und oft erledigte er das Wäschewaschen auch allein, weil ihr Herz nicht das beste war und die große Wäsche sie sehr anstrengte. Dabei half ich Vater, so gut ich konnte; ich rührte mit der Kelle die Wäschestücke beim Kochen oder fischte, wenn alles fertig war, leichtere Teile aus der Wäschelauge.

Das Haus Bahnhofstraße, Ecke Wülfingstraße, steht heute noch so, wie es in den zwanziger Jahren gebaut worden ist. Das ist nicht selbstverständlich, denn die Stadt ist in den letzten Kriegsjahren

»Steh gerade, Kind!« Hattingen, 1945.

stark zerbombt worden. An einem einzigen Tag im März 1945 wurden weit mehr als tausend Bomben auf Hattingen abgeworfen – tausend Bomben auf eine Stadt, die gerade einmal 20 000 Einwohner zählte. Glücklicherweise wurde dabei nur ein Teil der Altstadt aus dem 12. Jahrhundert zerstört; heute ist sie romantischer denn je und eine Touristenattraktion.

Das eigentliche Ziel der Angriffe war die Henrichshütte, das Stahlwerk, von dem Hattingen lebte. Die Hütte, ein riesiger Koloss, wurde mehrfach getroffen, aber ganz zum Erliegen kam sie erst 1981. Da wurde sie wegen mangelnder Rentabilität stillgelegt.

Für mich beschränken sich die Erinnerungen an den Krieg auf die Stunden im Luftschutzkeller und das unglaubliche Staunen, wenn da, wo vorher Häuser gestanden hatten, nur noch Ruinen oder Schuttberge waren. Und an Tote erinnere ich mich, die einfach auf der Straße lagen, als ob sie jemand da hingelegt hätte.

Ein Erlebnis aus dieser Zeit werde ich nie vergessen. Wir waren in unserem kleinen Garten am Mühlenkamp, wo wir Gemüse zogen und Vater einige Hühner hielt. An einem Nachmittag im Spätherbst 1944 – es war schon fast Winter – wollte Mama Kohl abschneiden, als zwei Tiefflieger auf uns zuschossen. Eines der Flugzeuge eröffnete das Feuer. Mutter ließ sich fallen und zerrte mich zu Boden. Wir robbten auf die kleine Bude zu, in der die Geräte aufbewahrt wurden. Nur vorwärts, nur Schutz finden! Wir schafften es in den Schuppen, wo ein Gegenstand auf mich fiel, ein Brett oder eine alte Tür. Gott sei Dank wurde sie von etwas aufgehalten, ich war nur zur Hälfte darunter begraben. Trotzdem schmerzte nachher mein Bein.

Doch dieser Schmerz war nichts im Vergleich zu der Enttäuschung darüber, wie mein neues blaues Mäntelchen aussah – voller Schmutz und Erde und voller Hühnerfedern. Mama, die gelernte Hutmacherin war und alle meine Kleider selbst nähte, hatte es mir erst kurz zuvor geschenkt. Ich war so stolz auf dieses Mäntelchen und nun sah es aus wie Hund. Ich weinte vor Wut und Enttäuschung. Mama tröstete mich und als wir mit unserem Kohlkopf nach Hause humpelten, versuchte sie mich mit kleinen Späßen aufzumuntern. Aber mir war nicht nach Lachen zumute. So ein hübscher Mantel und nun so verdreckt ...

Butterblumen und Kürbissuppe

Mutter war 1898 geboren, Vater 1893 und ich 1940. Als ich ein junges Mädchen war, kamen sie mir manchmal wie meine Großeltern vor. Die anderen Kinder hatten viel jüngere Eltern. Warum das so war, wusste ich damals nicht.

Unsere Verwandtschaft war unüberschaubar groß. Es gab neben den Neffen, Nichten, Vettern und Cousinen vor allem zahllose ältere Tanten und Onkel, Großtanten und Großonkel. Entsprechend gab es ständig Beerdigungen. In meiner Erinnerung traf alle drei Monate eine Todesnachricht ein, meistens, wenn Mutter gerade die Wäsche aufhängte.

Die Beisetzungen waren, wie Beisetzungen nun mal sind: Erst das bekümmerte Zusammenstehen vor der Friedhofskapelle und die Tränen am Grab, dann die Feiern, wo es dünnen Kaffee und viel Kuchen gab, auch ein paar »Schnäppsken«, und am Ende lagen sich alle in den Armen und sprachen einander Trost zu.

Meistens waren unsere Verwandten Handwerker oder kleine Angestellte, allesamt rechtschaffene Leute. Mamas Eltern, die Eckeys, wohnten wie wir in der Bahnhofstraße. Opa Fritz hatte früher ein Fuhrunternehmen mit Pferd und Wagen besessen. Davon gab es zu meiner Zeit nur noch Fotos: Opa Fritz vor dem Pferdegespann oder auf dem Kutschbock des Kastenwagens. Ich

In Positur! Bei der Geburtstagsfeier meines kleinen Vetters Hans Willi.

erinnere mich an ihn nur als einen Mann, der im Bett lag. Insgesamt 21 Jahre litt er an der Gicht, die seinen Körper verkrümmt hatte. Doch er trug sein schweres Schicksal mit bemerkenswerter Fassung und hatte immer ein freundliches Wort oder einen kleinen Scherz für uns übrig. Sein Bett stand in einem Durchgangszimmer; so nahm er an allem teil, was in der Wohnung vorging. Wenn wir ihn und Oma besuchten, setzte sich Mutter auf den Rand seines Bettes und unterhielt sich mit ihm; und ich durfte das Kopfkissen richten oder ihm helfen, aus der Schnabeltasse zu trinken.

Papas Vater, den ich nicht mehr kennen gelernt habe, war Bäckermeister in Nierenhof gewesen. Nierenhof gehörte zum Amt Hattingen und war so etwas wie ein Vorort, ein paar Kilometer südwestlich gelegen, an der Bahnlinie nach Kupferdreh.

Vater hatte acht Geschwister. Onkel Paul war Postbote in Essen, ein schmaler, hagerer, stiller Mann. Er lebte sehr zurückgezogen. Wenn ich mich richtig erinnere, habe ich ihn nur bei Beerdigungsfeierlichkeiten gesehen.

Onkel Alfred wohnte noch in Nierenhof. Er war in ein Drama verstrickt. Er liebte Tante Maria und die liebte ihn; leider hatte sie einen anderen geheiratet. Onkel Alfred wartete fast sein ganzes Leben lang auf sie. Als Tante Marias Mann starb, heirateten die beiden. Damals waren sie schon ältere Herrschaften, aber ihr spätes Glück war ihnen deutlich anzusehen. Tante Maria hatte dunkle Augen und ein angenehmes Wesen; ihr Sohn war im Krieg gefallen. Sein Bild hing an der Wand ihres Wohnzimmers und darunter stand immer eine kleine Vase mit Blumen.

Onkel Willi betrieb einen kleinen Elektroladen in Nierenhof und hatte einen Jungen, der kaum älter war als ich. Ein Geheimnis umgab ihn, es hieß, er sei angenommen. Was das bedeutete, sollte ich erst sehr viel später erfahren. Damals war er für mich der fast einzige richtige Spielkamerad. Bei Beerdigungen saßen wir meist abseits von den Älteren und unterhielten uns. Und wenn die Feier voranschritt, liefen wir raus und spielten.

Meistens waren wir Kleinen bei Familienfeiern einfach nur anwesend und hatten nichts beizutragen. Einmal jedoch war das anders: Auf der goldenen Hochzeit von Oma und Opa Eckey sollte ich ein Gedicht aufsagen. Bei der dritten Strophe wusste ich plötzlich nicht mehr weiter, der Text war weg. Ich konnte es nicht begreifen, es war, als hätte ich den Vortrag nie geübt. Ein aufmunterndes Raunen ging durch den Raum, aber die nächste Strophe wollte mir nicht einfallen.

Mutter war die Einzige, die verstand, was in mir vorging. Sie tröstete mich, nahm mich in den Arm und wiegte mich, und auf einmal konnte ich den Text wieder. Mutter sorgte dafür, dass ich die letzten Zeilen noch vortragen durfte. Die Onkel und Tanten freuten sich, tätschelten mir anerkennend die Wange – und wandten sich wieder ihrer Kaffeetafel zu. Ich aber war zutiefst beschämt und traurig.

Eine der Schwestern von Papa war unförmig dick. Um sie habe ich immer einen großen Bogen gemacht, ich mochte nicht, wenn sie mich an ihren großen Busen drückte. Eine weitere seiner Schwestern, Tante Frieda, galt als verschroben und irgendwie lebensuntüchtig. Tatsächlich blickte sie immer etwas verschreckt um sich, als fürchtete sie, gescholten zu werden. Bevor sie eine »alte Jungfer« wurde, »besorgten« die Geschwister ihr einen Mann; merkwürdigerweise wurde Tante Friedas Ehe eine der dauerhaftesten in unserer gesamten Verwandtschaft.

Vaters Bruder Willi war Eisenbahner in Neviges und bewohnte ein Häuschen direkt neben der Bahnlinie. Im Frühling lieferte mich Mama oft bei Onkel Willi ab, damit ich Sonne und frische Luft abbekam. In Hattingen rauchten die Schornsteine, die Wäsche war schwarz, kaum dass sie auf der Leine hing. Außerdem musste ich als Kind Lebertran schlucken und mich vor die Höhensonne setzen; ich hatte Eisenmangel und zu wenige rote Blutkörperchen.

Ich freute mich immer auf Neviges, wenngleich ich mir um meine Gesundheit damals natürlich keine Gedanken machte. Bei Onkel Willi war es einfach traumhaft schön. Rund um sein Häuschen blühten die Schlüssel- und Butterblumen, ganze Wiesen strahlten in leuchtendem Gelb. Jedes Mal, wenn ich den Film »Doktor Schiwago« sehe und den überirdisch gelben Frühling, der da gezeigt wird, fühle ich mich in meine Kindheit zurückversetzt. Ich sehe und höre die dampfende, tutende Eisenbahn und habe wieder die blühenden Wiesen voller Schlüsselblumen, zartblauem Wiesenschaumkraut und gelben Butterblumen vor Augen.

Daneben gab es noch die Herbstferien im Sauerland. Tante Mine, eine Verwandte von Mutter über mehrere Ecken, wohnte im idyllischen Frömern, in einem über und über mit Schiefer bedeckten Haus, ganz nahe bei Kirche und Pfarrhaus. Auch zu ihr fuhr ich gern. Tante Mine konnte besonders gut kochen. Eine ihrer Spezialitäten war die Kürbissuppe, der ich viele Jahre später in meinem Kochbuch ein Denkmal zu setzen versucht habe.

Im Herbst duftete Tante Mines ganzes Haus nach Äpfeln. Sie wurden sorgsam in Scheiben geschnitten, entkernt und auf eine Schnur gezogen. Die Apfelschnitze waren dann aufgefädelt wie Perlen und wurden zum Trocknen auf den Speicher gehängt, um dann im Winter verspeist zu werden.

Zum Herbst im Sauerland gehörten auch die hoch beladenen Bauernwagen. Für uns Kinder war es eine Seligkeit, hoch oben auf dem Heuwagen zu sitzen. Als ich später Erzählungen von Anton Tschechow las, meinte ich, in ihnen Stimmungen und Empfindungen wiederzufinden, die ich fast schon vergessen hatte. Aber wahrscheinlich kennt jeder, der mit langem Abstand auf seine Kindheit zurückblickt, solche verklärenden Stimmungen.

»Du kommst doch nicht mit leeren Händen ...«

Papa war Elektriker im »VEW Gemeinschaftswerk«, einem E-Werk, das 1911 von den Städten Bochum und Barmen gegründet worden war; daher der altväterlich-sozialistisch klingende Name. In den Jahrzehnten seines Bestehens wurde das Werk mehrfach vergrößert und immer auf dem technisch neuesten Stand gehalten. Das Gemeinschaftswerk war für die Region lange Zeit überlebenswichtig, denn ohne Strom gab es keine Kohle, keinen Stahl, keine Straßenbahn und kein Kino. Doch 1990/91 wurde es abgerissen; heute sieht man dort, wo es einst stand, grüne Wiesen – wie vor seiner Gründung. Es ist, als hätte das Werk niemals existiert.

Das Werksgebäude lag unmittelbar an der Ruhr, an einem ehemals besonders schönen, besonders ruhigen Fleck, einer Ruhrschleife. Wenn ich als junges Mädchen in der Ruhr schwamm, konnte ich mir immer sagen: Da drüben arbeitet Papa! Es gab aber auch sonst niemanden in Hattingen, der das Gemeinschaftswerk nicht kannte. In den fünfziger Jahren war es nachts strahlend hell erleuchtet. Tagsüber rauchten buchstäblich die Schornsteine. Besonders die Maschine Nr. 8 war eine Dreckschleuder sondergleichen, über die sich Vater regelmäßig aufregte. Wer in die Nähe des Werkes kam, hatte bald den Ruß auf der Zunge. Und ein Arbeiter

Meine Eltern, Hanni und Emil Lause. Um 1930.

war speziell dafür ausgebildet, seinen Kollegen gefährliche Rußpartikel aus den Augen zu entfernen.

Papa war »Einschichter«. Das bedeutete, seine Schicht begann regelmäßig um 6 Uhr früh und endete um 14 Uhr. Erst jetzt, beim Nachdenken über ihn, ist mir aufgegangen, dass er es besser hatte als der Großteil seiner Kollegen. Die mussten in wechselnden Schichten arbeiten, tagsüber und nachts, werktags und sonntags. Ich weiß nicht, warum er bevorzugt wurde; möglicherweise hing es damit zusammen, dass er schon vor dem Krieg und während der Kriegsjahre dort gearbeitet hatte. Jedenfalls kannte ich es nicht anders, als dass Papa und Mama in aller Herrgottsfrühe aufstanden. In der Küche raschelten und flüsterten sie, um »das Kind« nicht zu wecken, und wenn Papa mit Butterbroten und Thermoskanne das Haus verlassen hatte, legte sich Mama noch mal ins Bett. Den Weg zur Arbeit, gut eine Dreiviertelstunde, legte Papa, so lange er im Werk beschäftigt war, zu Fuß zurück. Auch als er später ein Motorrad hatte, änderte sich daran nichts.

Als ich im Frühjahr 1947 eingeschult wurde, ging ich ebenfalls zu Fuß zur Schule. Der Weg von der Bahnhofstraße die Wülfingstraße hoch und dann über den Rathaus-Markt bis zur Heggerstraße war sehr lang, besonders für ein kleines Mädchen in Holzsandalen; Kinderschuhe waren in den Nachkriegsjahren absolute Mangelware. Doch das Laufen machte mir Spaß. In meiner Kindheit und Jugend bin ich viel mit Vater gewandert. Er war Mitglied im »Sauerländischen Gebirgsverein« und nutzte fast jedes Wochenende zu langen Ausflügen. Die Liebe zum Wandern habe ich bis heute nicht verloren.

Auf die Schule habe ich mich genauso gefreut wie zuvor auf den Kindergarten. Das lag sicher auch an den süßen Suppen, die wir dort bekamen. In den großen Pausen gab es zuerst »Schwedenspeisung« – Suppen, die das schwedische Rote Kreuz spendiert hatte – und nachher »Schulspeisung«, Grießbreisuppen mit Rosinen oder Erbsbreisuppen, die aus großen Kübeln ausgeschenkt wurden. Für die meisten Kinder war dies die einzige richtige Mahlzeit am Tag. Damals waren ein Drittel der Hattinger Bevölkerung Flüchtlinge aus dem Osten; sie hausten in Notunterkünften und ihre Kinder waren eingeschüchtert und blass.

Der erste Schultag. Hegger-Schule, Hattingen, April 1947.

Bei den Schulspeisungen mussten die Lehrer warten, bis alle Kinder satt waren, erst dann bekamen sie ihre Portion. Manchen von ihnen standen die Gier und der Neid ins Gesicht geschrieben; aber das ist kein Wunder, wenn man hungrig ist. Ich selbst habe den wirklich beißenden Hunger nie kennen gelernt, wahrscheinlich deshalb, weil wir unseren eigenen Gemüsegarten hatten und Mutter immer irgendetwas auftrieb. Vielleicht hatten wir auch einfach nur Glück, weil Papa im Gemeinschaftswerk beschäftigt war, das sofort nach dem Krieg wieder in Betrieb genommen wurde. Im Grunde hatte das E-Werk während des ganzen Krieges permanent Strom erzeugt, bis auf zwei Wochen, in denen als Folge der Bombenangriffe wirklich nichts lief.

Ein Arbeitsplatz im Werk war in den Jahren nach dem Krieg wie eine Lebensversicherung. Zusätzlich zum Lohn wurden in den schlechten Jahren Lebensmittel an die Betriebsangehörigen ausgegeben; in begrenztem Maße durften auch Kohlen mitgenommen werden, und der Strom, den wir verbrauchten, kam sowieso vom Werk und kostete nichts. Dafür wurde den Arbeitern allerdings auch einiges abverlangt. Die Arbeitszeit betrug damals 48 Wochenstunden, dazu kamen regelmäßig Sonderschichten.

In den Nachkriegsjahren hamsterten die Menschen um ihr Leben und versuchten sich irgendwie durchzuschlagen. Der Winter 1946/47 ist als »Hungerwinter« in die Geschichte eingegangen, und der folgende war auch nicht viel besser. Das Hamstern prägte den Alltag. Was man nicht kaufen konnte (und was konnte man schon kaufen?), wurde »organisiert«, im besten Fall getauscht.

Als ich im Frühjahr 1947 eingeschult wurde, schickte Mutter einmal auch Papa los, um Tauschgeschäfte zu machen. Ich sehe ihn noch mit prall gefülltem Rucksack losziehen; wir begleiteten ihn zum Bahnhof und mussten lange warten, bis ein Zug kam. Und als er endlich einfuhr, war er hoffnungslos überfüllt. Auf den Dächern saßen Reisende und auf den Puffern standen sie. Papa eroberte einen Platz auf dem Trittbrett eines Waggons und hielt sich mit einer Hand an einer Stange fest. Mit der anderen Hand winkte er uns Abschied nehmend zu.

»Emil, halt dich fest! Beide Hände!«, rief ihm Mama hinterher. In diesem Moment hatte ich Angst, ich würde ihn nie wieder sehen. Nach drei Tagen kam er glücklicherweise zurück. Aber er brachte alles wieder mit, was er eingepackt hatte: die beiden Kristallvasen und die sechs Teller vom guten Service ebenso wie die bunt bemalte Porzellanschale.

»Hanni, ich kann das nicht ... Ich kann nicht betteln!«, sagte er entschuldigend und zugleich schuldbewusst.

Mutter war wütend. »Du sollst nicht betteln. Du sollst tauschen! Du kommst doch nicht mit leeren Händen!«

»Hanni, ich kann's nicht ...«

Anschließend versuchte Mutter ihr Glück, und als sie wiederkam, hatte sie Öl, Schmalz und Butter in ihrer Tasche. Fett wurde damals mehr vermisst als alles andere. Dass später die Buttercremetorte zum Symbol des Wiederaufstiegs wurde, ist kein Zufall.

Ende 1947 wäre beinahe unsere »Heidelandschaft« gegen drei Stangen amerikanische Zigaretten – das war damals ein kleines Vermögen – eingetauscht worden. Ein Bekannter von Vater interessierte sich für das Ölgemälde und bot Vater ein Tauschgeschäft an. Als er die Hände nach dem Bild ausstreckte, protestierte ich: »Papa, du rauchst doch gar nicht!«

»Kind, es ist bald Weihnachten!«, versuchte Vater mich umzustimmen.

»Mama, bitte nicht das Bild!«, wandte ich mich Hilfe suchend an meine Mutter; ich wusste, was dieses Erinnerungsstück beiden bedeutete.

Mutter war unentschlossen. »Dann kann dir das Christkind Weihnachten nichts bringen ...«, versuchte sie mich zu überzeugen. Ein Drama lag in der Luft.

»Dann bringt mir das Christkind dieses Jahr eben nichts«, erwiderte ich trotzig.

Mama sah mich prüfend an. »Kind, es kann dir dann wirklich gar nichts bringen«, sagte sie noch einmal. Aber ich gab nicht nach und behauptete, ich würde auch gar nichts brauchen.

Einen Moment zögerte Mutter noch, dann wandte sie sich an Vaters Bekannten und sagte achselzuckend: »Sie haben es ja gehört, wir können das Bild nicht hergeben!«

Ich war felsenfest überzeugt, dass damit Weihnachten wirklich ausfallen würde. An Heiligabend aßen wir in der Küche. Aus dem Volksempfänger kamen Weihnachtslieder, und Papa wurde immer stiller. Wenn es feierlich wurde, fühlte er sich immer unwohl, auch bei Beerdigungen und Hochzeiten. An diesem Abend gab es Panhas. Das ist eine westfälische Spezialität, geschlagenes Blut mit Graupen und Gewürzen. Scharf gebraten und mit Kartoffelbrei und Apfelkompott schmeckt Panhas wirklich ausgesprochen gut.

Kaum waren wir fertig, da stand Papa auf und verschwand. Er sagte, er gehe noch mal um den Block, aber Mama und ich wussten, dass er für ein, zwei »Köm«, Kümmelschnäpse, in die Wirtschaft auf der anderen Straßenseite gehen würde. Ich war nicht unruhig und nicht bekümmert, es war ja klar, dass das Christkind in diesem Jahr nichts bringen würde. Als er zurückkam und seinen Mantel an den Garderobenhaken hängte, hoffte ich für einen kurzen Augenblick dennoch, er würde irgendetwas aus der Tasche ziehen, ein kleines Geschenk, das ihm das Christkind in die Manteltasche gesteckt hatte. Doch es geschah nichts.

Mama sagte: »Da bist du ja wieder ...«, und verschwand im

Wohnzimmer. Dann klingelte das Glöckchen, die Tür öffnete sich und zu meiner grenzenlosen Überraschung stand da ein geschmückter Tannenbaum mit brennenden Kerzen. Und darunter stand ein Paar hellbrauner Lederstiefelchen mit Besatz aus weißem Kunstfell. Ich konnte es nicht glauben und sah meine Eltern fragend an.

»Ja«, sagte Mama aufmunternd, »die sind für dich, mein Engelchen.«

Die Stiefelchen waren wunderschön, wenn auch ein bisschen groß. Etwas zum Reinwachsen eben. Ich weiß heute noch nicht, wie Mama und Papa sie aufgetrieben und was sie dafür hergegeben haben. Das Ölgemälde jedenfalls hing weiterhin an seinem vertrauten Platz.

Was für mich die Fronleichnamsprozession war, war für Papa der Umzug zum 1. Mai. Beide gehörten wir eigentlich nicht richtig dazu, aber wir ließen uns die feierlichen Umzüge nicht entgehen.

Ich war evangelisch getauft worden, ging aber lieber in die katholische Kirche. Da war alles viel feierlicher als in der evangelischen St. Georgs-Kirche, die wir an hohen Feiertagen besuchten und in der ich später konfirmiert wurde. Bei den Katholiken wurde lateinisch gesprochen, das war geheimnisvoller. Und der Pfarrer trug seine Gebete und Segenssprüche in einer Art Sprechgesang vor; das klang schöner als die nüchternen Predigten der Protestanten. Außerdem roch es bei den Katholiken wunderbar nach Weihrauch. Wenn die Messdiener in ihren schönen roten Gewändern mit dem weißen Spitzenüberwurf die Weihrauchfässer schwenkten, stiegen ganze Schwaden von Weihrauch auf und verbreiteten sich im Raum. Dieser Duft war betörend.

Bei der Fronleichnamsprozession ging ich mehr als einmal als »Engelchen« mit, die blonden Haare offen und ein Blütenkranz auf dem Kopf. Vor jedem der vielen mit Blumen dekorierten Altäre knickste ich und betete.

Papa war weder in der Gewerkschaft noch in einer Partei. Er marschierte aber bei jedem Umzug zum 1. Mai mit und unterstützte alle Forderungen der Gewerkschaft, erst nach Einführung der 45-Stunden-Woche und später der 40-Stunden-Woche. Als »Samstags gehört Vati mir« gefordert wurde, war er bereits in Rente.

Nach der Währungsreform, dem magischen Tag, den keiner, der ihn erlebt hat, je vergessen kann, wurde es für alle leichter. Auch für uns. Anfang 1950 konnte sich Papa ein Motorrad kaufen, eine gebrauchte BMW, die jedoch sehr gut erhalten war. Bei seinen Spazierfahrten nahm er entweder mich mit oder Mama. Einige Monate nach dem Kauf der Maschine oder vielleicht auch erst im folgenden Jahr konnte er sich einen Beiwagen leisten, den er eigenhändig im Hof anschweißte. Von da an waren wir als Familie mobil.

Im Winter besuchten wir Kühude oder Winterberg, wo wir lange Spaziergänge im Schnee machten oder uns auf altmodischen Skiern im Langlauf übten. Dort übernachteten wir meist in Jugendherbergen. Im Sommer fuhren wir regelmäßig zum Zelten an den Edersee oder an die Talsperren im Sauerland. Wir wanderten und schwammen und sammelten Pilze oder Beeren. Was wir auf diesen Wanderungen auflasen, wurde dann zu Hause gegessen oder eingemacht.

Ich erinnere mich, wie Papa einmal Fruchtschnaps machen wollte. Viele Pfunde dunkler Brombeeren wurden in der Küche entsaftet und in einem komplizierten Apparat langsam erhitzt. Anschließend füllte er sie zum Gären in einen Demion, einen durchsichtigen Flaschenbehälter, der mit Destillierröhrchen und Korken verschlossen wurde.

Am nächsten Morgen hörte ich Mamas aufgeregte Stimme: »Emil, was ist denn das für eine Schweinerei? Was hast du denn gemacht?«

Als ich in die Küche kam, sah ich, dass die ganze Decke mit dunkelroten Flecken übersät war.

»Da muss was geplatzt sein …«, verteidigte sich Vater kleinlaut.

»Wie? Das kann doch nicht platzen!«

»Hanni, natürlich kann das platzen. Das siehst du doch …«

»Wenn man das richtig macht, kann das nicht platzen!«

»Hanni, davon verstehst du nichts …«

»Jetzt muss die ganze Bude neu gestrichen werden«, seufzte Mutter. »Ach, Emil …«

»Bonjour, mes enfants!

Der erste Mann, der – von Papa abgesehen – große Bedeutung für mein Leben gewann, war Otto Daube, der Musiklehrer der beiden Städtischen Gymnasien in Hattingen.

Otto Daube war ein stattlicher Mann mit großen Gesten und ein hervorragender Pädagoge, der sich um die Schulmusik im Allgemeinen verdient gemacht hat. Mir hat er gezeigt, was in mir steckte. Dass ich Schauspielerin geworden bin, verdanke ich auch ihm.

Otto Daube war 1900 in Halle an der Saale geboren und damit so alt wie das Jahrhundert. Sein großes Ziel war, die Musikausbildung an den Schulen populär zu machen, er wollte Musik gewissermaßen zum »Breitensport« machen. Die Libretti von Opern und Singspielen wurden in seiner Nacherzählung zu aufregenden Geschichten. Er konnte derartig fesselnd über das – meistens schwere – Schicksal von Komponisten sprechen, dass sich ihre Lebensgeschichten anhörten wie von einem Schriftsteller erfunden. Es war ein mitreißendes Schauspiel, wenn er sich ans Klavier setzte und die Hauptmotive von Richard Wagners Werken herausarbeitete. Die Finger flogen nur so über die Tasten, und dazu deutete er mit einer unnachahmlichen Körpersprache die innere Dis-

Im Musikzimmer meines ehemaligen Lehres Otto Daube.
Ende der siebziger Jahre.

position der Figuren an, die zu diesen Motiven gehörten – den verschlagenen Schmied Mime, den liebestollen Wotan, die Rächerin Kriemhild ...

Nach Hattingen war Otto Daube 1948 gekommen. Zusätzlich zu seiner Lehrtätigkeit an den Gymnasien hatte er eine Singschule gegründet, die später »Hattinger Musikschule« hieß. Die Gebühren betrugen fünfzig Pfennig pro Monat, für »Minderbegüterte« war der Unterricht kostenlos. Zu den Proben traf man sich nachmittags in einem Klassenraum der Schule.

Hier wie im Schulunterricht verwendete Otto Daube eine besondere Handzeichen-Methode namens »Tonika-Do«, die sich unter Musikpädagogen zu einer Weltanschauung entwickelte. Die einen waren dafür, die anderen lehnten sie konsequent ab. Was es mit dieser Methode auch immer auf sich hat, Otto Daube und seine »Singschule« hatten damit großen Erfolg. Schon nach zwei Jahren Unterricht traten seine Schüler mit der schwierigen »Matthäus-Passion« vor Publikum auf.

Als ich die Sexta und Quinta besuchte, waren die beiden Hattinger Gymnasien, das Jungen- und das Neusprachliche Mädchengymnasium, auch »Lyzeum« genannt, in einem gemeinsamen Gebäude in der Bismarckstraße untergebracht. Das eigentliche Lyzeum in der Waldstraße war von Bomben getroffen worden und konnte erst Ende 1953 wieder bezogen werden.

Otto Daube brauchte also nur das Stockwerk zu wechseln, wenn er die Jungen beziehungsweise uns Mädchen unterrichten wollte. An einen gemeinsamen Unterricht war damals kaum zu denken. Quer durch den Schulhof lief ein weißer Strich, der die Geschlechter voneinander trennte. Grenzüberschreitungen wurden rigoros geahndet. Es gab niemals am gleichen Tag »hitzefrei« oder »schneefrei«. Wer weiß, was da alles hätte passieren können!

Die Schule selbst war ein Bau aus der Jahrhundertwende: hohe Decken, breite steinerne Treppen und Geländer, die man auf gar keinen Fall herunterrutschen durfte. Im Winter war es in dem Gebäude immer kalt und feucht.

Damals musste noch Schulgeld bezahlt werden, und vor der Aufnahme in die »höhere Schule« hatte man sich einer dreitägigen Prüfung zu unterziehen. Vor Beginn der Stunde stand die ganze Klasse stramm, und alle begrüßten die Lehrerin mit einem kräftigen »Guten Morgen, Fräulein ...«. Die Lehrerinnen waren eigentlich immer »Fräuleins«, meistens ältere Damen. Oder sie wurden gleich »Oma Nauk« genannt, wie unsere Handarbeitslehrerin, die eine brave und treue Kirchgängerin war. In der Handarbeitsstunde am Montag sorgten wir dafür, dass sie auf die gestrige Predigt zu sprechen kam, und stellten Fragen um Fragen, bis die Stunde vorüber war. Auf diese Weise erfuhren wir, wie Gott die Welt zusammenhält – mit Kreuzstich jedenfalls nicht.

Unsere Klassenlehrerin hieß Amanda Himmelmann, hatte graue Haare und einen Knoten im Nacken. Sie trug stets blässliche Kleidung und eine Brille, die ihr Gesicht besonders streng wirken ließ. Dabei war sie eigentlich sehr lieb.

Fräulein Cibis erteilte Deutsch, Geschichte und Biologie, sie lehrte uns den Aufbau des Knochensystems und las mit uns »Gustav Adolfs Page«. Erst sehr viel später, im Jahr 1968, ist mir aufgegangen, dass unser Geschichtsunterricht merkwürdig zeitlos war: Nazis kamen darin nicht vor.

Bei Fräulein Stricker hatten wir Französisch. »Bonjour, mes enfants!« war das Erste, was sie sagte, wenn sie das Klassenzimmer betrat. Üblicherweise sah sie sich erst einmal missbilligend um, verlangte mehr Disziplin, und dann ging's los mit Vokabeln und noch mal Vokabeln. Disziplin, Ordnung und korrektes Verhalten wurden generell höher bewertet als alles andere. Schließlich waren die meisten Lehrerinnen und Lehrer zur Kaiserzeit aufgewachsen und vermittelten nach wie vor die Werte und Tugenden von damals, ob sie das nun wollten oder nicht.

Heute gibt es keine Fräuleins mehr, die Sexta ist fast überall zur fünften Klasse geworden und die Quinta zur sechsten. Im katholischen Gottesdienst ist das mystische Latein durch ein kaum verständlicheres Deutsch verdrängt worden, und beim Vaterunser wird nicht mehr darum gebetet, dass man vom »Übel« erlöst werde, sondern von der »Sünde«. Das frühere »Übel« klang umfassender – man betete sozusagen um die Erlösung von wirklich allem Übel, und das beinhaltete für mich in manchen Fällen auch die Schulnoten. Im Allgemeinen waren sie im sicheren Mittel, doch gab es auch Ausreißer; mit Latein hatte ich immer zu kämpfen. Jedoch nie im Fach Musik, da war ich immer die Beste.

Im Jahr 1990, als ich nach vielen Theater- und Fernsehrollen und fünf Jahren »Lindenstraße« populär geworden war, lud das ZDF meine damaligen Mitschülerinnen und mich nach München ein, um einen Beitrag für die Reihe »Klassentreffen« aufzuzeichnen. Moderiert wurde die Sendung von Wim Thoelke, der gerade von einer schweren Krankheit genesen war und sich freute, wieder dabei zu sein.

Das Treffen fand auf einem Studiogelände statt, und wir Ehemaligen trafen uns zum Auftauen in der Kantine. Als die erste Fremdheit überwunden war, erzählten wir uns, wie unsere Lebenswege bis zu diesem Tag verlaufen waren.

Eine meiner Klassenkameradinnen hatte einen Großwildjäger aus Großbritannien geheiratet und später, nach Trennung und Scheidung, in Afrika Fotosafaris organisiert. Eine andere hatte ihr Kind verloren und sich in ihrer Verzweiflung rund dreißig Kilo angefuttert. Und eine Dritte hatte auf einer Reise nach Bayreuth zufällig den Mann fürs Leben kennen gelernt ... Es zeigte sich wieder einmal: Die »Lindenstraße« ist wirklich überall!

Eines erstaunte mich: Manche von uns erinnerten sich an die Schule als etwas Düsteres und Bedrückendes. Das konnte ich schwer nachvollziehen. Wenn ich an die Schule zurückdachte, sah ich mich auf der Bühne der Aula agieren. Oder ich hörte mich in Gedanken singen, entweder im Klassenzimmer oder im Bus, wenn wir mit dem Schulchor auf Reisen waren. Spielen, singen und die Proben mit Otto Daube – das sind für mich die beherrschenden Erinnerungen an die Schulzeit.

Ich hatte von klein auf eine kräftige Stimme und habe immer gerne gesungen, gleichgültig wo: mit Mutter in der Küche, im Kindergarten, in der Kirche, beim Wandern. Eine Freundin von mir, Renate Kieselbach, wohnte auf dem Land, in einem idyllischen Bauernhaus, wo ich sie oft besuchte. Renate und ihre Mutter erzählen heute noch amüsiert, wie sie im Haus oder im Garten waren und Gesang hörten, der näher und näher kam. Und wie ich schließlich aus dem Wald trat, die Schuhe in der Hand – sie mussten geschont werden – und immer noch sang.

Es war also kaum verwunderlich, dass Otto Daube und ich uns auf Anhieb verstanden. Er musste mich nicht überreden, in seine Singschule zu kommen, ich war sofort Feuer und Flamme. Vater gab nicht ohne weiteres seine Einwilligung, er wollte wissen, was das kosten würde.

Mutter sagte nur warnend: »Emil!«

»Es kostet doch was! Es ist doch nicht umsonst!«

»Alles kostet was! Auch das Motorradfahren!«

Gegen dieses Argument kam er nicht an. Mama nahm einen Bleistift, spitzte ihn mit dem Küchenmesser an und unterschrieb das Anmeldeformular. Sie förderte alles, das zu mehr Kultur und Bildung führte, ob es nun gute Tischmanieren, das Klavierspielen oder eben die Singschule war.

Ritt auf dem Besen

Ich war erst wenige Wochen Mitglied der Singschule, als ich an einem Ausflug teilnehmen durfte. Sechzig Schülerinnen der oberen Klassen gaben ihr erstes Konzert außerhalb Hattingens. Das Gastspiel fand im Lehrlingsheim einer Zeche statt. Das war mit Sicherheit kein Zufall: Kohle, Stahl und Eisen machten damals das Ruhrgebiet aus, und in diesen Jahren konnte sich niemand vorstellen, dass sich daran jemals etwas ändern würde.

Von den Lehrlingen wurden wir mit Händeklatschen, Johlen, Pfiffen und »frechen« Rufen begrüßt. Sofort wurde den Jungen gedroht: »Wenn ihr euch nicht benehmen könnt ...!« Die meisten der 16-, 17-jährigen Mädchen in engen Pullovern und weit schwingenden Röcken genossen diese Art von Begeisterung; mir war das Gelärme eher peinlich.

Die Zeche Haus Aden war in den Kriegsjahren entstanden und wurde Anfang der Fünfziger zu einem modernen Bergwerk ausgebaut. Das Lehrlingsheim war funkelnagelneu, und mit unserem Konzert wurde der Festsaal eingeweiht. Wir sangen fast zwei Stunden lang Volkslieder, Liebeslieder, Jäger- und Wanderlieder und natürlich auch Bergmannslieder. Daneben trugen wir jedoch auch moderne Kanons vor, atonale Musik, die zu dieser Zeit für viele noch als nicht-singbar galt.

Ich hatte ein Solo, durfte das beliebte Lied vom Christian singen: »Wo mag denn nur mein Christian sein – in Hamburg oder Bremen? Sehe ich mir diesen Holzkopf an, so denk ich an mein' Christian ...« Mein Erfolg lag nun darin, dass ich das Lied regelrecht spielte – mit vollem Einsatz, mit Aufstampfen und Besenstielschwingen und allem, was gerade noch zum Text passte. Das hatte ich mir selbst ausgedacht, Herr Daube hatte es für gut befunden und die Lehrlinge tobten. Ich bekam Beifall über Beifall, ein unvergesslicher Moment für eine Elfjährige.

Unter Otto Daubes Regie fand einmal jährlich eine große Schulaufführung in der Aula statt. Im Jahr 1953 war unsere Klasse, die damalige Quarta, an der Reihe. Herr Daube wählte diesmal die Märchenoper »Hänsel und Gretel« aus, die er schon an anderen Schulen einstudiert hatte. Mich hatte er als »Hexe« ausersehen.

»Eine Hex', steinalt, haust tief im Wald ...«, deklamierte er bei der Verteilung der Rollen und nickte mir aufmunternd zu.

Ich knickste nur, während ich das Textbuch in Empfang nahm; ich hatte blindes Vertrauen zu meinem Lehrer.

Als ich nach Hause kam und freudestrahlend erzählte, goss Mama Wasser in den Wein: »Du bist dreizehn und sollst eine steinalte Hexe spielen?«

»Ja ...«

»Warum denn nicht die Gretel? Oder den Hänsel?«

»Ich weiß nicht ...«

»Die Hexe ist doch so hässlich ... Außerdem verzaubert sie die Kinder und will sie im Ofen rösten.«

»Aber Herr Daube hat gesagt ...«

»Du musst doch nicht die Hexe sein! Soll ich mal mit ihm sprechen?«

»Nein, nein ... Eine Hexe ist toll. Die will ich spielen.«

Schließlich überredete ich Mutter, sich nicht einzumischen. Ich wollte nicht, dass Herr Daube die Rolle einem anderen Mädchen gab. Ich ging ins Wohnzimmer, setzte mich aufs Sofa, las das Stück und sog alles ein, was dort über die Hexe stand. Als ich zu deren Tanz auf dem Besenstiel kam, begriff ich schlagartig, dass Herr Daube mir die beste Rolle in dem Stück gegeben hatte. Ich ging wortlos in die Küche, holte unseren Besen aus der schmalen Kammer und probierte den Ritt der Hexe, wobei ich mit dem Stiel einer Blumenvase bedrohlich nahe kam.

»Was machst du denn da?«, fragte Mutter ärgerlich.

»Ich übe den Hexentanz ...«

»Was?«

»Den Hexentanz!«

Ich fing noch mal von vorne an, diesmal mit noch mehr Schwung, noch wilderer Begeisterung und vollem Körpereinsatz. Mama blickte mich ungläubig an und schüttelte den Kopf: »Wo hast du das nur her, Kind?«

»Hänsel und Gretel«, die erste und bekannteste Oper von Engelbert Humperdinck, ist alles andere als ein Kinderspiel. Obwohl wir das Stück in einer Bearbeitung für Schulen einstudierten, in der viele Texte gesprochen werden und die Arien durch Lieder ersetzt sind, mussten wir wochenlang intensiv proben.

Um meine Rolle zu lernen, bin ich auf unseren Hausberg, den Schulenberg, gegangen. Dort oben, mit Blick ins Tal und auf Hattingen, fühlte ich mich frei und unbeobachtet. Da konnte ich meinen Text laut üben, ohne dass mich jemand störte und ohne dass ich jemanden störte. Zu Hause war das kaum möglich. Wenn Vater von der Schicht heimkam und gegessen hatte, legte er sich eine Stunde aufs Ohr. An einen wilden Tanz auf dem Besen war da nicht zu denken.

Auch Mutter war in die Proben eingespannt, sie nähte mein Hexenkostüm. Ich sollte die schönste und Furcht erregendste Hexe sein, die man je gesehen hatte. Dafür opferte sie sogar zwei ihrer Kleider, ein schwarzes und ein bunt geblümtes. Das geblümte wurde in Streifen gerissen, die sie quer am Saum und den Ärmeln ansetzte. Den Hexenbuckel fertigte sie aus einem alten, mit Stoffresten gefüllten Leinensack, und die schrecklichen schwarzen Zähne schminkte sie mir mit einem Fettstift.

Am 9. Mai 1953 um 17 Uhr begann die Vorstellung vor ausverkauftem Haus. Der Regisseur und Dirigent Otto Daube begleitete uns auf dem Klavier. Die Bühne der Aula war zu schmal, um da Kulissen aufzubauen. So gab es nur eine Dekoration, das Hexenhäuschen. Alles andere musste man sich denken. Aber so hat ja schon Shakespeare Theater gespielt: ohne Vorhang und Kulisse, mit Verwandlung der Bühne auf offener Szene.

In den ersten beiden Akten tritt die Hexe nicht auf. Ich wartete ungeduldig in einem Nebenzimmer, bis mein Stichwort kam. Endlich war es so weit. Ich sprang auf die Bühne, täuschte Hänsel und Gretel, führte sie an der Nase herum und lockte sie in mein Hexenhäuschen. Kaum hatte ich die gutgläubigen Toren in der Falle, da legte ich mit meinem Hexentanz los, dem wilden Ritt auf dem Besenstiel: »Hurr, hopp, hopp, hopp, Ga-lopp, hopp, hopp, mein Be-sen-gaul! Hurr hopp, nit faul …« Humperdinck öffnet an dieser Stelle alle musikalisch-dramatischen Schleusen, und Otto Daube griff in die Tasten, dass die Wände des Hexenhauses buchstäblich wackelten.

In der Zeitung stand am nächsten Tag: »Das Spiel rief bei allen Kennern dieser Oper und ihrer Musik erhebliches Staunen hervor. Die kleinen, dreizehnjährigen Darstellerinnen (…) spielten und sangen die teilweise recht schwierigen Partien mit einer Natürlich-

»Eine Hex, steinalt, haust tief im Wald ...« Hattingen, 1953.

keit, als ob sie niemals etwas anderes getan hätten als Theater spielen. Schon auf der großen Bühne erfordert die Rolle der Hexe ein besonderes Maß an origineller Darstellungskunst und Beweglichkeit. Marlies Lause ging in dieser Rolle völlig auf und zeigte eine verblüffende Talentprobe. (...) Maike Thomas als Hänsel und Elke Heine als Gretel sangen und spielten ihre Rollen mit liebenswerter Unbefangenheit und bewiesen ebenfalls eine beachtliche Musikalität. Diese drei Mädchen waren drei richtige Märchengestalten, über die sich die Zuschauer von Herzen freuten.«

Als Mutter mir diese Kritik vorlas, drückte sie mich mit Tränen in den Augen an sich.

Auch in den nächsten Jahren war ich bei den Aufführungen dabei. Als wir in die Untersekunda kamen, waren wir jedoch plötzlich die »Alten«, und die »Jungen«, die Schüler der Quinta und Qarta, spielten nun die Rollen. Das tat weh. Wir mussten lernen abzugeben – eine frühe schmerzliche Lehre.

Am Ende der Sendung »Klassentreffen« bereitete das ZDF mir eine besondere Freude, indem man einen Gruß von Otto Daube an uns alle einspielte. Unser alter Musiklehrer war mittlerweile neunzig und lebte im Schwarzwald; aus gesundheitlichen Gründen hatte er nicht nach München reisen können. Davon abgesehen war er so, wie wir alle ihn in Erinnerung hatten.

Auf eine entsprechende Frage des Interviewers äußerte er sich zu mir: »Ja, ich habe noch sehr gute Erinnerungen an Marie-Luise. Sie war eine meiner hervorragenden ... ja, wie soll ich sagen: Schülerinnen ist zu wenig gesagt ... Mitwirkenden bei allen meinen Plänen bei der damaligen Schulmusik, hoch begabt, eine überraschend begabte Schauspielerin. Als Zwölf- und Vierzehnjährige stellte sie alles dar, was ich ihr als Aufgabe auftrug. Da brauchte man kaum etwas zu sagen. Ich brauchte ihr nur kleine

Details nahe zu bringen, alles andere machte sie von sich aus. Sie ist wirklich ein Urtalent ...«

Des großen Erfolges wegen wurde »Hänsel und Gretel« in der Aula unserer Schule wiederholt. Und weil das immer noch nicht reichte, kam es auch zu einer dritten Aufführung. Dann folgten Gastspiele in benachbarten Städten.

Auch über diese Aufführungen wurde in den Zeitungen berichtet: »Unsere Fotos zeigen die unübertreffliche Hexe und ihre reizende Darstellerin Marlies Lause.« Oder: »Zwerchfellerschütternd wie immer Marlies Lause«. Und: »Unübertrefflich, aber Marlies Lause. Sie ist einfach eine Naturbegabung in komischer Theatralik. Fast atemberaubend, mit welch schelmischer Zärtlichkeit sie den Besenstiel an ihre runden Backen zu drücken vermag.«

Mutter sammelte diese Zeitungsartikel und las sie mir stolz vor. Doch all diese Aufführungen hatten einen Schönheitsfehler, einen bitteren Wermutstropfen: Vater sah sie sich nie an, nicht ein einziges Mal.

Buttercremetorte und Lohengrin

Das Jahr 1953 ist in die Geschichte eingegangen als das Jahr, in dem Stalin starb und in der »Ostzone« ein Aufstand ausbrach, der blutig unterdrückt wurde. Für mich wird dieses Jahr zusätzlich immer mit zwei persönlichen Erlebnissen verbunden bleiben: mit der Aufführung von »Hänsel und Gretel« und meiner ersten Fahrt nach Bayreuth.

Zu dieser Zeit begann, was später die »Goldenen Fünfziger« genannt werden sollte. Das Wirtschaftswunder kam ins Laufen, die Buttercremetorten wurden dicker und dicker. Musste man sich früher bei Familienfesten mit Streuselkuchen und Marmeladenbroten zufrieden geben, so gab es nun mit Fleischsalat prall gefüllte Tomaten, die besagten Buttercremetorten oder Obsttorten mit Bergen von Sahne darauf. Das Obst kam jetzt oft aus der Dose, meistens Pfirsichhälften von »Libby's«. Und im Radio sang Caterina Valente: »Es geht besser, besser, besser, immer besser, besser, besser!«

Ich wurde 1953 dreizehn, sah aber bereits aus wie eine gut entwickelte Vierzehnjährige. Mir war das irgendwie peinlich, so viel Busen.

Eines Abends überraschte mich Mama dabei, wie ich unter der Bettdecke herumfuchtelte. Sie wollte wissen, was ich da machte und entdeckte, dass ich heimlich ihren Büstenhalter anprobierte. Nach einigen Verhandlungen mit Vater wurde beschlossen, dass ich einen eigenen Büstenhalter bekommen sollte. Und ein Korsett.

»Wieso ein Korsett?«, fragte Vater ungläubig.

»Ist gut für die Figur, Emil. Dann hält sie sich gerade.«

»Hält sich doch auch so gerade …«

Mutter blieb unnachgiebig. Nein, für ein Mädchen, das sich so rasch entwickele, sei ein Korsett das einzig Wahre. Vater verstand das nicht oder wollte es nicht verstehen, doch Mama beharrte darauf: Das Kind sollte eine tadellose Figur bekommen, und das ging nicht ohne Korsett.

Seltsamerweise schickte sie Vater mit mir los, um die Sachen einzukaufen. Gegenüber der Post, keine dreißig Meter von unserem Haus entfernt, gab es das »Thalysia-Textilhaus Thöne«, das auf alles spezialisiert war, was Frauen unter dem Kleid trugen. Im Fenster waren sommers wie winters kräftige Puppen zu sehen, die wahre Marterwerkzeuge in Rosa und Schwarz vorführten – Mieder, verstärkt und mit Einsatz, entweder zu schnüren oder mit Haken und Ösen zu schließen, mit und ohne Strumpfhalter. Darunter standen Papptafeln mit der Aufschrift: »Wer viel verlangt, verlangt Thalysia-Edelform! Für jede Frau das richtige Modell, weil für Sie persönlich angemessen!«

Vater und ich wechselten nur einen Blick, dann stand für uns fest, dass wir *da* nicht reingehen würden. Stattdessen begaben wir uns zu einem neu eröffneten Kaufhaus in der Heggerstraße, *der* Einkaufsstraße von Hattingen. In diesen Jahren wurde beinahe wöchentlich etwas »wiederaufgebaut« oder neu eingeweiht. In der Heggerstraße gab es schon so gut wie keine Ruinen mehr, die ersten provisorischen Nachkriegsbauten wurden bereits wieder abgerissen und durch Geschäftshäuser im Stil der Zeit ersetzt – mit schräg stehenden Schaufenstern und glatten Fassaden, die mit bunten Mosaiken oder farbigen Keramikplättchen verziert waren. So sah auch das Kaufhaus aus, modern und sehr hell. Mit der Rolltreppe ging es in den ersten Stock, wo die Damen-Artikel verkauft wurden.

Papa war etwas verlegen, als eine Verkäuferin ihn ansprach: »Ja, bitte?«

Umständlich erklärte er, er wolle für seine Tochter ... müsse für sie ... sie komme jetzt in das Alter, wo ...

Die Verkäuferin wandte sich mir zu, und nun passierte etwas, das ich bei dieser Gelegenheit zum ersten Mal erlebte: Die Frau war einen Moment irritiert, dann fragte sie, noch etwas unsicher, aber doch schon erfreut: »Bist du nicht die ›Hexe‹? Hast du nicht in ›Hänsel und Gretel‹ mitgespielt?«

»Ja ...«, bestätigte ich wahrheitsgemäß. Darauf wandte sie sich wieder an Vater: »Das würde ich mir noch mal ansehen, nur wegen ihr!«

Papa nickte zustimmend, und von dem Moment an verlief der Kauf vollkommen unproblematisch. Die Verkäuferin beriet uns freundlich und suchte Teile heraus, die mir passen würden und zudem preiswert waren.

»Muss ja nicht so teuer sein«, erklärte Papa. »Sie wächst sowieso bald raus.«

Vater war mit allem einverstanden, er hatte nur einen Wunsch: So schnell wie möglich raus aus der Damenabteilung! Erst zu Hause probierte ich die Sachen an, und sie passten tatsächlich. Den Büstenhalter trug ich gern, das Korsett nur sonntags. Ich wollte Mama weismachen, in der Schule sei das Tragen von Korsetts verboten, wegen des Sports und überhaupt ... Sie glaubte mir nicht. Da ich mich aber beharrlich und konsequent weigerte, mit dem Ding in die Schule zu gehen, wurde mir werktags das Tragen erlassen. Sonntags jedoch musste es sein, da wurden keine Ausreden geduldet.

Das Korsett hatte schier endlos lange Bänder und wurde auf dem Rücken geschnürt. Ich konnte das nicht selbst machen, sondern benötigte dazu Mamas Hilfe. »Kind, du musst eine tadellose Figur haben, wenn du im Leben was erreichen willst!«, sagte sie mehr als einmal, wenn sie das Gerät zuschnürte. Die Umschreibung »im Leben was erreichen« wählte sie, um Papa nicht zu verärgern. Einmal hatte sie erwähnt, vielleicht würde ich mal Künstlerin, Pianistin oder Sängerin. Wegen dieser Bemerkung hatte es heftigen Krach gegeben. Vater war für die Gleichberechtigung der Frau, aber er wollte nicht, dass mir Flausen in den Kopf gesetzt würden!

Eine erste Ahnung, wie Künstler lebten und wohnten, bekam ich bei Otto Daube. Ab und zu wurden Mädchen, die bei den Schulaufführungen mitwirkten, zu ihm nach Hause eingeladen. Seine Wohnung in der Waldstraße hatte hohe Zimmer mit Regalen voller Bücher und Noten. An den Wänden hingen Bilder von Richard Wagner, und auf dem Fensterbrett stand eine aus Eisen gegossene Büste des Komponisten. Das beherrschende Möbelstück im Arbeitszimmer des Musikers war der Flügel, auf dem eine gehäkelte Decke lag.

Otto Daube war allzeit ein glühender Verehrer der Musik Richard Wagners. Als junger Mann hatte er Beziehungen zu Bayreuth geknüpft und war ein Freund und Mitarbeiter des Wagner-Sohnes Siegfried geworden. 1926 hatte er in Weimar Wagner-Festspielwochen veranstaltet, später einen »Richard-Wagner-Bund deutscher Frauen« ins Leben gerufen sowie eine Biografie Siegfried Wagners geschrieben.

In all den Jahren war Otto Daubes Beziehung zur Familie Wagner nie abgebrochen. Die Vorbereitungen der ersten Bayreuther Festspiele nach dem Zweiten Weltkrieg wurden zum Teil in seinem Haus getroffen. Winifred Wagner, die Witwe und Erbin Siegfried Wagners, und die Wagner-Enkel Wieland und Wolfgang kamen in dieser Zeit mehrmals nach Hattingen. Auch viele Wagner-Interpreten dieser Epoche waren seine Gäste.

Und weil das alles so war, kam es, dass ich, ein Mädchen aus Hattingen, in Bayreuth singen durfte, als ich gerade dreizehn Jahre alt war. Die Singschule war zu den Festspielen eingeladen worden, weil Otto Daube in Bayreuth eine Tagung von Schulmusikern leitete. Wir sollten beweisen, dass beliebige junge Mädchen bei richtiger Schulung eine erstaunliche Vollkommenheit im Gesang erreichen können.

Außer uns waren noch andere Chöre dort. In den folgenden Jahren weiteten sich die Treffen aus und wurden zu einer internationalen Angelegenheit, »Jeunesses musicales« genannt. Dieser Wettstreit junger Sängerinnen und Sänger war eine wunderbare Gelegenheit, andere junge Leute zu treffen.

Damals begann neben vielem anderen die Zeit der Ferienreisen. In den warmen Monaten konnte man beinahe täglich Reisende in der Nähe des Rathauses stehen sehen. Meist waren es ältere Leute, ungeduldig die Ankunft ihres Busses erwartend, eine unbestimmbare Sehnsucht ausstrahlend und neben sich schwere Koffer, die sie nie aus den Augen ließen. Mutter sehnte sich danach, einmal im Leben Venedig und »das Land, wo die Zitronen blüh'n«, zu sehen. Aber Vater verdiente dafür nicht genug. Eine Italienreise kostete 250 Mark, für zwei Personen waren das schon 500 Mark, zu viel für Papa.

Die Fahrt nach Bayreuth war unsere erste größere Reise. Mama war mindestens genauso aufgeregt wie ich. Die Mitglieder der Singschule, vierzig junge Mädchen, alle begleitet von Müttern

Mein Konfirmationsgeschenk: der erste Fotoapparat. Mit Mutter, Hattingen 1954.

und Geschwistern, manche auch von ihren Vätern, trafen sich in der Nähe des Rathauses. Papa war natürlich nicht dabei. Die ganze Sache passte ihm nicht, aber er hatte es deswegen nicht auf einen Streit mit Mama ankommen lassen; er wusste, dass er den nicht gewinnen konnte. In den Tagen vor der Abreise hatte er ständig gemurrt, aber Mama und ich hatten das ignoriert.

Mutter hatte mir zwei neue Kleider genäht, eines für den »Alltag« und das andere für die Oper. Des weiteren hatte ich die Sachen dabei, die wir gewöhnlich bei Auftritten trugen: eine weiße Bluse und den langen schwarzen Rock, der die Wade zur Hälfte bedeckte. Eigentlich hatte ich damit meinen halben Kleiderschrank eingepackt; nur das Korsett blieb zu Hause, ich wollte nicht, dass mich jemand darin sah.

Ich weiß nicht, wie ich mir Bayreuth vorgestellt hatte, wahrscheinlich in überirdischem Glanz. Doch im Grunde sah die Stadt kaum anders aus als Hattingen: Bayreuth war nicht größer, war gegen Kriegsende zerbombt worden und befand sich wie die meisten deutschen Städte im Wiederaufbau. Allerdings gab es hier keine Industrie, und entsprechend war die Luft klarer und sauberer. Der Sommer 1953 war ungewöhnlich schön, und so sah man am Horizont blau schimmernd das nahe Fichtelgebirge. Näherte man sich dem Festspielhaus, leuchtete es rot aus dem Grün des berühmten Hügels, und auf dem Haus bewegte sich eine weiße Fahne im lauen Sommerwind.

Wir wurden in der Lehrerbildungsanstalt untergebracht. Die Zimmer waren leer geräumt, und für uns waren Schlafpritschen aufgestellt worden. Doch hier hielten wir uns am wenigsten auf. Schon nachmittags standen wir Spalier und beobachteten verzückt, wie die elegant gekleideten Herrschaften dem Festspielhaus zustrebten, die Herren im Smoking und die Damen im Abendkleid.

Die Prominenten von 1953 waren »die Begum«, Toni Sailer und Ruth Leuwerick. Die Begum, eine ehemalige Miss France und vierte Frau des göttlichen Aga Khan III., imponierte mir durch den Glanz und die Unnahbarkeit, die von ihr ausgingen; ganz in Zartrosa gewandet, schritt sie einher wie eine Königin. Mama bewunderte sie sehr. Sie las alles, was über die Begum und ihren Mann in den Illustrierten stand. Angeblich verkaufte Aga Khan sein Badewasser an seine Ismailiten und ließ seine 220 Pfund Lebendgewicht regelmäßig von seinen gläubigen Untertanen in Gold aufwiegen.

Abends wurden wir mehr als einmal in die »Eule« oder den »Edlen Hirschen« eingeladen und saßen dann Rücken an Rücken mit einem berühmten Opernstar – Martha Mödl, Astrid Varnay, Wolfgang Windgassen. Anfangs konnte ich in Gegenwart dieser großen Künstler kaum atmen, doch das legte sich mit der Zeit. Dennoch habe ich die Hochachtung vor dem Talent solcher Virtuosen bis heute nicht verloren.

Tatsächlich durften wir sogar einige Aufführungen im Festspielhaus besuchen. Die Eintrittskarten waren natürlich streng limitiert, aber mit ein bisschen Geschick kamen selbst diejenigen noch hinein, die bei der Vergabe leer ausgegangen waren. Es gab einen Trick: Zwei Mädchen gingen ordnungsgemäß in den Saal, und eine von ihnen holte dann mit den abgerissenen Karten eine Dritte nach. Eng aneinander gepresst saßen wir dann stundenlang auf den hinteren und oberen Plätzen. So sah ich in dem von Mama für diesen Zweck geschneiderten Kleid die Opern »Die Meistersinger von Nürnberg«, »Tristan und Isolde« und »Parsifal«. Otto Daube hatte uns auf diese Werke gründlich vorbereitet.

Für mich war jedes Bild, jede Aufführung erhebend und überwältigend, ständig liefen mir Schauer über den Rücken. Ich war in Bayreuth, und die Musik Richard Wagners lässt ohnehin niemand kalt. Im »Lohengrin« habe ich über das Schicksal der Elsa so herzzerreißend geschluchzt, dass sich die ganze Reihe vor mir umdrehte und mich zu trösten versuchte. Hände reichten mir Taschentücher, aber ich konnte mich nicht beruhigen. Der Tränenstrom versiegte erst, als ich das Motiv der Elsa wieder erkannte.

Für mich war alles göttlich. Ich hatte nicht den geringsten Vergleich, war zuvor nie in der Oper gewesen und konnte deshalb den gelegentlichen Protest altgedienter Wagnerianer auf den teuersten Plätzen nicht verstehen. Woher hätte ich wissen sollen, dass ich einer Revolution beiwohnte, einer Inszenierung, die den Bayreuth-Freunden von ehedem wie eine Entweihung vorkam?

Otto Daube hatte uns viel erklärt, aber nicht, dass Bayreuth zu dieser Zeit eine höchst umstrittene Institution war. Aus dem Krieg war eine Generation von Wagner-Gegnern zurückgekehrt, die das Haus »Wahnfried« mit Wahnsinn und Bayreuth mit der Staatskunst des Dritten Reiches gleichsetzten. Winifred Wagner, die seit dem Tod ihres Mannes Siegfried im Jahr 1930 das Unternehmen Bayreuth geleitet hatte, war eine persönliche Freundin Adolf Hitlers gewesen. Nach dem Krieg wollte man die Wagners deshalb zunächst enteignen und das Festspielhaus dem Freistaat Bayern anvertrauen. Alles kam jedoch anders. Winifred Wagner wurde nach einigen juristischen Manövern als »Minderbelastete der dritten Kategorie« eingestuft und übergab die Organisation und Leitung der Festspiele 1949 ihren Söhnen Wieland und Wolfgang. Otto Daube arbeitete, wie schon erwähnt, an der Neukonzeption mit.

Die Wagner-Enkel waren sich einig, dass Bayreuth nur durch einen Wandel der Inszenierungen überleben konnte. Ihrer Überzeugung nach mussten die Aufführungen die Erfahrungen der Zuschauer berücksichtigen, mussten sie zeitgemäß sein. Einem Neuanfang auszuweichen hieße, die Werke erstarren zu lassen und damit zu töten.

Wieland Wagner hielt sich als Regisseur nicht mehr an die Vorgaben seines Großvaters. Statt der vertrauten Bühnenbilder arbeitete er mit Lichteffekten und ließ die Sänger im fast leeren, allerdings dramatisch ausgeleuchteten Raum agieren. Die Kostüme hatten nichts mehr mit denen gemein, die alte Wagnerianer kannten und liebten. Und selbst die Art, wie die Personen auf der Bühne mit- oder gegeneinander agierten, war völlig neuartig.

Ohne dass ich es ahnte, wurden also vor meinen Augen die Wagner-Welt und das gesamte moderne Musiktheater umgekrempelt. Für Kenner war es sensationell und stilbildend, wie Wolfgang Windgassen den Parsifal sang und spielte oder Martha Mödl die Kundry. Für mich waren diese Darbietungen schlichtweg wunderbar.

Ein schlimmer Vertrauensbruch

Heute gelten die fünfziger Jahre als muffig, brav, spießig. Aber damals, als wir jung, hungrig und verwirrt waren wie Jugendliche zu allen Zeiten, witterten die Erwachsenen überall nur gefährliche Zügellosigkeit.

Die Eltern lasen von dem erschreckenden Sittenverfall der Jugend vor allem in den Illustrierten. Wir bekamen sie in Lesezirkel-Mappen ins Haus, jeweils sechs Wochen nach Erscheinen. In einem dieser Magazine wurde gejammert: »Die Jugend ist arm; sie ist erotisch verhungert. Sie sucht nach Liebe und findet Sexualität. Die Liebe ist heute für eine beträchtliche Anzahl der Jugendlichen eine rein körperliche Angelegenheit ...«

In einem Leserbrief berichtete ein junger Mann entrüstet von seinen Erfahrungen: »Da lernt man ein junges Mädchen, eine junge Frau kennen, die dem Bild entspricht, das man sich von seiner Zukünftigen macht. Man ist bereit, um dieses zauberhafte Wesen ganz altmodisch zu werben. Natürlich tut man zunächst äußerlich noch ein bisschen schnodderig. Und was geschieht? Wir sind am Ziel, ehe wir uns menschlich anstrengen mussten! Dann sind die Mädels auch noch enttäuscht und sogar entrüstet, wenn es eines Tages vorbei ist. Aber jede Verliebtheit geht einmal vorbei. Nur die Liebe dauert. Das vergessen die Frauen heutzutage!«

Solche Artikel legte mir Vater auf den Tisch und sagte dazu: »Merk dir das gut!«

Wo immer die Draufgänger steckten, die in den Illustrierten angeprangert wurden, bei uns in Hattingen waren sie jedenfalls nicht. Im Parterre unseres Hauses befand sich die Tanzschule Beindorf. Man musste nur das Fenster aufmachen, um die jungen Herren unten schwadronieren zu hören. Soweit ich mich erinnere, drehten sich ihre Gespräche meistens um Fußball. Borussia Dortmund war zweimal nacheinander Deutscher Meister geworden. Auch über Motorräder wussten die Tanzschüler ausgezeichnet Bescheid, eine 400er Horex galt als Nonplusultra. Aber schon mit Moped war man wer. Die Kreidler wurde wegen ihrer Sitzbank besonders geschätzt. Mit ihr konnte man Mädchen zu einer Ehrenrunde einladen; die meisten lehnten allerdings dankend ab.

Damals war die Bahnhofstraße noch mit groben, bei Regen stark glänzenden Kopfsteinen gepflastert. Abends nutzten jugendliche Motorradfahrer sie als Rennstrecke. Die Polizei musste einschreiten. Es gab ein eigenes Gesetz, wonach man nicht aus purer Lust herumknattern durfte. Sinn des Motorradfahrens sollte »die Erreichung eines Verkehrszieles« sein; wer nur zum Vergnügen umherkutschierte, machte sich strafbar. Vater war sehr für dieses Gesetz; er fuhr selbst Motorrad, aber es wäre ihm niemals in den Sinn gekommen, aus purer Lust Runden zu drehen.

In dieser Zeit war ich ein »Backfisch«, wie Jugendliche in den »Lore«-Romanen hießen. Das Wort kam allmählich aus der Mode, aber »Teenager« hätte bei uns niemand verstanden. Doch ob ich nun Teenager oder Backfisch war, ich hatte unbestreitbar bereits die Formen einer jungen Frau, fühlte mich aber nicht so. Damit wurde ich nur schwer fertig. Wie bewunderte ich meine Freundin Renate. Gemessen an mir war sie eine perfekte junge Dame, so

Drei fesche Sportlerinnen! Mit meinen Schulkameradinnen Helga und Ingrid. Hattingen, 1956.

selbstsicher, so bestimmt. Genau in dieser heiklen Lebensphase begannen die ständigen Kämpfe zwischen Vater und mir, die unser beider Leben so kompliziert machten.

    Auf einmal wollte er immer ganz genau wissen, wo ich herkam und wo ich hinging. Wo ging ich schon hin? Zu Freundinnen und Schulkameradinnen! Entweder waren sie bei uns oder ich war bei ihnen. Im Sommer gingen wir zusammen schwimmen oder spazierten im Schulenwald, im Winter spielten wir Mikado oder hörten Platten.

Ansonsten war ich in der Singschule, probte mit Otto Daube oder ich las. Damals habe ich ausgesprochen viel gelesen. Jemand hatte mir einen Stapel zerfledderter Reclam-Hefte mit klassischen Novellen und den großen Stücken der Weltliteratur geschenkt. Nach und nach las ich alle Hefte, ohne System, nur nach den Titeln. Manche der Rollen lernte ich auswendig und spielte sie – immer mit viel Einsatz und großen Gesten. Am meisten identifizierte ich mich mit Frauen, denen Unrecht getan wurde, die unsagbar leiden mussten. Sie waren meine wahren Gefährtinnen.

So harmlos meine Beschäftigungen waren, Vater fuhr mich plötzlich jedes Mal, wenn ich heimkam, drohend an: »Also! Wo kommst du jetzt her?«

»Ich war an der Ruhr!«

»Was hast du da gemacht?«

»Was soll sie denn gemacht haben, Emil?!«, griff Mutter beschwichtigend ein.

»Hanni, lass sie antworten! Was hast du da gemacht?«

Ich zeigte das Reclam-Heft vor, das mich gerade beschäftigte, ich glaube, es war »Minna von Barnhelm«.

»Jetzt lüg mich nicht an! Was hast du wirklich gemacht?«, forschte Vater unerbittlich weiter. »Ich habe dich doch gesehen. Mit Jungens!«

»Das ist nicht wahr, Papa ...«

»Lüg mich nicht an!«

»Jetzt lass doch mal das Kind, Emil!«, schritt Mama nun entschieden ein. »Wenn sie sagt, sie war nicht, dann war sie auch nicht ...«

»Ach, ihr Weiber haltet doch immer zusammen!«

Gelegentlich, wenn wir allein waren, versuchte mir Mutter zu erklären, was in Vater vorging: »Er hat nur Angst um dich, Marlies. Die Männer sind stürmisch. Sie versprechen alles, aber wenn du ein Kind kriegst in deinem Alter, das würde dein ganzes Leben ruinieren. Davor hat Vater die meiste Angst!«

Papa und ich stritten uns in dieser Zeit um alles und jedes. Er spionierte mir regelrecht nach. Einmal überraschte ich ihn, wie er in meinem Tagebuch las – einem einfachen blauen Schulheft, in das ich eintrug, was mich bewegte, je nach Stimmung mit sehr großer oder sehr kleiner Schrift. War ein Heft voll, legte ich das nächste an. Ich versteckte meine Notizen zwar vorsichtshalber zwischen meinen übrigen Schulsachen, war aber eigentlich überzeugt, niemand würde sie anrühren, wer sie auch fände. Doch jetzt las Vater nicht nur in meinem Heft, sondern riss sogar eine Seite heraus. Ich griff nach dem Blatt, es kam zu einem Gerangel. Am Ende zerriss er das ganze Heft und warf es ins Herdfeuer.

Dabei wurde mehr zerrissen als nur Papier.

Natürlich sollte ich auch nicht zur Tanzschule gehen, als die meisten meiner Klasse sich dort anmeldeten. Mutter kämpfte für mich: »Sie muss doch tanzen lernen! Das gehört sich doch so! Das ist doch wichtig fürs ganze Leben!«

»Ja, erst wird getanzt und dann …«

»Was dann?«

»Das weißt du besser als ich, Hanni!«

»Na, du weißt ja gut Bescheid!«, gab Mama ziemlich ärgerlich zurück.

Sie ließ nicht locker, und schließlich wurde ich doch noch angemeldet. Der Kurs hatte inzwischen schon begonnen. Der Tanzlehrer, Herr Thielemann, zeigte große Geduld mit seinen ungelenken Schülern.

Da ich erst später hinzukam, blieb als Tanzpartner nur noch »Lollo« Wagner für mich übrig, alles andere als mein Traumprinz. »Lollo« war kleiner als ich und hatte Haarprobleme. Aber was blieb mir anderes übrig, ich musste es mit ihm versuchen. Er trat mir auf die Füße, woraufhin ich energisch die Führung übernahm und sie auch nicht wieder abgab. Trotzdem trat er mir weiter auf die Füße.

Wie »Lollo« hatten die meisten von uns einen Spitznamen. Die jungen »Herren« hießen »Sonny«, »Tuffi«, »Kalli« oder »Misty« und kamen grundsätzlich mit Krawatte oder Fliege zur Tanzstunde; Röhrenhosen waren absolut verpönt. Als kess wurde der Meckischnitt empfunden, eine Art Igelfrisur, die ihren Namen einem Comic in der »Hörzu« verdankte. Einige trugen bereits Hut. Ein Mann ohne Hut war ja damals undenkbar. Besonders flott war es, den Hut wie Clark Gable ins Genick zu schieben und ebenso verwegen zu grinsen.

Wir Mädchen trugen entweder ein spezielles Tanzstunden-Kleid mit viel Rüschen oder Rock und Bluse. Und unser Betragen war von einer Harmlosigkeit, die in geradezu groteskem Gegensatz zu den Erwartungen und Besorgnissen der Erwachsenen stand. Der Gipfel der »Verruchtheit« bestand darin, dass einige Mädchen aus dem Tanzkurs sonntags Arm in Arm mit der besten Freundin auf der Heggerstraße promenierten und dabei nach den Jungen schielten, die dort in Gruppen zusammenstanden. Ich habe nie an einer solchen Promenade teilgenommen, da passte Vater schon auf.

Von allen jungen Männern aus dem Tanzkurs hatte es mir Ulli Sonnenschein alias »Sonny« besonders angetan. Wenn ich ihn sah, schlug mein Herz schneller. Doch Ulli verzehrte sich nach meiner Freundin Maike. Einmal, ein einziges Mal, brachte mich Ulli nach

Abschlussball auf der Schulenburg mit »Lollo«(2. v. r.) und Sonny (3. v. l.).

einem Tanztee in der Schulenburg heim. Wir unterhielten uns und haben uns vielleicht einen Moment lang an den Händen gehalten. Papa stand hinter dem Fenster und beobachtete, wie wir uns verabschiedeten.

Als ich raufkam, fuhr er mich an, er habe »alles« gesehen.

Was konnte er schon gesehen haben? Dass sich Ulli mit einem Diener von mir verabschiedet hatte?! Doch Vater war wütend und schrie mich an: »Einmal und nie wieder!«

»Was denn?«, wagte ich mich zu wehren.

»Einmal und nie wieder!«, tobte Vater. »Merk dir das!«

Und dann bekam ich eine Ohrfeige.

Der erste Kuss

So lange ich das Hattinger Gymnasium besuchte, fuhr die Singschule regelmäßig nach Bayreuth, und immer war ich dabei. 1954 sangen und spielten wir dort im Rahmen der Schulmusik »Wir bauen eine Stadt« von Paul Hindemith. 1955 folgte das Weihnachtsmärchen »Tuttifäntchen«, eine Komposition von Otto Daube. Darin spielte ich im Rokoko-Kostüm die Hofmarschallin. 1956 boten wir in der Bayreuther »Eremitage« das Singspiel »Bastien und Bastienne«, das Mozart im Alter von zwölf Jahren komponiert hat. In diesem Einakter gibt es nur drei Personen, das Bauernmädchen Bastienne, ihren Freund Bastien und den Wahrsager und Zauberer Colas. Natürlich geht es um die Verwicklungen der Liebe. Die Handlung lässt sich mit einem Satz beschreiben: Die beiden jungen Leute zerstreiten sich, und der Zauberer bringt sie wieder zusammen. Diesen Zauberer spielte ich, in Hosen und Weste, mit schwarzer Perücke und Zaubererhut. Das »Bayreuther Tageblatt« schrieb über diese Aufführung: »Die große Zaubererszene mit Marlies Lause war ein Kabinettstück erster Ordnung. Das junge Mädchen ist ein geradezu eruptives schauspielerisches Talent.«

Auch andere Zeitungen strichen meine Begabung zur Komik regelmäßig heraus. Ich kann mich jedoch nicht daran erinnern, dass ich wegen meiner Erfolge auf der Bühne jemals Neid oder Eifersucht von anderen Mädchen aus der Schule zu spüren bekommen hätte. Es wurde als selbstverständlich betrachtet, dass ich gern und mit großem Eifer spielte. Für mich und jeden anderen in der Schule stand zu diesem Zeitpunkt bereits fest, dass ich einmal Schauspielerin werden würde. Nur Vater wollte von all dem immer noch nichts hören und nichts lesen.

Obwohl wir alle unsere Inszenierungen zunächst in der Aula unserer Schule aufführten – mittlerweile befand sich das Lyzeum wieder in der Bismarckstraße – und anschließend Gastspiele in der näheren Umgebung von Hattingen gaben, blieben die Fahrten nach Bayreuth jeweils der Höhepunkt des Jahres. Wir fieberten der Reise schon Wochen vor Beginn entgegen. Und je näher der Tag der Abreise kam, desto euphorischer wurden wir. Im Nachhinein wundert es mich deshalb nicht, dass ich meinen ersten »richtigen« Kuss gerade in Bayreuth bekam.

Wie jedes Jahr übernachteten wir auch 1956 in der mir schon so vertraut gewordenen Lehrerbildungsanstalt. Hier war auch ein Orchester aus Tübingen einquartiert worden. Der Dirigent war ebenfalls sehr jung, blond und hoch gewachsen. Diesen »Siegfried« himmelte ich insgeheim ein wenig an, wagte das aber nicht zu zeigen. Der Elan und die weisen Sprüche, mit denen ich auf der Bühne der Liebe von Bastien und Bastienne auf die Sprünge half, nutzten mir im wirklichen Leben überhaupt nichts. Wenn ich den jungen Mann sah, bekam ich kaum Luft und lief wegen der geringsten Nichtigkeit rot an.

Dann geschah es. Kurz vor der Abreise des Orchesters begegnete mir mein Schwarm auf dem leeren Flur. Es dämmerte schon. Er sah mich lächelnd an und fragte: »Wo ist denn hier der Lichtschalter?«

Ich fühlte, wie mir das Blut in die Wangen schoss. Mein Herz pochte, ich war unfähig zu antworten und starrte ihn nur an. Er muss gespürt haben, was in mir vorging; vielleicht hatte er meine Gefühle für ihn schon längst bemerkt. Jedenfalls zerstörte er den Zauber nicht. Er sprach kein Wort, sah mich nur an, berührte ganz zart meine Hand und zog mich sanft in einen Seitenflur, wo es noch dämmriger war. Plötzlich hörten wir Stimmen und Schritte. Da legte er seinen Arm um meine Taille und drückte mich in eine Fensternische. Ich spürte seinen Atem, ganz nah. Seine Augen leuchteten, und seine Lippen näherten sich den meinen. Ich schloss die Augen und öffnete den Mund. Das war mein erster richtiger Kuss!

Wunschkinder und wahre Eltern

Ich war sechzehn, als für mich eine düstere Zeit begann, eine sehr bittere Zeit.

Damals war ich in der Untersekunda. Es stand fest, dass ich das Gymnasium mit der Mittleren Reife, also schon sehr bald, verlassen sollte. Ich wollte Schauspielerin werden und hatte auch schon erste Erkundigungen eingezogen, wie ich das bewerkstelligen konnte. Doch Vater weigerte sich kategorisch, über diesen Wunsch auch nur nachzudenken. Weder mein Betteln noch Mamas gute Worte bewirkten das Geringste.

Für Vater stand fest, dass ich einen »vernünftigen« Beruf lernen würde, einen typischen Frauenberuf wie Krankenschwester, Stenotypistin oder Sekretärin. Auch das »Fräulein vom Amt«, das zu dieser Zeit noch die Ferngespräche vermittelte, kam für mich in Frage, weil ich eine gute Stimme hatte. Wir selber hatten keinen Telefonanschluss. Wenn wir ein Ferngespräch führen wollten, gingen wir zu Nachbarn, etwa zu Rechtsanwalt Krampe unten im Haus; ihn belästigten wir jedoch nur in ausgesprochenen Notfällen. Für gewöhnlich gingen wir zum nahe gelegenen Postamt. Dass man manchmal kleine Ewigkeiten auf eine Verbindung warten musste, kann sich heute kaum noch jemand vorstellen.

Mit der Mittleren Reife konnte man mehr werden als das

»Fräulein vom Amt«. Ein guter Abschluss eröffnete Mädchen den Zugang zu angesehenen Berufen wie Kindergärtnerin, Anwaltsgehilfin, Arzthelferin und sogar Fürsorgerin. Eine Fürsorgerin konnte Gutes bewirken und war im Staatsdienst angestellt. Verlangt wurden von ihr Einfühlungsvermögen, Takt und Menschenkenntnis. Da ich diese Eigenschaften angeblich reichlich besaß, war dies in Vaters Augen der ideale Beruf für mich.

Ich wollte aber weder Fürsorgerin noch Anwaltsgehilfin werden – ich sehnte mich danach, zum Theater zu gehen. Doch Vater blieb bei seinem kategorischen Nein!

Auch Tante Mia riet mir dazu, Fürsorgerin zu werden. Mehrmals versuchte sie, mir den Beruf schmackhaft zu machen: »Marlies, das ist bestimmt was für dich. Das wird dir gefallen! Dann hast du immer mit Kindern zu tun! Was Schöneres gibt es doch gar nicht!«

Tante Mia gehörte zu unserer Familie, obwohl wir nicht direkt mit ihr verwandt waren. Wenn ich von der Schule kam, saß sie oft mit Mama in der Küche und unterhielt sich mit ihr. Merkwürdigerweise brachen die beiden mehrmals mitten im Satz ab, wenn ich den Raum betrat. Ich vermutete, sie hätten sich gerade über intime Frauengeschichten ausgetauscht; der Frauenarzt und Geschichten von Kindern, die zu früh auf die Welt gekommen waren und keinen Vater hatten, gehörten zu ihren Lieblingsthemen. Darüber wurde ein Schleier des Schweigens gezogen, wenn ich dazukam.

Dann aber fand ich heraus, dass es in ihren Gesprächen auch um Geheimnisse ging, die mich betrafen.

Das ganze schreckliche Durcheinander, die Bitternisse der kommenden Jahre, trafen mich sozusagen aus heiterem Himmel. Eine neue Schülerin kam in unsere Klasse. Eines Tages sagte sie ohne jeden Zusammenhang zu mir: »Die Lauses sind doch gar nicht deine richtigen Eltern!«

Ich verstand nicht, was das heißen sollte. Gleichzeitig begriff ich jedoch, dass meine Mitschülerin diesen Satz nicht einfach so dahingeredet hatte. Ich spürte, dass es eine schmerzende Wahrheit in ihren Worten gab. Ich empfand Angst, meine Kehle schnürte sich zu.

»Wieso sagst du so was?!«, presste ich mühsam hervor.

Das Mädchen wich einer direkten Antwort aus und zuckte nur mit den Schultern.

»Wieso sollen sie nicht meine Eltern sein?«, bohrte ich nach.

»Frag doch Frau Borjans ... oder deine liebe Tante Mia!«

Als ich nach Hause kam, fragte ich Mutter ohne jede Vorwarnung: »Sie sagen in der Schule, ihr seid gar nicht meine Eltern ...«

Mutter wurde kalkweiß im Gesicht. »Wer sagt das?«

In der Art, wie sie sich abwandte und sich vor mir verstecken wollte, erkannte ich, dass etwas nicht in Ordnung war. Mama setzte sich auf den Küchenhocker, schlug die Hände vors Gesicht und begann zu schluchzen.

Endlich fasste sie sich wieder ein bisschen. Sie umarmte mich, zog mich auf ihren Schoß und stammelte: »Ich bin doch deine Mama ... Und Papa ist doch auch dein Vater ... Nein ... Vater ist nicht der Vater ... Und ich bin nicht deine Mutter. Aber ich hab dich doch so lieb ...«

Ihre Stimme zitterte. Sie schlang ihre Arme noch fester um mich. Mir wurde heiß und kalt. In den Widersprüchen begann ich die Wahrheit zu erahnen.

Da Vater zu der Zeit auf Kur war, hatte Mama die ganze Last zunächst allein zu tragen. Nachdem sie sich einigermaßen beruhigt hatte, versuchte sie mir zu erklären, wie alles gekommen war und dass sie mir schon lange die Wahrheit hatte sagen wollen. Nur habe sich die passende Gelegenheit bislang nie ergeben.

Vater und sie hatten sich schon lange ein Kind gewünscht, aber keines bekommen. Schließlich wandten sie sich an ein Kinderheim – und dort lachte ich sie an und streckte die Ärmchen nach ihnen aus. Darum nahmen sie mich mit. Ich solle mir immer sagen, fügte Mutter unter Tränen hinzu, dass ich ein Wunschkind sei. *Sie* hätten mich gewünscht.

Als meine Eltern mich aus dem Kinderheim holten, war ich anderthalb Jahre alt. Offiziell adoptiert wurde ich mit sechs. Es war 1946 äußerst schwirig, eine Adoption durchzubekommen. Die Behörden waren in den Nachkriegsjahren völlig überlastet und mit anderen Dingen beschäftigt.

Nachdem ich durch die »Lindenstraße« bekannt geworden war, dauerte es nicht lange, bis auch die Presse auf meine Adoption zu sprechen kam. Anfangs wich ich Fragen nach diesem Aspekt meiner Lebensgeschichte aus, sie erschienen mir als zu intim. Irgendwann jedoch entschloss ich mich, alles zu erzählen. Und ich bin froh, dass es so gekommen ist. Denn ich habe oft erlebt, dass es anderen Menschen helfen kann, wenn ein Prominenter sich zu einem immer noch heiklen Thema wie dem der Adoption äußert.

Nachdem ich Alfred Biolek in »Boulevard Bio« offen erzählt hatte, wie es mir ergangen war, als ich erfuhr, ein »angenommenes Kind« zu sein, erhielt ich Zuschriften von Menschen, die ein ähnliches Schicksal hatten. Eine Mutter schrieb mir beispielsweise: »Frau Marjan, Sie haben uns mit Ihrer Geschichte und wie Sie damit umgehen geholfen, eine längst überfällige Entscheidung zu treffen. Nach der Sendung habe ich meinem Kind gesagt, dass mein Mann und ich nicht seine leiblichen Eltern sind.«

Erst kürzlich wurde ich mit einer vergleichbaren Situation

konfrontiert. Während der Dreharbeiten zu meinem Geburtstagsspecial, das der WDR mir gewidmet hat, machte mir Anja, unser Scriptgirl, ein überraschendes Geständnis: Sie sagte, sie habe unbedingt an dieser Produktion mitwirken wollen, um mit mir über das Thema Adoption zu sprechen. »Auch meine Mutter hat mich weggegeben. Und das kann ich mein Leben lang einfach nicht vergessen.«

Dass ich ausgerechnet jetzt über meine Herkunft aufgeklärt wurde, geschah nicht so zufällig, wie mir das zunächst erschien. Auslöser all dessen war, dass meine leibliche Mutter aus Kanada nach Deutschland kam. Sie hieß Hildegard, stammte aus Gladbeck und war dann nach Essen gezogen. Nun besuchte sie Tante Mia, ihre Halbschwester, die mich all die Jahre über im Auge behalten hatte.

In einer kleinen Stadt werden Verfehlungen und speziell Verstöße gegen die »Moral« nicht vergessen, auch wenn sie sich vor vielen Jahren zugetragen haben. Sie geistern als Gerüchte umher und können jederzeit zum Drama werden. In diesem Fall war es so gewesen, dass eine Achtzehnjährige ein uneheliches Kind bekommen hatte. Der Vater des Kindes hatte sie nicht geheiratet, und sie wurde deswegen zu Hause rausgeworfen. Da sie nicht mehr ein noch aus wusste, hatte sie ihr Kind unmittelbar nach der Geburt zur Adoption freigegeben und war schließlich als Hausangestellte nach Paris gegangen. Von dort war sie in den französischen Teil von Kanada übersiedelt und hatte sich in Montreal zur Leiterin einer Bankfiliale hochgearbeitet.

Kurz nach Mamas schmerzlicher Offenbarung tauchte meine leibliche Mutter in Hattingen auf. Sie nannte sich nun weltläufig Denise, war schön, schlank und mit Mitte dreißig vergleichsweise jung. Ich weiß nicht, wie eine Mutter mit ihrer Tochter sprechen sollte, die sie sechzehn Jahre nach der Geburt zum

Mit meiner leiblichen Mutter Hildegard Wienkötter (»Denise«) in Bayreuth, 1956.

ersten Mal wieder sieht. Denise jedenfalls begrüßte mich mit einem schüchternen »Hey, Marlies«. Und ich antwortete mit einem stummen, unsicheren Nicken. Ich fühlte mich unbehaglich, sicher auch deshalb, weil Tante Mia dieses heimliche Zusammentreffen in ihrer Wohnung arrangiert hatte, ohne dass Mama etwas davon wusste.

All diese unerwarteten Ereignisse stürzten mich in einen Strudel widersprüchlicher Gefühle. Papa nicht Papa? Mama nicht Mama? Und eine Wildfremde meine Mutter?

Jeder, der je ein Erdbeben mitgemacht hat, kann nachempfinden, was in mir vorging. Der Boden schwankte unter meinen Füßen, und selbst als wieder etwas Ruhe einkehrte, war nichts mehr an seinem vertrauten Platz.

Mit »Denise« vor dem Bayreuther Festspielhaus, 1956.

Das Karussell der Gefühle und Gedanken begann sich kurz vor einer weiteren Fahrt nach Bayreuth zu drehen. Und als ob es immer noch nicht genug der Verwicklungen sei, tauchte meine aus dem Nichts erschienene Mutter auch dort auf und blieb zwei Wochen da. Sie behauptete, sie wolle mich endlich kennen lernen, und schenkte mir kaum getragene Kleider von sich. Sie passten, als wären sie für mich gemacht worden. Damals waren Petticoats in Mode, zahlreiche Unterröcke übereinander, Wunderwerke in Nylon. Darin sah ich nun endgültig wie eine junge Dame aus, und ich muss gestehen, ich fand es aufregender, die Sachen von Denise zu tragen als Mamas liebevoll genähte Bayreuth-Kleider.

Mama und Papa hatten schreckliche Angst, ich würde zu Denise überlaufen. Zum Geburtstag, den ich in Bayreuth verbrachte, schickte mir Mama einen wirren Brief, aus dem die pure Verzweiflung klang: »Hüte Dich vor der Schlange! Sie will Dich uns wegnehmen, jetzt, wo du Dich gut entwickelt hast! Papa will nicht, dass Du mit ihr zusammenkommst, Papa hat sie durchschaut. Er ist der Ansicht, sie will Dich entführen und Geld aus uns rausschlagen ... Kind, hör auf Papa, Männer wissen, wie es in der Welt zugeht! Aber ich kenne ja meine Marlies. Ich glaube niemals etwas Schlechtes von Dir, niemals. Heute kannst Du Papa verstehen. Papa täte alles für Dich. Wir Frauen lassen uns gern vergöttern, aber nimm kein Geld von ihr an. Papa will Dir noch 200 Mark schicken; Du brauchst kein Geld von ihr. Liebes Kind, ich habe diese schmerzvolle Stunde kommen sehen. Aber wir wollen nun allen Kummer vergessen, und zu Deinem Geburtstag, meine Marlies, herzliche Grüße.«

Über diesen Brief muss ich geweint und geweint haben, die Tinte ist ganz verlaufen; an manchen Stellen kann man nur noch undeutlich lesen, was da geschrieben steht.

Denise und ich haben nie eine wirkliche Verbindung gefunden. Wir waren in Bayreuth zusammen, später zwei Wochen in der Schweiz und in Süddeutschland. Viele Jahre danach, 1968, habe ich sie in Kanada besucht. Seitdem haben wir uns nicht wiedergesehen. Wir haben uns bemüht Mutter und Tochter zu sein, aber es ist uns nicht gelungen. Und Freundinnen wurden wir auch nicht.

Über meinen Vater hat sie nie gesprochen. Nicht von sich aus und auch nicht, wenn ich sie danach fragte. Wie habe ich mir seinetwegen den Kopf zerbrochen! Von Tante Mia hatte ich gehört, er sei 1943 als junger Flieger im Krieg abgestürzt. Sie gab mir auch die Adresse seiner engsten Verwandten in Würzburg, wo er in der Familiengruft begraben sein soll. Einmal habe ich die Familie angeschrieben, bekam aber nur einen distanzierten, abweisenden Brief zurück.

Das Rätsel hat sich nie gelöst. Deshalb muss ich akzeptieren, was in meiner Geburtsurkunde steht: »Vater unbekannt.« Dieser Gedanke ist aber nicht akzeptabel. Deshalb sind Vater und Mutter, Emil und Hanni Lause, für mich meine wahren Eltern.

»Willst du dich ins Unglück stürzen?«

Die Pubertät ist für fast alle Menschen die schwierigste, aufwühlendste Zeit ihres Lebens. Jeder glaubt, ihm widerfahre in diesen Jahren etwas Einmaliges, etwas, das niemand zuvor erlebt hat und niemand nach ihm erleben wird. Mit dem Abstand der Jahre lächelt man über den eigenen Gefühlsüberschwang, über das vermeintliche Ausmaß seiner Verzweiflung. So lange man jedoch in dieser Lebensphase steckt und gegen alles und jeden rebelliert, sogar gegen sich selbst, meint man, schier zerrissen zu werden.

Bei mir kam gerade jetzt zu den üblichen Problemen junger Leute das Gefühl hinzu, ich sei betrogen worden. Nein, es war kein Gefühl, sondern ein Wissen. Und dieses Wissen veränderte alles. Ich fühlte mich auf einmal wie angekettet. Tagsüber trug ich Kämpfe mit den »beiden Alten« aus und nachts weinte ich verzweifelt ins Kissen.

Nichts von dem, was bis vor wenigen Tagen noch sicher und klar gewesen war, existierte noch. Mit welchem Recht wollte mir Vater verbieten, Schauspielerin zu werden? Wie konnte er mir das Einzige nehmen, das mir etwas bedeutete? Wie kam er dazu?

Die Atmosphäre war vergiftet: »Du bist nur so bockig, Kind, weil du jetzt weißt, dass wir nicht deine richtigen Eltern sind!«, bemerkte Mama beispielsweise. Und Papa korrigierte sie: »Sind wir, Hanni, sind wir! Andere hat sie nicht! Und kriegt sie auch nicht!«

Nach der Mittleren Reife hatte mich Vater bei Doktor Erich Hermannspahn untergebracht, einem praktischen Arzt in der Kreisstraße 11; ich sollte Arzthelferin werden und wurde es auch.

An manchen Tagen hasste ich es regelrecht, in die Praxis zu gehen, aber ich fügte mich immer in mein Schicksal. Doch nie vergaß ich meinen Vorsatz: Ich will Schauspielerin werden! Keinen Moment zweifelte ich daran, dass ich trotz aller Widrigkeiten eines Tages auf einer Bühne stehen würde. Schauspielerin zu sein war meine Berufung!

In beinahe jeder freien Minute probte ich die großen Rollen der Bühnenliteratur. Sogar in der Praxis las ich in stillen Augenblicken Textbücher und studierte Rollen. Ich war gewissermaßen zwischen Spritzen und Verbänden und den Schicksalen der großen Frauenfiguren der Weltliteratur hin- und hergerissen. Doktor Hermannspahn hatte viel Nachsicht mit mir. Aber einmal ordnete ich Karteikarten falsch ein, weil ich mit meinen Gedanken ganz woanders war. Da wurde selbst mein freundlicher Chef fuchtig. So kam es, dass ich an einem Silvesterabend in der Praxis Karteikarten ordnete. Mutter half mir dabei.

Bei all den Widrigkeiten wartete ich jedoch nicht auf ein Wunder. Ich musste raus hier! Und den Weg in die Freiheit konnte ich nur selbst finden.

Ein Herr Neukirchen war meine erste Hoffnung. Ich hatte ihn in einem Café kennen gelernt, wo ich mit einer Freundin Kaffee und Kuchen genossen und dazu »nach Damen-Art« eine Zigarette geraucht hatte. Am Nachbartisch saß ein kleiner älterer Herr, der sich eine Weile mit der Partitur von Mozarts »Kleiner

Nachtmusik« beschäftigte. Als ich hustete, hob er plötzlich den Kopf, sah mich an und sagte: »Das ist wohl Ihr erster Glimmstängel, Fräulein!«

Ich gab zu, was anscheinend nicht zu übersehen und zu überhören war. Wir kamen ins Gespräch, und ich erfuhr, dass Herr Neukirchen Flötist in Essen war und sein Sohn Filme betextete. Als er fragte, was wir denn so machen würden, erklärte meine Freundin, ich wolle Schauspielerin werden. Darauf musterte mich Herr Neukirchen noch einmal prüfend und bemerkte, sein Sohn suche ein frisches neues Gesicht für einen Sketch. Er habe ein Mädchen aus der Gruppe »Penny-Pipers« ins Auge gefasst, doch die Kandidatin könne wohl rein zeitlich nicht. Wenn er mich so ansehe, sei diese Rolle womöglich etwas für mich. Versprechen könne er allerdings nichts. Doch wenn ich einverstanden sei, würde er mit seinem Sohn sprechen. Wenn ich einverstanden sei? Was für eine Frage!

Herr Neukirchen ging zum Telefon, und als er ein paar Minuten später zurückkam, sagte er, es sei alles geklärt. Ich könne mich am Montag um 10 Uhr 30 im Café Blau in Essen bei seinem Sohn vorstellen.

Am Montagvormittag? Wie sollte ich das denn machen? Da musste ich doch arbeiten!

»Wenn Sie Schauspielerin werden wollen, müssen Sie Ihr Können schon unter Beweis stellen!«, sagte er etwas unwirsch.

Das Argument überzeugte.

Zu dritt überlegten wir, mit welcher Notlüge ich mich aus der Praxis stehlen könnte. Sollte ich Übelkeit vortäuschen? Oder behaupten, ich hätte mir das Bein verstaucht ... Am Ende schien es mir ratsamer, mir frei zu nehmen und zu Hause zu erzählen, welche Chance sich eröffnet hatte.

Das Unternehmen Café Blau entwickelte sich zur Groteske. Vater wollte mich auf keinen Fall allein nach Essen fahren lassen. Also, fuhr er mit, was mich wütend machte. Auf dem Weg zum Bahnhof sprachen wir kein Wort. Wir waren zu früh und mussten auf den Zug warten; Vater ging in die Bahnhofswirtschaft. Während er an der Theke stand und sich einen ›Köm‹ gönnte, kam der Zug. Ich stieg ein und hoffte, Vater würde es nicht schaffen; aber er schaffte es, in letzter Sekunde. Zu meiner Erleichterung setzte er sich ins Raucherabteil, ich blieb im Nichtraucherabteil.

In Essen angekommen, marschierten wir nebeneinander, aber immer noch schweigend zum Café Blau. Der Eingang war nicht ohne weiteres zu erkennen, und als ich ihn entdeckte, bemerkte Vater bissig: »Kennst dich ja gut aus!«

»Was hast du nur für einen niedrigen Charakter!«, erwiderte ich gekränkt.

Wir gingen rein und sahen uns um, konnten aber nirgends einen jungen Mann entdecken, der auf Herrn Neukirchens Beschreibung seines Sohnes passte. Nach fünf Minuten wurde ich unruhig. Waren wir vielleicht draußen verabredet? Ich ging vor die Tür, doch auch dort wartete niemand.

Nach einer Weile ging ich wieder ins Café und setzte mich ans Fenster, von wo aus ich die Straße und den Innenraum überblicken konnte. Nachdem Vater und ich eine Stunde an getrennten Tischen gewartet hatten, gab ich allmählich die Hoffnung auf. Doch wer kam nun »zufällig« des Weges? Herr Neukirchen senior. Er begriff gar nicht, dass sein Sohn und ich uns verpasst hatten. Wie konnte das denn sein? Er ging zum Telefon, um die Angelegenheit zu klären. Vater beobachtete alles wie ein Detektiv, der einen Ladendieb stellen will.

Kurz darauf kam Herr Neukirchen mit besorgter Miene zurück und erklärte bedauernd, die junge Dame von den »Penny-Pipers« könne überraschend doch, für diesmal habe sich die Sache damit leider zerschlagen.

Er setzte sich zu mir an den Tisch und betonte, ich solle mir keine Sorgen machen. Er werde weiter die Augen und Ohren aufhalten. Wie wär's denn, wenn ich fürs Erste zur Schauspielschule ginge? In der Hinsicht könne er mir helfen. So ein nettes junges Blut werde doch immer gesucht. Dabei rückte er näher zu mir heran und legte seinen Arm um meine Hüfte.

Das war nun für Vater das Zeichen einzugreifen.

Auf der Rückfahrt dachte ich lange darüber nach, warum ich ausgerechnet auf ältere Herren so starken Eindruck machte.

Bald kam die nächste Chance. Bei einer Gesangsprobe erzählte mir Otto Daube von einem Treffen mit Dr. Schauerte vom Konservatorium Duisburg. Er habe ihm Tonbandaufnahmen von mir vorgespielt, Dr. Schauerte wolle mich bei Gelegenheit persönlich sehen. Dieses Treffen kam nie zustande. Allerdings glaubte ich auch nicht ernsthaft daran, dass ich Sängerin werden konnte: Wer sollte die lange Ausbildung bezahlen?

Ein anderer Bekannter, den ich um Rat fragte, empfahl mir, mich bei der Folkwangschule in Essen anzumelden. Im Frühjahr 1958, ich war jetzt siebzehn, wurde ich dort wirklich auf meine Eignung zur Schauspielschülerin geprüft. Im dunklen Zuschauerraum saß eine ganze Kommission. Ich hatte einen Monolog von Gretchen einstudiert: »Ach neige, Du Schmerzensreiche, Dein Antlitz gnädig meiner Not!« Voller Verzweiflung fuhr ich fort: »Wer fühlet, Wie wühlet Der Schmerz mir im Gebein? Was mein armes Herz hier banget, Was es zittert, was verlanget, Weißt nur du, nur du allein!« Und dabei schluchzte ich herzergreifend.

Zunächst herrschte nachdenkliches Schweigen in den Reihen. Dann kam von unten die Frage: »In welche Klasse sollen wir

Sie denn stecken, Fräulein?« Darauf wusste ich natürlich keine Antwort. Und so hatte sich auch dieser Versuch erledigt.

Hattingen hatte bis dahin erst einen Schauspieler von Rang und Namen hervorgebracht – Ernst August Schepmann, heute Ensemblemitglied des Kölner Schauspielhauses. Seine Eltern hatten ein Lebensmittelgeschäft nicht weit von uns entfernt, Mutter und ich kauften dort regelmäßig ein. Irgendwann kam ich auf den Gedanken, Frau Schepmann zu fragen, wann ihr Sohn das nächste Mal in Hattingen sei.

Tatsächlich war Ernst August Schepmann bereit, mich anzuhören. Ich spielte ihm vor, was ich zuletzt einstudiert hatte: die Dorine aus Molières »Tartuffe«.

Als ich meinen Vortrag beendet hatte, nickte er zustimmend und sagte: »Ja, Sie haben Talent. Aber Sie müssen unbedingt Unterricht bekommen. Und zwar nicht von irgendjemand, sondern vom besten Lehrer, den es gibt. Ich empfehle Ihnen Professor Eduard Marks in Hamburg.«

Ich war glücklich. Ein Schauspieler hatte mir Talent bescheinigt und mir einen der anerkanntesten Lehrer empfohlen. Wenn das kein Argument war!

Doch Vater lehnte rundweg ab. »Ein für alle Mal: Nein! Hamburg? Willst du dich ins Unglück stürzen? Willst du unbedingt auf der Reeperbahn landen?«

Wenige Wochen später, Anfang April 1958, kam ich abends aus der Praxis. Als mir Vater entgegenkam, wirkte er verstört. Leise, mit zitternder Stimme sagte er: »Marlies, du kannst nicht nach Hause … Es ist was mit Mutter passiert …«

Mutter war am Nachmittag gestorben, ihrem Herzleiden erlegen, wie es nachher in der Todesanzeige hieß.

Ich konnte nicht sprechen, nahm Vater in den Arm, und er ließ sich von mir trösten. So klein und so hilflos hatte ich ihn nie zuvor erlebt. Er begann zu schluchzen, und ich hielt ihn fest, ohne auf die Leute zu achten, die vorbeigingen.

In dieser Nacht blieben wir bei Onkel Erich. Mutter habe ich erst am nächsten Tag gesehen; der Todeskampf war ihr noch anzumerken, und ihr Anblick erschütterte mich.

Der Tod von Menschen, die uns nahe stehen, ist immer unfassbar. Aber darauf nicht vorbereitet zu sein macht alles noch viel schrecklicher. Und nichts hatte mich an den Tod von Mutter denken lassen. Sicher, sie hatte ein Herzleiden, musste sich schonen und nahm Tropfen. Aber sie war doch noch nicht einmal sechzig Jahre alt, das konnte doch nicht sein ...

In solchen Stunden gibt es keinen Trost. Ich fühlte mich verloren, allein gelassen. Mit Mutter hatte ich den einzigen Menschen verloren, der immer und zuverlässig auf meiner Seite gewesen war; mit ihr hatte ich alles verloren.

Das darauf folgende halbe Jahr wurde zu einem einzigen Kampf zwischen Vater und mir. Im Grunde erwartete er, ich solle Mutter ersetzen, den Haushalt führen und für ihn sorgen. Ich wollte aber fort von hier, wollte zur Schauspielschule.

Die Staatliche Musikhochschule Hamburg, Abteilung Schauspiel, wo Professor Marks lehrte, hatte mir Anmeldeformulare geschickt. Sie mussten von Vater unterschrieben werden, sonst konnte ich dort nicht einmal vorsprechen. Damals wurde man erst mit 21 Jahren volljährig, und Vater pochte auf sein Erziehungsrecht.

Zwischen uns herrschte monatelang eine unerträgliche Spannung. Einmal kniete ich sogar vor ihm, umklammerte seine Beine, bettelte und flehte um seine Unterschrift. Doch er blieb eisern: »Nein! Kommt nicht in Frage!«

Irgendwann gab er schließlich doch nach, ich weiß heute noch nicht, was ihn dazu bewegt hat. Ich kam abends heim und fand die Papiere unterschrieben auf dem Küchentisch. Vater war nicht in der Wohnung.

Ein oder zwei Tage später fuhr ich nach Hamburg. Rechtsanwalt Krampe hatte mir das Fahrgeld geliehen, mir zwanzig Mark für den Anfang zugesteckt und alles Gute gewünscht.

Als ich wegfuhr, hatte ich nur meine Handtasche, meinen Jugendherbergsausweis und ein paar Sachen für die nächsten Tage dabei, sonst nichts. Dennoch war ich fest entschlossen, nicht mehr zurückzukehren.

Auf der Schauspielschule. Hamburg, 1959.

»Wir Westfalen sind nun mal so gewachsen ...«

Als der Zug die Elbbrücken überquerte, spürte ich mein Herz schlagen: Eine große Stadt mit Kirchtürmen, Hochbahnen, Schiffen so groß wie Häusern breitete sich vor mir aus. Die Sonne schien, der Himmel war so blau, wie ich ihn nie im Ruhrgebiet erlebt hatte – so schien es mir –, das Wasser glitzerte und blendete meine Augen; so hatte die Ruhr nie geleuchtet. Hier wollte ich bleiben, es musste einfach klappen mit der Schauspielschule. Nach Hattingen wollte ich auf gar keinen Fall zurück.

Den Unterlagen zufolge, die man mir geschickt hatte, fanden Eignungsprüfungen jeweils an einem Mittwoch in der Staatlichen Musikhochschule statt. Die Schauspielschule war ein Teil dieser Einrichtung.

Ich war mindestens eine Stunde vor der Zeit dort, erledigte die Formalitäten und wartete, bis ich aufgerufen wurde. Rund um mich waren andere junge Leute, die meisten in meinem Alter oder etwas älter. Einige waren blass vor Aufregung, manche demonstrierten aufgesetzte Fröhlichkeit, in Alltagsstimmung war niemand von uns. Bis auf einen jungen Mann in Rollkragenpullover und Cordhosen und einer Brille, deren rechtes Glas einen Sprung hatte. Er gab sich abgebrüht, tat so, als ginge es hier um praktisch nichts und versuchte ausgerechnet in dieser angespannten Situation ein junges Mädchen zu erobern, erst mit Blicken, dann mit Worten. Es war ein schlankes, langbeiniges blondes Geschöpf, das sich etwas blasiert gab. Sie wechselten einige Sätze, und das Ende vom Lied war, dass sie gemeinsam verschwanden, noch vor der Prüfung. Ich habe sie nie wiedergesehen und glaube auch nicht, dass einer von ihnen Schauspieler geworden ist.

Jeder musste einzeln vorsprechen. Man wurde aufgerufen und in einen größeren Raum bestellt, in dem sich eine kleine Bühne befand. Ehe das Vorsprechen begann, notierte eine Assistentin noch den Namen des jeweiligen Kandidaten.

Unten, in der zweiten oder dritten Reihe, saß Professor Eduard Marks, ein freundlicher älterer Herr, schon damals eine legendäre Figur, Mitglied des Ensembles von Gustaf Gründgens. Zur Seite hatte er einen Assistenten und eine weitere Lehrkraft der Schauspielschule.

Alles war hier anders als in der Folkwangschule. Während ich in Essen gegen einen dunklen Raum und ein merkwürdiges Gegrummel hatte anspielen müssen, war hier alles hell und licht. Die freundliche, fast kollegiale Atmosphäre nahm einem die Anfänger-Hemmungen. Niemand hatte den Eindruck, er müsse sich einem anonymen Gremium ausliefern, das Schicksal spielte, ohne dass man selbst Einfluß darauf nehmen konnte.

»Sie kommen aus Hattingen?«, erkundigte sich Professor Marks.

»Ja ...«

»Kennen Sie Ernst August Schepmann? Er war Schüler von mir.«

»Ich weiß. Herr Schepmann hat mir ja geraten, mich hier zu ...«

»Das hört man gern. Wenn Sie ihn wieder sehen, sagen Sie

einen schönen Gruß, sehr talentierter Mann ... Und was bieten Sie uns nun, Fräulein Lause?«

Ich hatte die Elisabeth aus »Maria Stuart« von Schiller und die »Judith« aus Hebbels gleichnamigem Schauspiel vorbereitet. Das trug ich nun vor. Ich fiel auf die Knie, rang die Hände und drohte dem Himmel, gab mich so theatralisch, wie ich nun mal veranlagt war und wie ich es mir zurechtgelegt hatte.

Als ich fertig war, zeigte sich Professor Marks angetan. »Wie lange haben Sie denn schon Unterricht?«, fragte er. »Hat Ernst August Ihnen das beigebracht?«

»Nein«, antwortete ich wahrheitsgemäß, »ich habe das ganz alleine einstudiert.«

»Na, gut, dann kommen Sie mal runter ...«

Schon während meines Vortrags hatte sich Professor Marks auf einem Block Notizen gemacht. Nun musterte er mich, stellte halblaut knappe Fragen und notierte seine eigenen Antworten: »Haare? Blond? Gefärbt!«

Ich bekam einen Riesenschreck: »'N bisschen, nur ein ganz klein bisschen ...«

»Also blondiert!« Er sah mich wieder inspizierend an und bemerkte: »Körperbau: rundwüchsig.«

Ich erblasste – war das ein Grund, nicht angenommen zu werden?

Ich muss ein ziemlich verdattertes Gesicht gemacht haben und holte gerade Luft, als Professor Marks mich beruhigte: »Nein, nein, Fräulein Lause, das ist doch wunderbar, an einer Schauspielerin muss doch was dran sein. Wir Westfalen sind nun mal so gewachsen ...«

Das joviale »Wir Westfalen« ließ mich aufatmen. Dennoch war ich bei meiner Verabschiedung wesentlich unsicherer als zu Beginn des Vorspielens. War ich nun angenommen oder nicht?

Was sollte das heißen: »Sie bekommen Bescheid!« War ich durchgefallen und man wollte mir das nur nicht offen ins Gesicht sagen?

Die jungen Leute, die draußen warteten, gratulierten mir. Ich wollte ihnen gerne glauben, doch mein Selbstvertrauen war plötzlich wie weggeblasen. »Ich weiß nicht«, entgegnete ich unsicher. Doch die anderen munterten mich auf: »Nein! Nein! Wir haben gelinst. Das wird bestimmt!«

Jetzt hieß es also warten, bis der endgültige Bescheid kam. Ursprünglich wollte ich in einer Jugendherberge übernachten, doch Elke Vollstedt, ein Mädchen, das ich an diesem Vormittag beim Vorsprechen kennen gelernt hatte, bot mir an: »Du kannst bei mir schlafen ... Meine Eltern sind vier Wochen zur Kur. So lange kannst du bei uns bleiben.«

Tatsächlich habe ich einige Wochen bei Elke verbracht, im Haus ihrer Eltern. Es war eine sehr schöne Zeit, und alles wäre perfekt gewesen, hätte ich nicht ständig in der Furcht gelebt, am Ende doch abgelehnt zu werden. Je länger ich auf eine Nachricht von der Schauspielschule warten musste, desto größer wurde meine Besorgnis.

Währenddessen musste ich Geld verdienen, die zwanzig Mark von Rechtsanwalt Kampe würden nicht lange reichen. Von Vater konnte ich nichts erwarten. Er würde verlangen: »Komm nach Hause! Hier hast du alles, was du brauchst!«

Ein studentisches Hilfswerk vermittelte Aushilfstätigkeiten, heute würde man sagen Jobs. Als Erstes wurde ich Hilfskraft bei der Post. Ich musste im Lieferwagen mitfahren und dem Paketboten zur Hand gehen. Der große Vorteil dieser Tätigkeit war, dass man rumkam und ich einiges von Hamburg sah.

Ich war noch keine zwei Wochen bei der Post, als mich Elke

bei meiner Heimkehr mit einer überraschenden Nachricht empfing: »Dein Vater war hier!«

»Mein Vater?«

»Ja! Er stand vor der Tür und hat gefragt: ›Ist Marlies hier?‹«

»Und was hast du gesagt?«

»›Im Moment nicht. Sie arbeitet …‹ Und weißt du, was er geantwortet hat: ›Auf der Reeperbahn?‹«

»Das ist typisch Papa – Reeperbahn! Was wollte er denn?«

»Wusste er selbst nicht. Das Handtuch …«

»Was? Er kommt nach Hamburg, um ein Handtuch …?«

»Ja … Er war ganz durcheinander.«

»Verrückt! … Hat er gesagt, wo er hingeht?«

»Nein.«

»Kein Gruß, nichts?«

»Nein. Er hat nur nach dem Handtuch gefragt.«

Ungefähr zwei Wochen nach meinem Vorsprechen kam die Mitteilung, dass ich die Eignungsprüfung bestanden hatte und als Schülerin der Staatlichen Musikhochschule, Abteilung Schauspiel, angenommen sei. Gleichzeitig wurde ich gebeten, mich wegen der Regelung der Kostenfrage im Sekretariat des Verwaltungsdirektors zu melden.

»Fräulein Lause«, begrüßte mich der Verwaltungsdirektor, »ich lese hier in Ihren Unterlagen, dass Ihr Vater Rentner ist.«

»Ja …«

»Und kann er denn die Kosten tragen?«

»Das Schulgeld …?«

»Wenn Sie es so nennen wollen, bitte … Also, wer zahlt?«

»Ich …«

»Aha! Und wie stellen Sie sich das vor, wenn ich mir die Frage erlauben darf?«

»Ich verdiene Geld …«

»Und wie?«

»Zur Zeit trage ich Pakete aus, bei der Post …«

»Was wollen Sie werden? Postbote?«

»Ich *muss* Geld verdienen … Mein Vater hat mir gleich gesagt, dass er nicht …«

»Ich hatte schon verstanden. Aber das müssen wir wohl anders regeln. Sie können nicht hier lernen und gleichzeitig Post austragen. Wenn Sie sagen, Ihr Vater kann nicht für die Kosten aufkommen, dann müssen wir sehen, wie wir das regeln. Das betrifft allerdings nur die Gebühren für die Schule! Für Ihren Lebensunterhalt müssen Sie schon selbst sorgen. Und zwar außerhalb der Studienzeiten!«

»Selbstverständlich!«

»Selbstverständlich ist das nicht! Wir hatten hier schon Fälle, da haben unsere Schüler alles Mögliche gelernt – nur keinen Text und keine Phonetik! Der Unterricht ist das Wesentliche für Sie. Alles andere muss an zweiter und dritter Stelle kommen.«

»Selbstverständlich …«

Tatsächlich regelte die Schauspielschule diese Angelegenheit für mich. Sie setzte sich mit der Stadt Hattingen in Verbindung, und die gewährte mir ein kleines Stipendium, das die Kosten für den Unterricht deckte. Zweimal jährlich, zu Weihnachten und zu Ostern, bedankte ich mich dafür mit längeren Briefen an den Oberstadtdirektor Elsemann.

Nachdem ich nun einen regulären Studentenausweis hatte, war somit der Allgemeine Studentenausschuss auch für mich zuständig. Nachdem ich bei der Post gekündigt hatte, vermittelte mich der ASTA an eine »Werbe-Kolonne«. Ich musste nichts verkaufen, nichts anpreisen, musste auch keinen Umsatz machen. Als »Bera-

Schauspielschulzeit. Hamburg, 1959.

terin« hatte ich nichts weiter zu tun, als Haushalte aufzusuchen und Hausfrauen dazu zu bringen, sich ihre Wäsche probeweise mit einer bestimmten Waschmaschine waschen zu lassen, völlig kostenlos natürlich und garantiert unverbindlich. Das Ganze wurde als »Waschtest« ausgegeben, und es hing dann von jeder einzelnen Frau ab, ob sie dem Vertreter, der nach dem Test auftauchte, widerstand oder nicht.

Mit der Zeit machte mir diese Tätigkeit richtig Spaß. Ich kam in die unterschiedlichsten Milieus, lernte Menschen kennen, und in gewisser Weise war mein Tun sogar mit dem Theaterspielen verwandt. Ich musste Leute überzeugen, und wenn mir das gelang, freute ich mich.

Meistens waren die Leute ausgesprochen nett zu mir, baten mich vertrauensvoll in ihre Küche oder ihr Wohnzimmer und traktierten mich mit Essen und Trinken. Das eigentliche Gespräch über das Wäschewaschen war im Allgemeinen im Handumdrehen erledigt. Doch wenn ich den unterschriebenen Zettel in der Hand hielt, war ich damit noch lange nicht entlassen. In der nächsten halben Stunde hörte ich mir die privaten Sorgen und Nöte der Leute an.

In dieser Zeit lernte ich sehr viele einsame Frauen kennen: Soldatenwitwen, Frauen in einem schwer zu schätzenden Alter, die ihren Verlobten im Krieg oder in der Gefangenschaft verloren hatten und ihm entweder nachtrauerten oder bei jedem Klingeln hofften, er stünde endlich gesund und munter vor der Tür. Solche Wunder kamen immer wieder vor und wurden ausführlich in den Zeitungen oder in der Wochenschau geschildert. Davon zehrten viele.

Nicht selten traf ich auf verbitterte Frauen, die über Nacht verlassen worden waren, meistens wegen einer Jüngeren. Im Krieg waren Millionen Männer gefallen, in jeder Statistik wurde der »Frauenüberschuss« vorgerechnet, und wenn man in ein Tanzlokal ging, konnte man oft Frauen miteinander tanzen sehen, einfach deshalb, weil es an Tänzern mangelte.

Aber auch wenn der »Mann im Haus« anwesend war, hatte ich meistens Glück. Mehr als einmal unterstützte mich der Ehemann, wenn die Hausfrau noch zögerte und einen Pferdefuß beim kostenlosen Waschen witterte: »Probier es doch mal aus, Käthe! Kann ja nicht viel passieren, willst ja sowieso eine Waschmaschine! ... Fräulein, jetzt gibt sie es nicht zu, aber eine Waschmaschine ist der größte Traum von meiner Frau.« Und sie sagte dann für gewöhnlich: »Es wird ja auch langsam Zeit! Alle haben eine Waschmaschine! Nur wir nicht!«

Nicht selten wurde ich herzlich verabschiedet: »Kommen Sie ruhig mal wieder vorbei, Fräulein.«

Für mich war wichtig, dass ich mir bei dieser Tätigkeit meine Zeit selbst einteilen konnte. Nur mit der Bezahlung haperte es. Hin und wieder gab es einen Zehner, aber nach einer Weile fing der Kolonnenführer an, mich hinzuhalten. Ich fürchte, einiges von dem, was ich verdiente, steht heute noch aus.

Ein »möbliertes Fräulein«

Nachdem mein Lebensunterhalt nun weitgehend gesichert war, galt es das nächste Problem in Angriff zu nehmen: Ich musste mir eine Unterkunft suchen.

Die Vermietung eines »möblierten Zimmers« war damals so gängig, dass die Bezeichnung »möblierter Herr« zu einem feststehenden Begriff wurde. Im Allgemeinen vermieteten ältere Damen, meist Witwen, einen Teil ihrer Wohnung. Der Untermieter durfte Bad und Küche mitbenutzen, lebte jedoch in der ständigen Sorge, beide Räume nicht sauber genug zurückgelassen zu haben.

Als Erstes bekam man meistens zu hören: »Herrenbesuch ist aber nicht erwünscht, Fräulein!« Oder, verschärft: »Herrenbesuch gibt es bei mir generell nicht! Mit der Polizei will *ich* nichts zu tun haben!« Damals existierte im Strafgesetz noch der »Kuppelei«-Paragraf. Wer als Vermieter der »Unzucht« Vorschub leistete, musste mit saftigen Strafen rechnen. Außerdem galt es die Moral zu schützen, dieses Ziel hatten sich besonders die Vermieterinnen auf die Fahne geschrieben.

Es war nicht leicht, ein passendes Zimmer zu finden. Einmal schien sich in Eimsbüttel etwas zu bieten. Ein Taxifahrer wollte ein »Eckchen« seiner Zweieinhalb-Zimmer-Wohnung vermieten.

Eigentlich, sagte er, eigentlich hätte ich ja die ganze Wohnung für mich. Er sei nur tagsüber da, wenn ich in der Schule sei; nachts sei er unterwegs, er fahre gern nachts und würde die entsprechenden Schichten bevorzugen. So gesehen hätte ich also die ganze Wohnung für mich.

Dann zeigte er mir die Abstellkammer, die für mich gedacht war. Aber, wie gesagt, eigentlich hätte ich ja die ganze Wohnung für mich … Er sprach es nicht offen aus, aber es war klar, eigentlich suchte er was für sein Schlafzimmer. Ich bedankte mich für das Angebot und begab mich wieder auf die Suche.

Eine Weile wohnte ich bei einer Seemannswitwe in Hamburg-Eidelstedt. Das Zimmer war klein, dunkel, praktisch ohne Fenster, kostete dafür aber auch nur dreißig Mark im Monat. Die Miete sollte sich noch mal verringern, wenn ich den beiden Söhnen Nachhilfeunterricht geben würde. Ich versuchte es, aber wir drei kamen nicht miteinander zurecht. Die Jungen wollten in der Schule nichts lernen und bei mir auch nicht; ihre Mutter schob mir den Misserfolg in die Schuhe. Das Schlimmste aber war der Fischgestank. In der Nähe war eine Fischfabrik – der ganze Stadtteil Eidelstedt lebte damals von Fisch –, und am Ende hielt ich den Gestank nicht mehr aus.

Danach zog ich zu einer Familie Kriegeskorte am Berliner Tor. Mich begrüßten ein kleiner Junge und eine sehr mondäne Dame, die sich beide freuten, dass ich zu ihnen kommen wollte. Wir handelten aus, dass ich gegen zwei Stunden Haushaltshilfe am Tag kostenlos bei ihnen wohnen durfte. Die Sache hatte allerdings einen Haken: Ich hatte kein eigenes Zimmer und musste auf dem Sofa im Wohnzimmer schlafen. An normalen Werktagen ging das noch. An den Wochenenden gab es jedoch Probleme. Wenn Gäste kamen, musste ich warten, bis die Besucher das Sofa räumten. Das war auf Dauer kein Zustand. Als wir uns in aller

Freundschaft voneinander trennten, hatte der Kleine sogar Tränen in den Augen.

Mit Kindern kam ich meistens gut aus. Bei einer Familie im Stadtteil Rissen durfte ich einige Wochen lang die Mutter vertreten, die zur Kur ins Müttergenesungsheim geschickt worden war. Während dieser Zeit wohnte ich in ihrem Haus, umgeben von viel Natur, und versorgte die drei Söhne der Familie. Jochen, der Älteste, hatte gerade das Abitur hinter sich; sein jüngerer Bruder machte eine Schlosserlehre und war den ganzen Tag fort. Der Kleinste der Jungen, ein besonders liebenswürdiges Kind, litt unter einer schrecklichen Krankheit: Muskelschwund. Er konnte sich kaum bewegen, musste herumgetragen oder -gefahren werden und war auf ständige Betreuung angewiesen. Außerdem brauchte er eine spezielle Diät, Naturreis und frisches Gemüse, das kurz gedünstet und mit einigen Tropfen Olivenöl und etwas Meersalz abgeschmeckt wurde. Diese Art zu kochen habe ich für mich beibehalten; noch heute koche ich so.

Waren die täglichen Hausfrauenpflichten erledigt, gingen wir ans nahe Elbufer, sahen den vorüberfahrenden Schiffen zu oder genossen ganz einfach die Sonne. Diese Wochen gehören zu meinen schönsten Erinnerungen; ich hatte eine kleine Familie auf Zeit.

Im Januar 1959 fand ich bei Familie Busch in Hamburg-Wilhelmsburg das erste richtig schöne Zimmer. Obendrein war es nicht teuer. Mit Besorgungen und Gefälligkeiten konnte ich mir noch zusätzlich ein paar Mark verdienen. Da war mal die Treppe zu putzen und da etwas für Frau Busch einzuholen. Bald war ich für meine Zimmerwirtin so etwas wie eine Gesellschafterin.

Wilhelmsburg ist mit der Straßenbahn eine Stunde vom Stadtzentrum entfernt, aber Frau Busch fühlte sich hier wie in der tiefsten Provinz. Ich brachte ihr Nachrichten aus der Großstadt, besonders aber aus der Welt der Kunst. Sie wollte alles wissen, was in der Schauspielschule vorging, was geprobt und gelernt wurde, wie die Lehrer und die Mitschüler waren, was ich im Kino gesehen hatte und was im Theater und warum ich unbedingt Schauspielerin werden wollte. Umgekehrt erzählte sie mir die Ereignisse aus ihrem Leben.

Ich wurde mehr und mehr ins Familienleben einbezogen. Sonntags durfte ich mit am Tisch sitzen, und ich sollte mich auch den darauf folgenden Spaziergängen anschließen. Einmal war ich mit den Buschs bei einem »Preis-Kohlessen« des Sparvereins.

Um zur Schauspielschule in der Milchstraße zu kommen und abends zurück, war ich täglich zwei Stunden unterwegs, eine hin und eine zurück. Deswegen suchte ich mir nach einem Jahr eine neue Bleibe. Diesmal hatte der ASTA etwas für mich. An der Klosterbrücke war in einem Studentinnen-Wohnheim ein Platz frei geworden, den man mir anbot. Ich zögerte nicht und tat gut daran. Die Jura-Studentin, mit der ich ein Zimmer teilte, war nett und gescheit. Außerdem hatte sie eine komödiantische Ader. Wir hatten viel Spaß zusammen.

Mein eigentliches Leben aber fand in der Schauspielschule statt. Mein Tag fing spätestens um sieben mit Gymnastik an. Dann arbeitete ich an meiner Hausaufgabe, lernte und probte eine Rolle, die mir aufgegeben war. Anschließend fuhr ich zur Schule. Der Unterricht begann um neun oder halb zehn Uhr und ging dann stramm durch bis in den späten Nachmittag.

Auf dem Programm stand alles, was ein Schauspieler können muss: Phonetik, dramaturgischer Unterricht, Rollenstudium. Weiterhin wurden wir theoretisch in Literaturgeschichte unterwiesen und hatten vor allem praktische Übungen zu absolvieren – Gesang, Tanz, Fechten. Und schließlich wurden wir auch in die Theorie und Praxis der Kostümkunde eingewiesen.

Unser eigentlicher Lehrer war Professor Eduard Marks; neben ihm gab es verschiedene Fachlehrer. Wir wurden gründlich auf das alltägliche Theaterleben vorbereitet, das in der Hauptsache aus Fleiß und Anstrengung besteht, ganz im Gegensatz zu der landläufigen Vorstellung vom heiteren Künstlertreiben.

Es ist bestimmt kein Zufall, dass die Schauspielklasse der Musikhochschule im Laufe der Zeit so bedeutende Künstler wie Walter Giller, Ingrid Andree, Hanns Lothar hervorgebracht hat; oder Knut Hinz und Ludwig Haas, meine Kollegen aus der »Lindenstraße«. Einer meiner Kommilitonen war Peter Striebeck, der sich als Schauspieler einen Namen machte, ehe er Intendant am Thalia Theater wurde. Heute konzentriert er sich wieder aufs Spielen. Auch Margit Carstensen, die in vielen Filmen von Rainer Werner Fassbinder mitwirkte, studierte damals bei Professor Marks.

Was wir nicht in der Schule lernten, eigneten wir uns durch Beobachtung oder Praxis an. Selten bin ich so oft ins Theater gegangen wie während meiner Studienzeit. Stehplätze im Schauspielhaus kosteten für Schauspielschüler nur fünfzig Pfennig. Und so habe ich in dieser Zeit alle Klassiker gesehen, so weit sie in Hamburg auf dem Spielplan standen: »Die Räuber« ebenso wie »Richard III.«, Kleists »Prinz von Homburg« oder die »Medea«. Moderne Stücke wie »Das Tagebuch der Anne Frank« und »Die Palme im Rosengarten«, eine Uraufführung des Thalia-Theaters, faszinierten mich beinahe noch mehr. Letzteres handelt von den Sehnsüchten verkrachter Existenzen in Hollywood. Im Mittelpunkt steht eine frühere Schönheit, die für ihre Tochter unbedingt erreichen will, was ihr selbst verwehrt geblieben ist, nämlich eine Filmkarriere. An diesem Ehrgeiz zerbrechen schließlich beide.

Während meiner Hamburger Zeit ging ich auch bei jeder Gelegenheit in Kino. Ich sah »Rommel ruft Kairo«, »Nach Paris der Liebe wegen«, »Anatomie eines Mordes«, »Rio Bravo« mit John Wayne und Dean Martin und »Plötzlich im letzten Sommer«; dieser Film mit Liz Taylor und Montgomery Clift in den Hauptrollen war nach einem Theaterstück von Tennessee Williams entstanden. Selbstverständlich verpasste ich auch nicht »Die Brücke«, das große Kinoereignis dieser Jahre aus deutscher Sicht. Bei dem mit elf Oscars ausgezeichneten »Ben Hur« wurde ein erhöhter Eintrittspreis von 1,95 DM verlangt.

Theaterpraxis erwarben wir uns auf der Bühne des Schauspielhauses: Bei den weltberühmten »Faust«-Inszenierungen von Gründgens waren wir Schauspielschüler Mägde oder Hexen bei der Walpurgisnacht oder durften beim »Osterspaziergang« mitwandeln. Gustaf Gründgens selbst spielte den Mephisto, die Rolle seines Lebens.

In »Faust II« waren wir Gefährtinnen der Helena und schritten in weißen, bodenlangen Gewändern über die Bühne oder deklamierten im Chor. Als Ulrich Haupt auf die Knie sank und das Lied von »Lykeus, dem Türmer« rezitierte, traten mir auf offener Bühne die Tränen in die Augen.

Den Abschluss des Semesters bildete eine Schulaufführung. Wir spielten »Don Gil von den grünen Hosen«, ein Mantel-und-Degen-Stück von Tirso de Molina; ich war die Doña Juana. Nach der Regieanweisung musste ich mit einem Schrei auf die Bühne stürzen, mit einem lauten, wütenden »Hah!« Ich war schrecklich aufgeregt. Deswegen übte ich in einem Nebenzimmer wieder und wieder mein »Hah!«, bot es mal kämpferischer, mal anklagender. Mehrmals kam jemand angelaufen: »Was machst du denn da?!« Oder: »Bist du ruhig! Man hört dich doch draußen!«

*Professor Eduard Marks mit seinen Schülern bei der Inszenierung des
»Don Gil«. Hamburg, 1959. Vorne rechts: Peter Striebeck.*

Ich übte nun etwas zurückgenommener. Endlich kam mein Stichwort, ich stürzte auf die Bühne –»Hah!« –, aber mein »Hah!« kam nur sehr verhalten, fast kleinlaut heraus ... wie heiße Luft.

Wenn ich mein Tagebuch aus dieser Zeit durchsehe, scheint es, als hätte es in meinem Leben nur zwei Stimmungen gegeben: hochfliegend glücklich oder zu Tode betrübt. Jede Kritik verunsicherte mich über die Maßen, jedes Lob machte mich euphorisch. Und so habe ich auch die Personen beschrieben, mit denen ich zu tun hatte. Entweder sind sie die Güte selbst oder charakterlich äußerst zweifelhaft. Die Stimmungen wechselten wie das Wetter, aber unverkennbar überwog die positive Seite. Das Wort »herrlich« mit drei Ausrufezeichen dahinter kommt immer wieder vor.

Und eine zweite Konstante zieht sich durch die Seiten: der Kampf gegen die Pfunde. Professor Marks mochte sagen, was er wollte – ich wollte rank und schlank sein und sonst nichts. Deswegen stand beinahe täglich Diätkost auf meinem Einkaufszettel: Früchte, Möhren, Vollkornbrot, Quark, Joghurt und wieder Früchte, »zehn Pfund Äpfel: 2,40 DM«.

Ab und an sind allerdings Rückschläge notiert: »Ha, das war ein herrlicher Tag. Ich bin todmüde, aber glücklich. Heute morgen von 10 bis 13 Uhr Unterricht bei Edu, dann eine Stunde ›Medea‹ gearbeitet; dann noch mal von 4 bis 7 Uhr ›Spiegelberg‹. Ein aufmunterndes Wort von Herrn Marks hat mich wieder froh gemacht. Abends die Oper ›Wozzeck‹ gesehen, danach zu Abend gegessen, Hackbraten mit Rotkohl und Kartoffeln und Soße, herrlich!!!«

Natürlich war ich in diesen Jahren auch mehrfach verliebt, ich war ja gerade achtzehn Jahre alt, und mehrfach auch am Ende enttäuscht. Am sympathischsten waren mir junge Männer, die sich als Kavaliere gaben – mit höflichen Verabredungen, kleinen Blumensträußen und langen Gesprächen über das Leben. Diese Begegnungen endeten alle nach dem gleichen Muster. Erst wurde der Abstand zum nächsten Treffen größer, dann blieben die Treffen aus, ohne dass etwas vorgefallen wäre. Kein Streit, keine Versöhnung; die Beziehungen verblassten wie Farben auf alten Fotos. Vielleicht war es genau das, was die jungen Männer in ihrem Eifer erlahmen ließ – dass nichts passierte. Sicher spürten sie, dass ich mich vor wirklicher Intimität fürchtete. Vater hatte es mir ja eingehämmert: Männer haben nur ein Ziel, und wenn sie das erreicht haben, beginnt für die Frauen das Unglück.

Dabei war ich meinem ganzen Wesen nach romantisch gestimmt und sehnte mich nach Liebe.

Eine Episode, die ich nie vergessen werde, verdeutlicht dies. Während der ersten Sommerferien an der Schauspielschule war ich zusammen mit drei anderen Mädchen einige Wochen auf Sylt. Wir halfen in einem Ferienheim der Arbeiterwohlfahrt aus, verrichteten Arbeiten, die später Wehrdienstverweigerer übernahmen: Wir betreuten die alten Herrschaften, gaben an der Theke Essen aus oder trugen im Speisesaal auf. Kurzum, wir waren beschäftigt und wir waren auf Sylt. Damals war die Insel noch ursprünglicher als heute.

Eines Nachts war im ganzen Haus bereits Ruhe eingekehrt. Wir lagen im Bett, aber ich konnte nicht einschlafen. Endlich hielt ich es nicht mehr aus: Ich zog mich noch einmal leise an und schlich aus dem Heim. In den Dünen streckte ich mich aus und lauschte dem Rauschen der Wellen und den Geräuschen der Nacht. Es war, als sei ich mit dem Meer allein und der Mond leuchte nur für mich. Verträumt sagte ich Gedichte auf: »Der Mond ist aufgegangen« oder »Guter Mond, du gehst so stille«. Auch Zeilen aus dem Schulunterricht fielen mir wieder ein: »Mondbeglänzte Zaubernacht/Die den Sinn gefangen hält/Wundervolle Märchenwelt/Steig auf in alter Pracht ...«

Mit jeder Minute, die ich da ausgestreckt lag, schien der Mond größer und majestätischer zu werden. Diese Stimmung hätte ich nur zu gern mit einem lieben Menschen geteilt. Nach einer Weile erschien mir der Mond dann kalt und fern, er hatte etwas geradezu Bedrohliches. Ich stand auf und kehrte ins Haus zurück. Als ich zufällig noch mal aus dem Fenster sah, war er wieder der Mond, wie man ihn immer sieht. Die Poesie war verflogen.

»Der Untergang der Freiheit«

Ende Oktober 1959, ich war neunzehn und im dritten Semester, bekam ich meine erste große Chance als Schauspielerin.

Meine Mitschülerin Henriette Aron, die Gesang studierte, verdiente sich ihr Studium, indem sie nebenbei als Sekretärin beim Nord-Westdeutschen Rundfunk (NWDR) arbeitete. Eines Tages sprach sie mich an: »Marlies, vielleicht habe ich eine Rolle für dich. Die suchen ein neues Gesicht, eine junge Mutter für ein Fernsehspiel. Das wär doch was für dich ...«

»Eine junge Mutter?«

»Warum nicht? Soll ich mal fragen? Der Regisseur ist Hanns Farenburg ...«

»Das wäre toll ...«

Als wir uns am nächsten Tag wieder sahen, hatte sie eine überraschende Nachricht für mich: »Marlies, ich hab mit ihm gesprochen. Du sollst dich vorstellen. Kannst du nachher noch?«

»Heute?«

»Sie sind in den letzten Zügen, sie suchen nur noch die junge Mutter ... Ich hab gesagt, du kommst heute noch.«

»Also gut. Dann muss ich mich hier entschuldigen ... Und danke.«

Erst während ich zu dem Studiogelände in Hamburg-Lokstedt fuhr, wurde mir klar, auf was ich mich da einlassen wollte. Ich hatte so gut wie keine Erfahrungen mit Männern, wie sollte ich da eine junge Mutter spielen? Andererseits hatte ich auch keine Erfahrungen mit Kaisern und Königen, Geldmagnaten und Industriebaronen und musste in der Schauspielschule dennoch Hofdame, Salondame oder Hure sein, je nachdem, welches Stück gerade durchgearbeitet wurde. Warum also nicht auch eine junge Mutter?

Hanns Farenburg war ein weißhaariger, älterer Herr, der sofort Vertrauen einflößte, aber nicht viele Worte machte. Er begutachtete mich kurz und drückte mir ein Manuskript in die Hand: »Lesen Sie das erst mal, dann sehen wir weiter.«

Natürlich wollte ich wissen, wann das sein würde, das Weitersehen. Er bemerkte meinen fragenden Blick und fügte hinzu: »Es gibt nur zwei Frauen im Stück. Sind Sie telefonisch erreichbar?«

»Ja. Entweder in der Schauspielschule oder bei Familie Busch ... In Wilhelmsburg.«

»Lassen Sie beide Nummern hier!«, bestimmte er und ging aus dem Zimmer. Ich hinterließ die Telefonnummern im Büro und verabschiedete mich.

Schon in der Straßenbahn fing ich an zu lesen. Das Stück war ein »Original-Fernsehspiel« nach einem Roman des holländischen Schriftstellers Jan de Hartog und hieß »Der Untergang der Freiheit«. Hauptfigur ist ein Kapitän Speelmans, der auf seine alten Tage überraschend erbt. Von dem Geld kauft er einen Schlepper, der seine besten Jahre schon lange hinter sich hat. Zusammen mit einigen Freunden will Speelmans dem großen Reeder Keizer, der im Hafen schaltet und waltet, wie er will, Konkurrenz machen. Speelmans' Sohn Jan versteht seinen Vater nicht. Was soll ein Kampf, den man ohnehin nicht gewinnen kann? Zwischen Vater und Sohn kommt es zu heftigen Auseinandersetzungen. Im entscheidenden Augenblick stellt sich Jan aber hinter seinen Vater und nimmt wider besseres Wissen an dem aussichtslosen Kampf teil. Am Ende versucht Kapitän Speelmans, seine »Freiheit«, wie das Schiff heißt, auf abenteuerliche Weise zu retten, und geht dabei mit Mann und Maus unter.

Die mir zugedachte Rolle der Anni Schippers war für die Balance sehr wichtig. Anni ist die Frau des jungen Speelmans und hat erst vor kurzem ein Baby bekommen. Zusammen mit den anderen Frauen im Hafen muss sie hilflos zusehen, wie die Katastrophe ihren Lauf nimmt. Vorher aber versucht sie alles, um das Verderben aufzuhalten. Das geht so weit, dass sie ihren Schwiegervater umzubringen versucht, was ihr jedoch misslingt.

Die Rolle war aufregend, und ich konnte sie packen. Aber würde ich sie auch bekommen? Aus dem Verhalten von Hanns Farenburg war nichts abzulesen, er hatte nicht die geringste Andeutung gemacht, die Anlass zu Hoffnung gab. Also blieb mir nichts anderes übrig, als auf einen Anruf aus Lokstedt zu warten.

Ich wartete aufgeregt, und Frau Busch fieberte mit mir. Endlich klopfte sie aufgeregt an meiner Zimmertür: »Fräulein Marlies, ein Anruf für Sie. Das Fernsehen!«

Mein Herz schlug so heftig, dass ich mich zwingen musste, ganz ruhig zu bleiben. »Ja, bitte?«, meldete ich mich.

Es war jedoch nur Henriette, die sich erkundigen wollte, ob der NWDR sich gemeldet hätte. Man sei jetzt unwiderruflich bei der Besetzung der Anni Schippers.

»Nein, noch nicht. Soll ich da noch mal anrufen? Das kann ich doch nicht. Oder?«, fragte ich kleinmütig zurück.

»Eigentlich nicht. Wenn Farenburg gesagt hat, er meldet sich, dann tut er das auch.«

Das Warten auf eine Entscheidung ist eines der quälendsten Probleme des Schauspieler-Daseins. In diesem Stadium ist man vollkommen von der Meinung und dem Geschmack anderer Menschen abhängig. Man kann sich präsentieren, kann schildern, was man gemacht hat, und einige Szenenfotos vorlegen, ersatzweise auch Videokassetten. Je jünger man ist, desto weniger hat man naturgemäß an Kritiken oder Bildern zu zeigen; ein Anfänger kann nur sein Zeugnis herumreichen, ansonsten muss er auf sein Glück vertrauen. Nach welchen Gesichtspunkten eine Entscheidung getroffen wird, erfährt man nie oder höchstens einmal durch Zufall. Während meiner Zeit in Bochum schlug ich einmal dem Regisseur und Hausherrn Peter Zadek vor, mir die Rolle der Cordelia, einer der Töchter des König Lear, anzuvertrauen. Er antwortete in seiner für ihn typischen, sanften Art: »Das könnte ich mir gut vorstellen, Marie-Luise, du als Cordelia. Aber weißt du, die Magdalena Montezuma lispelt so schön. Das gefällt mir noch besser.«

Nun, jetzt ging es erst mal um die Anni Schippers. In den zwei oder drei Tagen nach meiner Vorstellung beschäftigte mich nichts anderes als diese Rolle. Ich weiß noch, einmal schloss ich mich sogar auf der Toilette ein, um ungestört deklamieren zu können. Und ein anderes Mal verließ ich während des Unterrichts den Probenraum, um nicht verwirrt zu werden. Ich wollte und konnte mich mit nichts anderem mehr beschäftigen als mit dem Schicksal der Anni Schippers, ihren inneren Antrieben. Wo ich ging und stand, dachte ich mir immer neue Nuancen der Gestaltung dieser Rolle aus. Allerdings eignen sich Straßenbahnen und Straßenbahnhaltestellen nur bedingt für Schauspielübungen.

Auch Frau Busch wurde eingespannt. Immer und immer wieder hörte sie mir den Text ab – und jedes Mal sprach sie mir Mut zu: »Fräulein Marlies, Sie brauchen sich gar keine Gedanken zu machen. Sie bekommen die Rolle. Das habe ich geträumt.«

Endlich kam der ersehnte Anruf, ich wurde zum Vorsprechen nach Lokstedt eingeladen. Als ich das kleine Studio betrat, in dem mich der Regieassistent von Hanns Farenburg begrüßte, kam ich mir vor wie in einem Aquarium. Der Raum war düster, kaum beleuchtet. Es standen nur ein nüchterner Tisch und einige eckige Stühle herum, ansonsten war das Studio kahl und leer. Zur Technik hin gab es eine Trennscheibe, dahinter ahnte ich Menschen, konnte sie aber nicht genau erkennen. Gesprochen wurde über eine Lautsprecheranlage.

»Sie haben sich mit der Rolle vertraut gemacht?«, kam die Stimme von Hans Farenburg aus dem Lautsprecher.

»Ja ... Guten Morgen.«

»Sie müssen auf den Knopf drücken, da am Mikro!«, erklärte mir der Assistent. Ich drückte und wiederholte mein »Guten Morgen«.

»Guten Morgen ... Wir freuen uns, Sie zu sehen, Fräulein Lause«, kam es väterlich zurück.

Dann bat mich Farenburg zu zeigen, was ich vorbereitet hatte. Als Erstes improvisierte ich eine Liebesszene zwischen Jan, meinem Mann, und mir. Ich stellte mir vor, Jan gehe vor mir her und ich wolle ihn aufhalten, die Arme um ihn legen und ihm einige Worte zuflüstern. Und das alles bei starkem Wind, der meine Worte verweht. Ich ging durch das dunkle Studio, als wehe mir ein schrecklicher Sturm entgegen und suchte meinen geliebten Jan, der wegen des tosenden Windes meine Worte nicht hörte. Endlich war ich bei ihm, hielt ihn fest. In meiner Vorstellung wandte er sich mir nun erstaunt zu. Ich hatte ihn mir als sehr groß, sehr kräftig gedacht, deswegen reckte ich mich, stellte mich auf die Zehenspitzen und suchte seinen Hals zu umfassen.

Während ich meinen Text sprach, merkte ich, wie mein Pullover hochrutschte. An dem Tag trug ich einen schwarzen Rock

»Mein Jan«: Heinz Reincke, Hamburg, 1959/60.

und einen schwarzen Pullover. Und dieses verdammte Ding rutschte ausgerechnet jetzt hoch und ich zeigte Haut. Das irritierte mich schrecklich. Für einen Augenblick fiel es mir schwer, mich auf den Text zu konzentrieren; doch dann fing ich mich wieder.

»Danke schön, das genügt …«, kam es endlich aus dem Lautsprecher.

Mein erster Gedanke war: Das war's! Vertan!

Dann öffnete sich die Tür und Hanns Farenburg erschien mit Alfred Schieske, dem Hauptdarsteller, meinem künftigen »Schwiegervater«. Farenburg gab mir die Hand und sagte: »Sie haben die Rolle. Gratuliere!«

Schieske, der wirklich etwas von einem alten Seebären hatte, nahm mich gleich in den Arm und meinte: »Bist ein lecker Meisje …«. Und zum Regisseur gewandt fügte er hinzu, während er mich immer noch im Arm hielt: »Ich glaube, das wird was, Hanns.«

Ich weiß noch, dass ich nachher auf dem Kiesweg vor dem Studio hüpfte wie ein kleines Mädchen und mich freute: Ich habe die Rolle! Ich habe die Rolle!

Als ich zu Hause von meinem Vorsprechen erzählte, sagte Frau Busch zutiefst befriedigt: »Habe ich's Ihnen nicht gesagt?! Auf meine Träume kann ich mich verlassen.«

»Denk jetzt nicht, du kannst schon alles!«

Mein Partner in »Der Untergang der Freiheit« war Heinz Reincke, schon damals ein bekannter Mann. Außerdem wirkten neben Alfred Schieske als Kapitän Speelmans noch Heinz Klevenow, Robert Meyn, Wilhelm Grothe und Günther Schramm mit. Marie, die Frau des Kapitäns, wurde von Annemarie Marks-Rocke verkörpert, der Ehefrau meines Lehrers Eduard Marks. Alles zusammen eine Ansammlung von Namen, die mich hätte einschüchtern können. Doch alle akzeptierten mich vom ersten Augenblick an und halfen mir sehr bei den Proben.

Alfred Schieske machte mir klar, dass man vor der Fernsehkamera eigentlich nicht spielen, sondern nur denken darf. Jede große Geste, die auf der Bühne selbstverständlich ist, wirkt hier übertrieben, unter Umständen sogar lächerlich. Einmal, als ich eine Treppe hinunterzugehen hatte, schnauzte mich Hanns Farenburg an: »Kneif die Arschbacken zusammen!« Ich bekam einen Schreck, kniff die Arschbacken zusammen und bekam dadurch auf der Stelle eine andere Haltung. Und damit bekam auch die ganze Szene eine völlig andere Wirkung. Die Ratschläge, die ich damals von Schieske und Farenburg bekam, habe ich während meiner ganzen Karriere befolgt.

Im Jahr 1959 hatte der NWDR in Hamburg bereits hochmoderne Fernsehstudios. Proben fanden jedoch immer noch im Hochbunker auf dem Heiliggeistfeld statt, und entsprechend musste man durch lange bedrückende Gänge aus meterdickem Beton gehen, ehe man ins Studio kam.

In diesem Bunker hatte das Fernsehen in Deutschland nach dem Krieg wieder begonnen, betrieben von Männern in weißen Kitteln – von »den Postbeamten«, wie die Filmleute sie herablassend nannten. Waren die alten Filmhasen doch 1952, 1953 noch felsenfest davon überzeugt, mit dem Fernsehen werde es nichts. Das haben mir später Regisseure erzählt, die sich den Probenbetrieb dort angesehen und schaudernd abgewandt hatten.

Als ich meine erste Fernsehrolle bekam, gab es ein paar Millionen Zuschauer. Zwar wurde nur ein Programm ausgestrahlt, und das Umschalten nach Berlin dauerte zehn Minuten, in denen man nichts anderes sah als ein sich drehendes Fragezeichen. Dennoch war das Fernsehen bereits eine Macht geworden. Wenn die »Schölermanns« oder die »Die Firma Hesselbach« auf dem Bildschirm erschienen, saß die Nation einträchtig vor dem Apparat.

Fernsehspiele wurden zu dieser Zeit noch live gesendet. Sie wurden wie Theaterstücke geprobt und liefen am Tag der Ausstrahlung auch wie Premieren auf der Bühne ab – der erste Satz zuerst, der letzte am Schluss. Es gab keine Takes, keine Möglichkeit zu wiederholen. Was nicht saß, würde für alle Zeiten nicht sitzen. Man konnte nichts korrigieren oder verbessern. Die Ausstrahlung war Premiere und gleichzeitig auch die letzte Darbietung des Stücks, zumindest in den allermeisten Fällen. Aufzeichnungen waren kompliziert und teuer und wurden deshalb nur in Ausnahmefällen produziert.

Dementsprechend glichen auch die Vorbereitungen damals

mehr der Theaterarbeit als dem heutigen Fernsehalltag. Lange Probezeiten waren die Regel, für den »Untergang der Freiheit« waren acht oder neun Wochen vorgesehen. Nach Weihnachten zogen wir aus dem Bunker nach Lokstedt, wo wir von nun an in den Kulissen probten und unsere Gänge trainierten. Mit farbigen Kreidestrichen wurde markiert, wo man zu gehen und zu stehen hatte, und der Boden sah am Ende der Proben fast aus wie ein Schnittmusterbogen. Die elektronischen Kameras waren damals wesentlich unhandlicher als heute, bei jedem Schritt musste man auf die Kabel und Kabelträger Rücksicht nehmen. Vieles war komplizierter als heute, aber für uns war das alles neu und aufregend. Es herrschte Pionierstimung.

Im vergangenen Jahr, 1999, habe ich für den NDR in Hamburg eine Weihnachtssendung moderiert, »Unterm Weihnachtsbaum«. Während der Dreharbeiten sagte der Kameramann plötzlich zu mir: »Frau Marjan, wissen Sie eigentlich, dass ich bei Ihrem allerersten Film schon einer der Kameramänner war?« Wir redeten von den alten Zeiten, und er erinnerte sich an unsere gemeinsame Arbeit: »Am Anfang hatten wir ja Angst um Sie, ob Sie das packen würden. Aber dann hatten wir ja auf einmal ein ganz anderes Problem ... Wissen Sie noch?«

Und ob ich noch wusste. Am Tag der Aufführung – es war Donnerstag, der 28. Januar 1960, ein grau-verschneiter Tag – tauchte ausgerechnet Heinz Reincke nicht auf, einer unserer Hauptdarsteller. Die Aufregung wuchs von Minute zu Minute, alle wurden nervös, dann hektisch. Man suchte, telefonierte und sandte Boten aus, doch Heinz war nirgendwo aufzutreiben. Deutschland, Österreich und die Schweiz warteten ab 20 Uhr 20 auf den »Untergang der Freiheit«, und uns fehlte Jan, der Sohn des Kapitäns Speelmans.

»Vater und Sohn«: Heinz Reincke und Alfred Schieske im Kreise ihrer Kollegen. Hamburg, 1959/60.

Der Einzige, der die Ruhe behielt, war Hanns Farenburg. Er beschwichtigte uns: »Er kommt! Er ist immer gekommen!«

Tatsächlich tauchte Heinz Reincke in buchstäblich letzter Minute wirklich noch auf, und zwar in »bester« Stimmung. Er wurde mehr umgezogen, als dass er sich selbst umzog, hastig geschminkt und in die bereits laufende Sendung geschmuggelt. Dann jedoch spielte er konzentriert und eindrucksvoll, verhaspelte sich kein einziges Mal, ließ keine einzige Silbe aus und war besser als in sämtlichen Proben. Nur in seinen Augen lag ein merkwürdiges Glitzern.

Bei der Premierenfeier später am Abend gestand er mir, er

habe Angst um mich gehabt, ob ich das wohl schaffen würde, meinen ersten Auftritt vor einem Millionenpublikum. Und da hätte er sich vor der Sendung eben noch ein paar Aufmunterungsdrinks gegönnt. Aber ich sei wirklich gut gewesen, fügte er hinzu, er habe sich völlig umsonst gesorgt.

Alfred Schieske nahm mich an diesem Abend ebenfalls zur Seite und knuddelte mich. »Hast du gut gemacht, Mädel«, sagte er. »Nur denk jetzt nicht, du kannst schon alles! Nun geht's ab in die Provinz. Lerne erst mal dein Handwerk. Und das kannst du nur in einem Provinztheater. Anschließend kannst du auch Fernsehen machen. Und Film. Aber umgekehrt wird's nichts. Dann wirst du nur als Typ benutzt und ganz schnell vergessen.«

Diese Sätze habe ich mir gut gemerkt. Wie Recht Alfred Schieske hatte, sollte ich allerdings erst sehr viel später erfahren.

Die Kritiken waren für uns alle positiv. In verschiedenen Zeitungen wurde ich hervorgehoben: »Höchst erstaunlich, wie die junge Schauspielschülerin Marlies Lause als Heinz Reinckes Frau diesem eine von keiner Kameraangst gehemmte kraftvolle Partnerin war.«

Damals liebten die Feuilletonredakteure noch lange Sätze.

Der Oberstadtdirektor von Hattingen ließ mir am Tag nach der Sendung einen sehr freundlichen Brief zukommen: »Sehr geehrtes Fräulein Lause! Am gestrigen Abend war ich mit meiner Familie Mitseher und Mithörer des Fernsehspiels ›Der Untergang der Freiheit‹. Ich bin geradezu erfreut und begeistert, Sie in einer wirklich schon vollendeten schauspielerischen Rolle erleben zu dürfen. Ich glaube, das ist wohl die Meinung aller Hattinger, die vor dem Bildschirm gesessen haben. Mit herzlichem Gruß, Ihr ...«

Außerdem versicherte mir der Oberstadtdirektor, dass mich die Stadt Hattingen auch weiterhin in meiner Berufsausbildung fördern werde.

Frau Kieselbach, die Mutter meiner Freundin Renate, schickte mir einen selbst gebackenen Kuchen, Rechtsanwalt Krampe einen Blumenstrauß und Doktor Hermannspahn eine Postkarte mit guten Wünschen für meine weitere Karriere. Von Vater kam kein Wort.

In den Tagen nach der Sendung war ich so glücklich, dass ich glaubte, Schöneres und Größeres könne es in meinem Leben nicht mehr geben. Meine erste Rolle beim Fernsehen hatte mir außer Lob fünfhundert Mark eingetragen. Zum ersten Mal im Leben konnte ich mir etwas kaufen, ohne nach dem Preiswertesten greifen zu müssen. Ich hasste das geradezu, wie die Verkäuferinnen nach einigen gescheiterten Versuchen, mir die hübschesten Sachen schmackhaft zu machen, sehr diskret ihre billigsten Stücke anboten: »Dann habe ich hier noch was sehr Preiswertes! Das müsste Ihnen auch stehen ...«

Bei Karstadt in der Mönckebergstraße erwarb ich für siebzig Mark einen blauen Marinemantel mit Goldknöpfen und einer goldenen Schnalle. Einerseits glaubte ich eine gewaltige Summe verschwendet zu haben, andererseits war ich ungeheuer stolz, dass ich mir so etwas leisten konnte.

Ab in die Provinz

»Denk jetzt nicht, du kannst schon alles«, hatte Alfred Schieske mir nach der Premierenfeier ins Stammbuch geschrieben. Und ich müsse nun zunächst in der Provinz mein Handwerk lernen.

Ich hatte ihm versprochen, mich an diesen Rat zu halten. Von dem Glauben, jetzt bereits alles zu können, war ich weit entfernt, auch ohne die warnenden Worte des erfahrenen Kollegen. Aber wie sollte ich in die Provinz kommen? Und wo war sie überhaupt, die Provinz?

Mir war klar, dass ich bald mein erstes Engagement brauchte. Meine Zeit als Schauspielschülerin näherte sich unwiderruflich ihrem Ende. Ich hatte schon verschiedene Theater angeschrieben, und wann immer ich von einem Vorsprechen hörte, meldete ich mich. Doch das brachte nichts, selbst mein Auftritt im »Untergang der Freiheit« blieb merkwürdig folgenlos.

Schließlich half mir der Zufall. Annemarie Höger, eine Agentin, die junge Kräfte vermittelte, machte für mich ein Treffen mit Egon Karter aus, dem Direktor der Komödie Basel, einem Schweizer Privattheater. Da ich im »Prem« vorsprechen sollte, einem vornehmen Hamburger Hotel an der Außenalster, musste ich wohl als Grande Dame erscheinen, irgendwie elegant. Geld für neue und obendrein elegante Garderobe hatte ich nicht, also kaufte ich mir ein Stück Stoff, hanseatisch blau, vornehm zurückhaltend. Annemarie Höger half mir, daraus ein tragbares Kleid zu schneidern. Dazu lieh ich mir von einer Freundin einen roten Mantel und Schuhe mit sehr hohen Absätzen. Im Spiegel fand ich mich ausgesprochen chic, genau richtig für das »Prem«.

Als ich mich an der Rezeption meldete, richtete mir der Concierge aus: »Herr Karter erwartet Sie in der Bar ... Die Treppe runter, bitte!«

Ich stolzierte die Treppe hinunter. Unten, im schummrigen Halbdunkel, waren nur zwei Männer, der Barkeeper und Herr Karter. Beide betrachteten mich stumm. Egon Karter, ein durchtrainierter, schlanker Mann mit strahlend blauen Augen, rutschte vom Barhocker, begrüßte mich und fragte: »Möchten Sie etwas trinken?«

»Nicht um diese Uhrzeit ...«, antwortete ich.

Karter stutzte einen Moment, dann stellte er mir die üblichen Fragen und wollte wissen, was für eine Probe ich für ihn vorbereitet hätte.

»Die Franziska aus ›Minna von Barnhelm‹«, erwiderte ich.

»Dann lassen Sie mal sehen!«

»Hier?«, fragte ich überrascht.

»Was spricht dagegen?«

»Na ja, also hier ...«, wandte ich ein.

Der Barkeeper verstand, weshalb ich mich zierte und öffnete die Tür zum Salon. Nachdem er Licht gemacht hatte, ließ er uns dort allein. Es konnte losgehen.

Ich spielte wie um mein Leben, und als ich fertig war, sagte Karter: »Als Sie die Treppe runterkamen, dachte ich, Sie sind eine junge Dame ... Aber Sie sind ja noch das reinste Kind.«

Ich war wie vor den Kopf geschlagen. Wie kam er zu diesem Urteil?

Dann fügte er jedoch tröstend hinzu: »Aber spielen können Sie, und das ist ja die Hauptsache ... Ich hätte tatsächlich eine Rolle für Sie, in ›General Quixotte‹ von Anouilh ... Eine Gastrolle, von Ende März bis Anfang Mai. Sie müssten sich allerdings sehr schnell entscheiden. Was sagen Sie?«

Ohne nachzudenken antwortete ich: »Ja!«

»Sehr gut. Dann sehen wir uns in Basel wieder. Freut mich, dass Sie wissen, was Sie wollen. Den Vertrag mache ich mit Frau Höger?«

»Ja ...«, stimmte ich erneut ohne Zögern zu.

Und das war mein Glück. Annemarie Höger handelte nicht nur den Stückvertrag aus, sondern setzte durch, dass ich einen Jahresvertrag für die Komödie Basel erhielt; nach meinem Engagement als Sophie in »General Quixotte« hatte ich drei Monate Pause und sollte danach für eine reguläre Spielzeit nach Basel zurückkehren.

Nicht zufällig spielen Züge und Bahnfahrten in vielen Romanen und Filmen eine große Rolle. Eine Reise mit dem Zug ist etwas Besonderes, vor allem eine sehr lange Reise versetzt einen in eine seltsame Stimmung. Während die Landschaften vorbeiziehen und das Licht wechselt, wenn es Tag oder Nacht wird, spürt man, wie die Zeit fließt und wir von ihr getragen werden.

Für mich bedeutete die Fahrt von Hamburg nach Basel einen weiteren wichtigen Einschnitt in meinem Leben. Die Schulzeit war endgültig vorüber, nun begann der Ernst des Lebens, wie das so schön heißt. Doch was sollte ernster werden? Hatte ich nicht während meiner ganzen Zeit in Hamburg schon allein für mich sorgen müssen? Und hatte ich das nicht geschafft? Was sollte mir also in Basel groß passieren? Immerhin hatte ich einen Vertrag in der Tasche.

Für einen Moment fühlte ich mich völlig sicher. Doch dann waren sie plötzlich wieder da, die Selbstzweifel, die mich in meiner Jugend oft quälten. War ich tatsächlich schon eine fertige Schauspielerin? Würde ich bei meinem ersten Engagement wirklich bestehen können?

Ein Streit riss mich aus meiner Grübelei. Ein Schaffner kontrollierte die Fahrausweise und geriet dabei mit einem Mann in unserem Abteil aneinander, der uns schon auf die Nerven fiel, seit er in Frankfurt zugestiegen war. Als Kriegsversehrter erhob er Anspruch auf den Platz für Schwerbeschädigte. Kaum hatte er diesen Sitz erkämpft, riss er das Fenster hinunter. Er brauche frische Luft. Die Mitreisenden hatten das alles hingenommen, grummelnd zwar, aber ohne offenen Protest. Als jetzt der Kontrolleur kam, ergriff eine ältere Frau die Gelegenheit und bemerkte: »Es zieht so, kann man das Fenster nicht ein bisschen zumachen?«

Der Schaffner dachte sich nichts dabei und wollte dem Wunsch der Dame höflich entsprechen. Daraus entwickelte sich nun ein Krach, der in keinem Verhältnis zum Anlass stand. Der Veteran verbreitete sich über Krieg und Gefangenschaft und was er alles mitgemacht habe, während sich andere gedrückt hätten. Der Schaffner machte den Fehler, darauf einzugehen; die Auseinandersetzung eskalierte, und es sah so aus, als könne es zu Handgreiflichkeiten kommen.

Auf dem Höhepunkt der Schreierei tauchte ein Herr mittleren Alters auf, schlank, sehr groß, in grauem Anzug, weißem Hemd und mit gediegener Krawatte. Er griff in den Streit ein, und als der Kriegsversehrte herausfordernd wissen wollte, wer *er* denn sei, zeigte der Mann ihm seinen Dienstausweis. Es folgte ein letztes kurzes Wortgefecht, dass mit dem Umzug des streitlustigen Schwerbeschädigten in ein anderes Abteil endete.

Nun begannen die übrigen Reisenden im Abteil das Ereignis

zu diskutieren und zu bewerten. Weil mich das langweilte, ging ich auf den Gang und stellte mich ans Fenster. Der Mann, der die Auseinandersetzung im Abteil beendet hatte, stand in meiner Nähe und ließ die Landschaft an sich vorüberziehen. Erst gönnte er mir einen Seitenblick, dann kam er näher, erkundigte sich nach einem Detail des Vorfalls, und endlich blieb er wortlos bei mir stehen.

Nach und nach kam so etwas wie eine Unterhaltung zwischen uns zustande. Wir redeten über Dinge, die sich Reisende in einem Zug eben so anvertrauen. Er wollte wissen, wo ich herkäme, wohin ich fahre und was ich dort vorhätte. Als ich ihm sagte, ich werde bald in der Komödie Basel auftreten, bemerkte er vage, er habe auch öfter in Basel zu tun.

Am Ende verabschiedeten wir uns, als würden wir uns nie wieder sehen.

Basel war anders als alles, was ich bis dahin gesehen hatte, hier gab es keine Kriegsschäden, keine Zerstörungen, keinen Wiederaufbau. Die Stadt war einfach nur ruhig, reich und behäbig, mit einer wunderbaren, völlig intakten Altstadt, noch immer »das goldene Basel« früherer Jahrhunderte. Gleichzeitig war Basel eine internationale Stadt, die einzige Stadt der Welt, deren Straßenbahnen in drei Ländern verkehrten, in der Schweiz, Frankreich und Deutschland. Auf dem Badischen Bahnhof kontrollierten neben den Schweizer Zöllnern auch deutsche, im SBB-Bahnhof, dem Hauptbahnhof, französische. Die Straßenschilder zeigten einfach »Nach Deutschland« oder »Nach Frankreich«. Der Flughafen der Stadt lag auf französischem Boden. Wenn man auf den Markt ging, hörte man dort Marktfrauen aus dem Elsass und dem Badischen ihre Waren anpreisen.

Innerhalb der Schweiz bildete die Stadt Basel einen eigenen Kanton. Große Maler hatten hier gewirkt und große Gelehrte.

Siebzehn Jahre lang hatte das Konzil von Basel versucht, die katholische Kirche zu reformieren – ohne Erfolg. Das Konzil lag nun schon fünfhundert Jahre zurück, aber die Basler hatten es nicht vergessen. Bei jeder nur erdenklichen Gelegenheit wurde davon gesprochen.

In der Stadt existierten zwei bedeutende Zeitungen, die das Weltgeschehen zu erklären versuchten. Daneben gab es berühmte Museen, Chemiefabriken, einen großen Hafen und eine Börse. Und zwei Theater, neben dem berühmten Stadttheater eben die von Egon Karter gegründete und geleitete Komödie. Das Haus war sein Lebenswerk – und sein Leben: Wann immer der Direktor Zeit hatte, war er mit dem Fahrrad unterwegs, um neue Abonnenten zu werben.

Mit meinem Vertrag hatte ich eine Arbeitserlaubnis und einen »Fremdenpass« erhalten. Erst später habe ich erfahren, dass diese Papiere zwischen 1933 und 1945 heiß begehrt und schwer zu erlangen waren. Für viele Menschen machte es den Unterschied zwischen Leben und Tod aus, ob sie so einen Pass bekamen oder nicht.

Nie werde ich eine Begegnung vergessen, die ich einige Monate nach meiner Ankunft in Basel hatte. An einem Sonntagmorgen saß ich auf einer Bank am Rheinufer, nicht weit von der Mittleren Brücke entfernt, mit Blick auf die Altstadt und das Münster, und lernte meine Rolle. Einige Schritte entfernt angelten alte Männer, die Sonne schien, auf dem Rhein schaukelten einige Ruderboote, die an der Ufermauer festgemacht waren; mit einem Wort, die reinste Idylle. Auf einer anderen Bank saß ein älteres Paar, beide um die sechzig. Sie sprachen nicht miteinander, saßen einfach da, und ich vergaß sie bald.

Auf einmal stand die Frau auf, kam näher und fragte schüchtern, ob sie mein Haar berühren dürfe. Ich wusste nicht, was ich antworten sollte, und schwieg überrascht. Die Frau nahm das als Erlaubnis, mich anfassen zu dürfen, und strich mir mehrmals übers Haar. Der Mann kam näher und nahm seine Frau vorsichtig in den Arm. Plötzlich weinten beide hemmungslos.

Als sie sich wieder gefasst hatten, erfuhr ich in wenigen Sätzen ihre Tragödie. Sie waren deutsche Juden und bei Kriegsbeginn 1939 beruflich im Ausland gewesen. Man hatte ihnen nicht erlaubt, nach Deutschland zurückzukehren. Ihr einziges Kind, ein kleines Mädchen, war bei den Großeltern zurückgeblieben und mit ihnen im KZ umgebracht worden. Wenn sie noch leben würde, wäre sie jetzt ungefähr in meinem Alter gewesen.

Aus dieser seltsamen Begegnung entwickelte sich eine flüchtige Bekanntschaft. Einmal, ein einziges Mal, luden die Bandsmanns mich in ihre Wohnung ein, und dieser Nachmittag war äußerst bedrückend für mich. Ich erzählte von meiner Kindheit, von meinen Onkeln und Tanten. Darauf sagte Frau Bandsmann bitter, mein Vater und meine Onkel seien ja auch Deutsche, und wer könne sagen, was *sie* getan hätten. Ihr Mann nahm mich in Schutz. Ich weiß noch, wie er leise bemerkte: »Sie kann doch wirklich nichts dafür!«

Das war 1960, das Jahr, in dem Agenten des Mossad Adolf Eichmann in Südamerika aufspürten und ihn nach Israel brachten. Durch die Begegnung mit den Bandsmanns gewannen solche Ereignisse plötzlich eine ganz andere Bedeutung für mich als zuvor. Ich war zum ersten Mal persönlich mit einem Kapitel der deutschen Geschichte konfrontiert worden, über das unsere Lehrer in Hattingen beharrlich geschwiegen hatten.

»Ein herzlicher Gruß aus dem D 464«

Die Komödie hatte für mich ein nicht zu teures Zimmer in Kleinbasel gemietet, auf der anderen Rheinseite, dem linken, weniger vornehmen Ufer. Bei der Familie Jossevelle-Oppliger in der Hammerstraße 20 wohnte ich während meiner ganzen Baseler Zeit. Das Zimmer kostete nur 90 Franken Miete; allerdings betrug meine Gage auch nur 400 Franken im Monat.

Madame Jossevelle war eine freundliche, rundliche Hausfrau mit schwarzen Locken, die mich nett begrüßte. Sie legte mir ans Herz, am nächsten Tag in aller Herrgottsfrühe aufzustehen, um den Beginn der Baseler Fasnacht mitzuerleben. In Deutschland war der Karneval längst vorbei und hier begann er erst? Ja, erklärte Madame Jossevelle, jeweils am Montag nach Aschermittwoch; den berühmten »Morgenstreich« dürfe ich auf keinen Fall versäumen, sie wolle mich gern wecken, wenn es mir recht sei.

Gegen halb vier in der Nacht rüttelte sie mich sanft wach. »Es ist so weit! Sie müssen aufstehen!«

Selbstverständlich sagte sie das in baselstädtischer Mundart, einer Sprache, die das Allemannische mit dem Elsässischen verbindet und an die man sich erst gewöhnen muss. Ich versuchte erst gar nicht sie nachzuahmen, ich war schon froh, wenn ich wenigstens die Hälfte verstand.

Zu meinem Erstaunen ging meine Vermieterin nicht mit zur Eröffnung der Fasnacht. »Ach, wir haben das schon so oft erlebt«, sagte sie. Ich müsse nur über die Brücke gehen und den vielen Menschen folgen, die dort unterwegs seien; dann könne ich den »Morgenstreich« gar nicht verpassen.

Das Schauspiel war wirklich faszinierend. Als ich auf die Straße trat, zeigte Lichtschein aus den Häusern an, dass fast ganz Kleinbasel schon auf den Beinen war. Da keine Laternen brannten, konnte man die Menschen, die zur Brücke wollten, eher ahnen, als dass man sie sah. Ich folgte der schweigsamen Menge und gelangte in die Nähe des gewaltigen Münsters. Hier standen die Menschen schon dicht an dicht, sodass an ein Weiterkommen nicht zu denken war. Aus allen Gassen hörte man dumpfe Trommeln, Querflöten mischten sich ein, die Trommeln wurden stärker und stärker, und endlich kam langsam aus der Dunkelheit ein Zug von Laternen heran – bunt, schwankend, flammend. Die Laternenträger wie auch die Trommler und Pfeifer trugen grelle Kostüme und kostbare Uniformen; alle waren fantasievoll maskiert. Die Larven von Basel waren nicht einfach Pappnasen und Augenklappen, sondern wurden von bekannten Künstlern entworfen; jede von ihnen stand für eine menschliche Eigenschaft – Tücke, Geiz, Neid, Neugier und Verschlagenheit oder auch koboldhafte Freude und Übermut. Die Stimmung unter den Zuschauern war eher besinnlich als lustig und ausgelassen.

Als sich der Umzug auflöste, drängten die Leute in die Wirtshäuser ringsum. Hier wärmte man sich auf und aß gebrannte Mehlsuppe und warmen Zwiebelkuchen, das traditionelle Mahl des »Morgenstreichs«. In dem Lärm und dem Gedränge kam bald auch Fröhlichkeit auf. Aber die war anders, als man das vom rheinischen Karneval kennt, zurückhaltender, nachdenklicher.

Die Komödie Basel war ein renommiertes Haus. Allerdings war dort alles sehr eng – von der Bühne über die Garderoben und Probenräume bis hin zum Zuschauerraum.

Das Stück, für das Egon Karter mich engagiert hatte, »General Quixotte«, war das neueste Werk des damals oft gespielten Theaterdichters Jean Anouilh. Im Jahr zuvor war es an den Champs-Élysées uraufgeführt worden und hatte sich rasch zu einem internationalen Erfolg entwickelt. Die Hauptfigur ist ein menschenfeindlicher, pensionierter General, der die Welt und speziell Frankreich retten will. Das hatte sich herumgesprochen, und man befürchtete, der Dichter mache sich über General de Gaulle lustig. In Wahrheit hat »General Quixotte« jedoch überhaupt nichts mit diesem berühmten Politiker zu tun, sondern ist die Tragikomödie eines alten Mannes, der hohle Phrasen von sich gibt und Verschwörungen anzettelt, sich aber nicht einmal in der eigenen Familie Achtung verschaffen kann.

Franz Schafheitlin spielte den alten französischen General wie einen Wehrmachtsoffizier – steif, martialisch und etwas pompös. Gisela Tantau war seine Frau und ich die Sophie, die uneheliche Tochter des Titelhelden.

In der Nacht vor der Premiere hatte ich Lampenfieber, wie ich es in dieser Art noch nie erlebt hatte; ich bekam Magenschmerzen und konnte über Stunden nicht einschlafen, geschweige denn etwas essen. Doch die Premiere war nicht aufzuhalten. Der Vorhang ging hoch, und ich warf mich ins Zeug, verwechselte stilles Zuhören mit heftigem Agieren. Wenn Zustimmung auszudrücken war, schüttelte sich mein ganzer Körper; dabei hätte ein bloßes Kopfnicken genügt. Bei meinem Abgang wackelte die Dekoration. In der Pause kam Herr Direktor Karter angelaufen und beschwor mich, um Gottes Willen nur die Kulissen stehen zu lassen.

Ich verstand die Welt nicht mehr; hatte ich nicht aus tiefster Inbrunst gespielt und alles gegeben?

Das Publikum war sehr freundlich zu mir, die Meinungen der Kritiker waren geteilt. Die »Nationalzeitung« schrieb: »Marie Lause verwechselt vorläufig Schauspielerei mit dem Verwerfen der Gliedmaßen und hoher Stimmlage.« Die »Basler Woche« urteilte dagegen: »Sie war prachtfrisch und keck, ausgesprochen erquickend.«

Am Abend der Premiere wurde am Bühneneingang ein riesiger Strauß gelber Tulpen für mich abgegeben. Ich fand ihn unmittelbar nach meinem Auftritt an meinem Schminkplatz und glaubte, dies sei eine Aufmerksamkeit der Direktion für ein neues Mitglied des Theaters. Ich untersuchte den Tulpenstrauß etwas genauer und entdeckte, dass ihm eine Karte beigefügt war: »Ein herzlicher Gruß aus dem D 464.« Das war alles, der Gruß war nicht einmal unterschrieben. Dennoch zweifelte ich keinen Moment, wer mir die Blumen geschickt hatte.

Der liebe Augustin

Wir spielten bereits eine Weile »General Quixotte«, als ich eines Morgens, auf dem Weg zum Markt, einem Herrn in sportlicher Kleidung und mit erwartungsvollem Lächeln begegnete. Ich wusste, dass ich ihn kannte, konnte ihn aber nicht sofort einordnen.

»Ist das ein netter Zufall!«, sagte der Mann. Da war mir klar, dass ich dem Bahnbeamten aus dem D-Zug wieder begegnet war.

An diesem Morgen, im klaren Sonnenschein und auf der Mittleren Brücke, bedankte ich mich für seine Blumen und fragte, ob er in der Vorstellung gewesen sei und wie sie ihm gefallen habe. Er antwortete mit einer Gegenfrage: »Haben Sie etwas Zeit? Machen Sie mir die Freude, mit mir eine Tasse Kaffee zu trinken?«

Er lud mich in ein Café am Barfüßerplatz ein, das für seine feine Patisserie und gediegene Atmosphäre, aber auch für seine gesalzenen Preise stadtbekannt war. Auf dem Weg dorthin betrachtete ich ihn so diskret wie möglich. Wie er so in offener Windjacke und Sporthemd neben mir herging, kam er mir jünger und frischer vor, als ich ihn in Erinnerung hatte. Vor allem war er groß, zwei Köpfe größer als ich, und große, schlanke Männer hatten bei mir immer Pluspunkte.

Das Café war halb leer, wir setzten uns jedoch trotzdem in eine der hinteren Ecken. »Hier zieht es wenigstens nicht ...«, meinte er. Das klang wie eine Anspielung auf unser Kennenlernen im Zug.

Erst jetzt stellte er sich vor. Er hieß mit Vornamen Alois und stammte aus dem Alpenvorland; allerdings wohnte er schon seit einigen Jahren in Überlingen und unterstand der Eisenbahndirektion Karlsruhe.

Dann befragte er mich nach meinen ersten Eindrücken von Basel und der Komödie. Ich erzählte, und auf einmal fiel mir auf, dass er mich sinnend, ja, traurig ansah.

»Was haben Sie?«, fragte ich irritiert.

»Wie ich Sie beneide ...«, gestand er und fügte hinzu, er sei ein großer Freund des Theaters. Wann immer es ihm möglich sei, gehe er in die Oper oder ins Schauspiel.

»Wie habe *ich* Ihnen denn gefallen? Sie waren doch in ›General Quixotte‹?«, erkundigte ich mich ein zweites Mal.

Er behauptete, es habe sich leider zeitlich noch nicht einrichten lassen.

Eine »Saaltochter« trat an unseren Tisch und Alois bestellte. Für mich orderte er Rüebli-Torte. »Sie sehen, ich habe nichts vergessen ...«, sagte er.

»Wie meinen Sie das?«

»Sie haben mir doch erzählt, dass Äpfel und Möhren für Sie Grundnahrungsmittel sind.« Er legte eine Pause ein, ehe er leise weitersprach. »Ich muss Ihnen gestehen, es macht mir ungeheure Freude, mit Ihnen zu sprechen ...«

Diese Bemerkung verunsicherte mich, ich wusste nicht, was ich darauf entgegnen sollte. Also wechselte ich das Thema und fragte, was ihn denn nach Basel geführt habe. Alois antwortete, er sei öfter in der Stadt und habe sogar ein wenig gehofft, mich »zufällig« hier zu treffen. »Ich musste Sie unbedingt wieder sehen, Fräulein Marlies!«

Offensichtlich bemerkte er meine Irritation und fügte erläuternd hinzu, er habe schon als Junge davon geträumt, zur Bühne zu gehen. Aber das war ausgeschlossen. Sein Vater war Weichensteller bei der Bahn, und der Aufstieg des Sohnes zum Bahninspektor wurde schon als große Karriere betrachtet. Außerdem hatte er das übliche Schicksal des Jahrgangs 1922 zu erleiden gehabt – Arbeitsdienst und Krieg. Zum Glück war ihm wenigstens die Gefangenschaft erspart geblieben. 1945 verschlug es ihn nach Überlingen; Eisenbahner wurden damals gesucht, und so hatte er sein Leben dort eingerichtet.

Den Traum vom Theater hatte er seinen Eltern nie gestanden. Ein einziges Mal war er öffentlich aufgetreten – auf einem Kameradschaftsabend beim Arbeitsdienst.

Der Kaffee und die Torte kamen; der Kaffee duftete himmlisch, und die Torte war eine Sünde wert.

Ich berichtete von der »General Quixotte«-Premiere, ein Wort ergab das andere, und ehe ich mich versah, war ich in Hamburg und erzählte von der »Faust«-Aufführung mit Will Quadflieg und Gustaf Gründgens. Wie schon erwähnt, durften wir Schauspielschüler damals bei der Kino-Aufzeichnung der legendären Inszenierung als Kleindarsteller mitwirken.

Während ich in noch recht frischen Erinnerungen schwelgte, fiel mir plötzlich eine bemerkenswerte Episode mit dem Regisseur und Mephisto-Darsteller ein. Bei den Proben zur »Walpurgisnacht«-Szene stand ich in einer der hinteren Reihen, genau an dem Punkt, den Gustaf Gründgens vorher festgelegt hatte.

Gustaf Gründgens musterte uns Statisten wie ein Feldwebel seine Rekruten und achtete auf jede Kleinigkeit. Plötzlich kam er schnurstracks auf mich zu. »Nehmen Sie das ab!«, verlangte er und deutete auf meine schmale Halskette samt dem kleinen Medaillon. Sie mussten unbemerkt aus dem Ausschnitt meines Kostüms gerutscht sein und störten nun das unbestechliche Auge des Meisters.

»Auf welche Entfernung bemerkte Herr Gründgens Ihre Kette?«, wollte Alois wissen.

»Ich weiß nicht … Er war vielleicht acht, zehn Meter entfernt …«

»Unglaublich! Ein ganz, ganz Großer!« Voller Bewunderung für Gründgens griff Alois behutsam nach dem Medaillon, das ich auch an diesem Morgen trug. Es konnte gar nicht ausbleiben, dass er mir näher kam. Während er sich zu mir beugte, fragte ich ihn, ob er verheiratet sei.

Darauf ließ er die Kette los und sagte verwirrt und ohne jeden Anlass, er habe nicht die Absicht, seine Frau zu betrügen. Ich solle wissen, woran ich sei.

Für einen Augenblick war ich verärgert: Was bildete dieser Mann sich denn ein? Zugleich fühlte ich mich jedoch auch erleichtert. Wie es aussah, war er wirklich nur an meiner Kunst interessiert. Trotzdem fühlte ich, dass es an der Zeit war, dieses Zusammensein im Café zu beenden.

Ein paar Tage später erhielt ich einen Brief von ihm, dem ein zerlesenes Buch beilag: »Der liebe Augustin« von Horst Wolfram Geissler. Er schrieb, dieses Werk habe ihn während des ganzen Krieges begleitet und nun wolle er es mir schenken. Der Roman handelt von einem schwärmerischen, verträumten Luftikus und Glückspilz, der immer Optimist bleibt, gleich, was ihm widerfährt.

Was wollte der Herr Inspektor mir damit sagen?

Die Wochen in Basel gingen schneller um, als mir lieb war. Nach dem »General Quixotte« stand mir eine mehrmonatige Pause bis zu meinem eigentlichen Engagement bevor. In dieser Situation kam mir der Zufall zu Hilfe. Eine Kollegin wurde krank, und Direktor Karter bot mir an, für sie einzuspringen. So kam ich zu einer kleinen Rolle in der Operette »Der Zigeunerbaron«, die auf der Baseler Freilichtbühne aufgeführt wurde, und musste nicht nach Hamburg zurück, um dort »stempeln« zu gehen.

Die anschließenden Theaterferien verbrachte ich am Bodensee; ich wanderte viel und schlief in Jugendherbergen. Außerdem sah ich mir alles an, was mir Alois als sehenswert empfohlen hatte. Bei dieser Gelegenheit war ich zum ersten Mal auch an dem paradiesischen Ort Mainau; heute wächst dort eine Rose, die meinen Namen trägt ...

Auch nach unserem Zusammentreffen in Basel schickte mir Alois oft längere Briefe und kleine Aufmerksamkeiten. Regelmäßig teilte er mir mit, wo er sich gerade dienstlich aufhielt und was ihn beschäftigte.

In einem meiner Antwortschreiben erkundigte ich mich, warum er mir den »Lieben Augustin« verehrt hatte. Darauf schrieb er mir, dieser optimistische Augustin sei so gänzlich anders als sein legendärer Wiener Vetter, der vom Tod umwehte Augustin. Im Krieg brauche man so etwas, eine Stimme, die einem immer wieder versichere, alles werde gut ausgehen. Vor allem aber passe der Augustin seinem ganzen Wesen nach perfekt in die herrliche Bodenseelandschaft. Und ich hätte ihm doch bei unserer Begegnung im Café erzählt, dass ich dort, wenn irgend möglich, meine Ferien verbringen wolle.

Diesen Brief hatte ich während meines Engagements im »Zigeunerbaron« erhalten. Als die Ferien am Bodensee dann tatsächlich näher rückten, schlug er ein Treffen vor und ich willigte ein. Wir verabredeten uns in einem Gasthof auf der Schweizer Seite.

Ich war früher da als er und vertrieb mir die Wartezeit mit Lesen und einem Spaziergang am Seeufer spazieren ging. Inzwischen war ich mir nicht mehr ganz so sicher, dass er sich wirklich nur für meine Schauspielerei interessierte. Als ich zurückkam, stand er in der Telefonzelle des Gasthofs und telefonierte.

An diesem Nachmittag und später beim Abendessen sprachen wir wie immer vom Theater; im Grunde aber dachten wir beide an etwas anderes. In allen Dramen und Komödien spielt die Liebe eine große Rolle – und im wirklichen Leben ist das nicht anders. Schauspielerinnen meines Alters, die ich in Basel kennen gelernt hatte, waren ständig in irgendwelche Geschichten verwickelt. Viele von ihnen wohnten in einem Haus, das einem wohlhabenden Hornisten des Theaters gehörte, der bevorzugt an junge Künstlerinnen vermietete. Dieses Haus hieß im Volksmund sicher nicht ohne Grund »der Bienenkorb«. Ich war in dieser Hinsicht allerdings noch immer unerfahren. Natürlich gab es junge Männer, die mit mir anbändeln wollten, aber ich gab mich äußerst spröde; Vaters »Lehren« wirkten noch immer nach.

Während Alois und ich im Gasthof zusammensaßen und uns über die Schauspielkunst unterhielten, fragte ich mich immer wieder, was dieser fast zwanzig Jahre ältere Mann wirklich von mir wollte. Um uns herum saßen Gäste, überwiegend Einheimische, die aßen, tranken und redeten. In einer Ecke lief ein Fernsehapparat. Irgendwann bekam ich Kopfschmerzen von dem Rauch und Lärm und schlug vor: »Lassen Sie uns etwas spazieren gehen ...«

Draußen begann es zu dämmern, der See schlug bleischwer ans Ufer, der Himmel bezog sich grau. Es wurde immer später. Als es dann auch noch zu nieseln begann, schlug ich vor umzukehren. Die Jugendherberge schloss um 22 Uhr ihre Pforten, viel Zeit blieb mir nicht mehr.

»Noch ein Gläschen Wein«, schlug Alois vor und hakte mich unter. Und schon saßen wir wieder an einem der blank gescheuerten Holztische des Gasthofes. Ich wollte mehrfach aufbrechen, doch er hielt mich immer wieder zurück. Dann stand er plötzlich auf und führte mich in einen dunklen, menschenleeren Raum – den Veranstaltungssaal des Gasthofs. Er setzte sich an ein Klavier und begann stimmungsvoll zu spielen – für mich.

Nach einer Weile schloss er behutsam den Deckel des Instruments, wandte sich zu mir und sagte: »Du musst heute Abend nicht in die Jugendherberge zurück. Ich habe für uns Zimmer reserviert.«

Zimmer reserviert? Einen Augenblick lang zögerte ich: Durfte ich ihm wirklich trauen? Doch es war spät, und ich war müde, also stimmte ich zu.

Als ich am nächsten Morgen aufwachte, war wirklich nichts passiert in dieser Nacht.

»Die Bänke waren ein bisschen hart ...«

Meine ersten »richtigen« Theaterferien gingen schneller vorbei, als ich mir das je hätte träumen lassen. Schon Ende Juli begannen wir mit den Proben zur Freilichtinszenierung von Shakespeares Komödie »Die Lustigen Weiber von Windsor«, in der ich die Jungfer Anne Page spielen sollte.

Die Komödie Basel gab jedes Jahr ein Stück im Freien, im Garten des Wildt'schen Hauses am Petersplatz, einer Barockresidenz mitten in der Altstadt. Von der Straße her sah man nur ein wohl proportioniertes Bürgerpalais aus dem 18. Jahrhundert, erst der Garten offenbarte den wahren Reichtum dieses Anwesens. Der Balkon und die Treppe zum Garten sowie die freie Fläche davor, alles eingerahmt von mächtigen alten Bäumen, waren die Bühne. Aus den geöffneten Fenstern des Gebäudes ertönte während der Aufführung Musik. Die Stimmung war wirklich »zauberhaft«, alles wirkte völlig anders als im geschlossenen Raum, poetischer, freier.

Den Falstaff spielte Max Mairich, für die Inszenierung war Gert Westphal verantwortlich, der sich vor allem als Hörspielregisseur einen Namen gemacht hatte. Während der Proben goss es wie aus Kübeln, doch rechtzeitig zur Premiere Mitte August kam herrlichstes Sommerwetter auf. Auch sonst passte alles – wir feierten einen großen Erfolg und fielen uns bei der anschließenden Premierenfeier erleichtert und begeistert in die Arme.

Als wir das Stück ungefähr eine Woche oder etwas länger spielten, kündigte überraschend Vater seinen Besuch an. Die Postkarte kam am selben Tag, an dem auch er eintraf.

Mit meinem Zimmer war er einverstanden, auch mit meinen Wirtsleuten. »Richtig vornehm ...«, meinte er. Das war ziemlich übertrieben, denn das einzig »Vornehme« im Raum war eine Schminkkommode mit einem drehbaren Spiegel, die mir Madame Jossevelle ins Zimmer gestellt hatte; sie meinte, eine Schauspielerin brauche so etwas.

Am Tag zeigte ich Vater Basel, und abends sah er sich eine Aufführung der »Lustigen Weiber« an. Es war das erste Mal, dass er mich auf der Bühne sah; an diesem Abend spielte ich gewissermaßen nur für ihn.

Nachher fragte ich, wie es ihm gefallen habe. Und er antwortete: »Die Bänke waren ein bisschen hart ...« Ich hatte gehofft, er sei stolz auf seine Tochter und würde so etwas sagen wie: »Du hast gut gespielt.« Oder: »Schade, dass Mama das nicht mehr erlebt hat.« Und insgeheim hatte ich vermutlich sogar gewünscht, er würde meinen Entschluss, Schauspielerin zu werden, im Nachhinein billigen. Doch das war wohl zu viel erwartet.

Schon während der Freilichtsaison hatte eine arbeitsintensive Zeit begonnen, doch danach wurde es richtig anstrengend. Manchmal spielten wir an einem Tag drei unterschiedliche Stücke. Es kam vor, dass ich nachmittags in einem Märchenspiel auftrat und abends in der Komödie. Wenn der Vorhang gefallen war, wurde ich abgeholt, um irgendwo in der Umgebung von Basel noch kurz im letzten Akt eines Schwanks mitzuwirken.

Die Komödie war bekannt für ihre vielen Abstecher. Wir

spielten in der gesamten deutschsprachigen Schweiz, aber auch in halb Süddeutschland, bis hinauf ins fränkische Erlangen. Oft reisten wir morgens ab und mussten rechtzeitig zur Abendvorstellung wieder zurück sein; manchmal war das nicht machbar, und wir übernachteten an unserem Gastspielort. Dann gaben wir meist noch eine Nachmittagsvorstellung.

Es war das klassische Leben im Thespiskarren – wenn man mal davon absieht, dass unser Karren ein geräumiger Bus war; allerdings fiel dessen Heizung mehr als einmal aus. Wenn wir im Winter auf zugeschneiten Straßen unterwegs waren, blieben wir schon mal stecken; oder unsere Dekorationen kamen nicht rechtzeitig nach. Dann musste auf leerer Bühne improvisiert werden, bis die Kulissen endlich eintrafen; ich kann mich nicht erinnern, dass das Publikum jemals gemurrt hätte.

Alfred Schieskes Prophezeiungen traten ein, an der Komödie Basel lernte ich die Praxis gründlich kennen. Ich wurde ins Theaterleben geworfen wie ein Nichtschwimmer ins Wasser, und ich lernte vor den Augen des Publikums.

Während dieses Jahres spielte ich die unterschiedlichsten Rollen: die Axjuscha in »Wald« von Ostrowski, die Thérèse in der »Storchenbotschaft« von Roussin oder eine Katze in unserem Weihnachtsmärchen, den »Bremer Stadtmusikanten«.

Auch an einer Uraufführung war ich beteiligt: Hermann Ferdinand Schell, das Oberhaupt der berühmten Künstlerfamilie Schell, hatte eine Novelle von Gottfried Keller dramatisiert: »Der Landvogt von Greifensee«. Der Autor, der seine größten Erfolge am Wiener Burgtheater gefeiert hatte, war bei allen wichtigen Proben anwesend und beobachtete mit Argusaugen, wie wir seine Vorlage umsetzten.

Einige Male bemerkte ich, wie er einen kleinen Block aus

Die Ehemaligen des »Landvogts von Greifensee«: Doris Masjos, Helen von Münchhoven, Ingeborg Stein, Marlies Lause (= Marie-Luise Marjan), Birke Bruck. Basel, 1960.

seiner Tasche zog und sich einen Satz von mir notierte. Als ich ihn fragte: »Warum schreiben Sie das denn auf?«, meinte er: »Sie haben so reizende Formulierungen. Wer weiß, wann ich's brauchen kann …«

Zur Premiere erschienen seine Frau und alle vier Kinder: Karl, Immy, Maria, Maximilian; Letzterer drehte gerade in Hollywood und kam direkt aus Übersee angeflogen. Natürlich ließ er auch mein Herz schneller schlagen, besonders seine glutvollen braunen Augen hatten es mir angetan. Außerdem umwehte ihn die Aura eines internationalen Stars.

Die Schells kennen zu lernen und zu beobachten, war ein Vergnügen. Selbst in Fernsehserien gab und gibt es kaum eine Familie, die so zusammenhält.

Ein weiterer Höhepunkt meiner Baseler Zeit war ein Abstecher nach St. Moritz, wo wir mit Heinrich von Kleists »Zerbrochenem Krug« auftraten. Walter Richter spielte den Dorfrichter Adam, Fritz Delius den Gerichtsrat Walter, Robert Tessen den Schreiber Licht, Tommy Hörbiger den Ruprecht und ich das Evchen. Diese Rolle teilte ich mit Ursula Kopp. In manchen Aufführungen war sie die Eve und ich die Magd, in anderen war es umgekehrt.

St. Moritz war wirklich ein Wintermärchen, wie ich es aus der »Wochenschau« kannte, mit Pferdeschlitten, jungen Frauen in eleganten Pelzen und älteren Herren, die den Geruch von Wohlstand und Reichtum verbreiteten wie ein Parfüm.

Wir spielten im Palace-Hotel, das alle meine Erwartungen übertraf. Die Schönheit des Hauses und der Luxus, den die Gäste als selbstverständlich nahmen, entsprachen den Schilderungen in Romanen. Dass man von vier Kellnern gleichzeitig bedient wurde, in einer Marmorbadewanne badete und in seidener Bettwäsche schlief, verlieh dem Ganzen etwas Traumhaftes.

Die Lehrerbildungsanstalt in Bayreuth war *das* große Erlebnis meiner Jugendzeit gewesen, und im Inneren war ich immer noch das junge Mädchen aus Hattingen. Entsprechend fand ich alles in St. Moritz über die Maßen aufregend. Mein Gott, dachte ich, was dir die Schauspielerei alles eröffnet, wo du überall hinkommst ...

Eine Kollegin, die ich während meiner Zeit in Basel kennen lernte, habe ich in besonders dankbarer Erinnerung – Hilde Harvan, die im »Kaukasischen Kreidekreis« von Brecht eine Gastrolle gab; sie spielte die Grusche.

Hilde Harvan war eine erfahrene Schauspielerin, die an bekannten Theatern bedeutende Rollen gespielt hatte; ich bewunderte sie. Eines Tages sagte sie zu mir: »Weißt du was, lern meine Rolle mit. Falls ich mal krank werde, springst du für mich ein ...«

Wahrscheinlich kann nur ein Schauspieler die Großzügigkeit dieses Vorschlags begreifen. Üblicherweise hüten alle ihre jeweilige Rolle wie ihr eigenes Kind und achten argwöhnisch darauf, dass niemand diesem »Kind« zu nahe kommt. Für mich war Hildes Angebot der Beweis größter Anerkennung.

Wie eine Nordpolexpedition ...

So lange ich am Theater war – und das waren mehr als zwanzig Jahre –, hatte ich immer den Kampf um das nächste Engagement zu führen oder mich um die nächste Spielzeit zu bemühen. Selbst an Häusern, an denen ich insgesamt viele Jahre tätig war, liefen meine Verträge nur für eine oder bestenfalls zwei Spielzeiten. Das hatte nichts mit mir oder meiner Leistung zu tun, sondern ist ein Theater-Prinzip, mit dem sich alle Schauspieler abfinden müssen. Die Verträge laufen meistens im Sommer aus, sodass man sich spätestens ab dem Frühjahr um die Verlängerung oder ein Engagement an einem anderen Haus bemühen muss. Wenn Verträge nicht verlängert werden, hat das nur selten etwas mit dem Erfolg oder Misserfolg des einzelnen Künstlers zu tun. Der häufigste Fall ist, dass Intendanten »ihre« Leute an eine neue Wirkungsstätte mitnehmen. Große Teile des alten Ensembles sind dann nicht mehr gefragt.

In Basel erlebte ich diese Praxis zum ersten Mal. Glücklicherweise erfuhr ich rechtzeitig, dass ich nicht länger weiterbeschäftigt würde, und konnte mich langfristig nach etwas anderem umsehen.

Ein Kollege gab mir den entscheidenden Tipp, mich mit dem Tourneetheater »Die Schauspieltruppe Zürich« in Verbindung zu setzen. Verhältnismäßig rasch wurde ich gebeten, mich in Zürich vorzustellen.

»Die Schauspieltruppe« wurde geführt von Robert Freitag als Regisseur sowie den Schauspielern Maria Becker und Will Quadflieg, beide bereits zu dieser Zeit Theaterlegenden. Maria Becker, Tochter eines Schauspielerpaares, war in Berlin geboren, in Wien aufgewachsen, hatte dort am Reinhardt-Seminar studiert und anschließend am Deutschen Theater in Berlin gespielt. Als die Nazis an die Macht kamen, emigrierte die Jüdin nach Zürich und blieb auch nach Kriegsende in der Schweiz.

Schon ihr erster Auftritt am Schauspielhaus Zürich – als blutjunge Elisabeth in Schillers »Maria Stuart« – geriet zu einem Ereignis, von dem noch lange gesprochen wurde. Nach und nach suchten auch andere große Schauspieler und Regisseure in Zürich Unterschlupf; berühmte Dramatiker ließen ihre Stücke hier aufführen – Bert Brecht, Friedrich Dürrenmatt, Max Frisch, Carl Zuckmayer. So wurde das Schauspielhaus Zürich im Krieg und den ersten Nachkriegsjahren zu einer der ersten Adressen im deutschsprachigen Theater.

Will Quadflieg, den ich schon in Hamburg erlebt hatte, war nach dem Krieg nach Zürich gekommen, angeblich mit einer so abgewetzten Hose, dass er beim Vorsprechen den Mantel nicht auszog. Als Erstes spielte er hier den Hamlet, dann alle klassischen jugendlichen Helden und Liebhaber. In sehr kurzer Zeit eroberte er Zürich und speziell die jungen Damen der Stadt. Einmal bestreuten seine Fans – damals hießen sie noch »Verehrerinnen« – die ganze Strecke von seiner Wohnung im Zeltweg bis zum Bühneneingang mit roten Papierherzen.

Obwohl Will Quadflieg in den fünfziger Jahren und danach in Hamburg, Berlin, Wien und Salzburg spielte, blieb er Zürich verbunden; privat wegen Maria Becker, beruflich durch die

»Schauspieltruppe«, die beide 1955 gemeinsam mit Robert Freitag gegründet hatten.

Tourneetheater hatten schon damals nicht den besten Ruf. Oft genug traten einige Stars in drittklassigen Stücken auf und speisten das Publikum mit Routine ab. Das wirkte oft wie reine Geschäftemacherei. Für Quadflieg und Maria Becker war so etwas undenkbar. Sie stellten hohe Ansprüche an sich selbst und ihre Truppe und achteten Tag für Tag darauf, dass kein Schlendrian aufkam. Auf ihrer ersten Tournee gaben sie Goethes »Torquato Tasso«, im Jahr darauf neben dem »Tasso« zusätzlich noch die »Iphigenie«, ebenfalls in der Goethe'schen Fassung. Für die Spielzeit 1961 hatten sie sich Shakespeares Komödie »Viel Lärm um nichts« vorgenommen.

Ich wurde zum Vorsprechen nicht in ein Theater eingeladen und auch nicht in eine Hotelhalle, sondern in die Wohnung von Maria Becker. Vom Fenster aus hatte man einen herrlichen Blick auf Zürich und den See.

Eine Weile machte Maria Becker mit mir Konversation, fast so, als sei ich zu einem Teebesuch gekommen. Wir sprachen über die Schauspielschule, die Hamburger Hausfrauen, die ich für den »Waschmaschinen-Test« geworben hatte, meine Unterkünfte in Hamburg und über den Ruhrpott. Sie erzählte, dass Will Quadflieg seine Kindheit und Jugend ebenfalls im Ruhrgebiet verbracht hatte, und wollte wissen, wie Hattingen aussehe. Der Tee schmeckte, die Baisers auch, wir lachten über dies und das, doch allmählich fragte ich mich, warum sie kein Wort über die Tournee und das einzustudierende Stück verlor.

Die Erklärung, warum sie so viel von privaten Dingen wissen wollte, gab sie mir später: Sie hatte die Erfahrung gemacht, dass für den Erfolg einer Tournee der Charakter der Mitwirkenden

»Immer schneller, immer leichter, immer weniger, dann bricht die Kunst aus«, sagt Maria Becker. 1961.

ebenso wichtig war wie deren künstlerische Leistung. Auch hervorragende Künstler könnten im täglichen Zusammenleben bisweilen unerträglich sein, erklärte sie. Auf einer langen Tournee, wo man sich über Monate nicht aus dem Weg gehen könne, würde so etwas unter Umständen das gesamte Unternehmen gefährden. »Eine Tournee ist wie eine Nordpolexpedition«, sagte sie. »Ein einziger Egozentriker kann allen anderen das Leben zur Hölle machen.«

Nachdem sie sich einen Eindruck von mir als Mensch gemacht hatte, wollte sie mich nun als Schauspielerin kennen lernen. Ich sprach einige Sätze aus dem »Zerbrochenen Krug«, und damit war ich engagiert. Ich sollte eine der beiden Kammerfrauen der Hero sein, für die Gisela Zoch vorgesehen war. Wir würden während des Sommers in Schweinfurt proben, dort auch Premiere haben und anschließend in dreiundsechzig Städten in Deutschland und der Schweiz auftreten: München, Stuttgart, Düsseldorf, Basel und Zürich waren einige der Stationen, aber auch kleinere Orte wie Villingen, Peine, Heide und Lindau.

Kurz nachdem ich mich für die Tournee verpflichtet hatte, kam das Gerücht auf, Paul Rose, der Intendant des Badischen Staatstheaters in Karlsruhe, wolle sich in einer der kommenden Aufführungen die Kräfte der Komödie ansehen.

Damals war es nichts Ungewöhnliches, dass sich Intendanten auf Reisen nach Schauspielern umsahen, die für ihr Haus in Frage kommen könnten. Wer als Schauspieler davon hörte, spielte besonders konzentriert, selbst wenn er noch fest unter Vertrag stand. Sich anzubieten, auf sich aufmerksam zu machen gehört nun einmal zu unserem Beruf. Aber vermutlich strengen sich auch Fußballprofis noch ein bisschen mehr als gewöhnlich an, wenn sie den Trainer von Bayern München im Stadion wissen.

»Der Wald«. Mit Gunnar Petersen. Basel, 1960.

Am Abend, als Paul Rose im Haus war, spielten wir den »Wald« von Ostrowski. Ich war Aksuscha, die sich um die Zuneigung von »Onkelchen« bemüht. Mein Kollege Johannes Killert spielte routiniert, aber ich hatte nie den Eindruck, dass es ihm um etwas ging, dass er etwas für mich beziehungsweise die arme Aksuscha empfand, nicht an diesem Abend und auch nicht bei den anderen Aufführungen. Ich rang um seine Liebe, aber »Onkelchen« blieb ungerührt.

Paul Rose nahm ich im Zuschauerraum nicht wahr und wurde ihm später am Abend auch nicht vorgestellt. Damit war die Angelegenheit für mich erledigt. Umso überraschter war ich, als ich eine Woche später einen Brief des Staatstheaters bekam, in dem man mir das Angebot unterbreitete, in der Spielzeit 1961/62 nach Karlsruhe zu kommen, und zwar im Fach »jugendliche Naive«.

Damit war ich in der Zwickmühle – die neue Spielzeit begann früher, als die Tournee endete. Was sollte ich tun? Vielleicht wäre es tatsächlich möglich gewesen, den Vertrag mit der »Schauspieltruppe« aufzulösen, um die ganze Spielzeit in Karlsruhe zu verbringen. Aber Professor Marks hatte uns eingerichtet, nie im Leben wortbrüchig zu werden. So etwas würde kein Intendant verzeihen!

So schrieb ich dem Intendanten einen Brief und bot an, sofort im Abschluss an die Tournee nach Karlsruhe zu kommen, unmittelbar vor Weihnachten könnte ich dort sein.

Tatsächlich ließ sich das Badische Staatstheater darauf ein. Paul Rose war einverstanden, las ich im Antwortschreiben, ich sei herzlich willkommen.

Mir fiel ein zentnerschwerer Stein vom Herzen!

»Oh, mein Marlieselein!«

Als ich nach Schweinfurt abreiste, fühlte ich mich glücklich und zufrieden. Ich freute mich auf die Zusammenarbeit mit so berühmten Kollegen wie Maria Becker und Will Quadflieg; und ich genoss die Aussicht, im Anschluss daran an einem renommierten Haus spielen zu können.

Die Proben fanden in einer Industriehalle statt. Und obwohl wir uns zu Beginn der Arbeit kaum kannten, kam rasch ein Ensemble-Geist auf. Offenbar hatte die Prinzipalin auch diesmal eine glückliche Hand bei der Auswahl ihrer Schauspieler gehabt.

Die Bedeutung eines Zusammengehörigkeitsgefühls zwischen Kollegen, die über einen längeren Zeitraum eng zusammenarbeiten, erfuhr ich bei dieser Gelegenheit zum ersten Mal. Ich hatte das Glück, oft mit Regisseuren und Intendanten zu arbeiten, die auf diesen Aspekt Wert legten. Das gilt auch für die »Lindenstraße«: Hans W. Geißendörfer achtete, als er sein Team zusammenstellte, sehr darauf, dass die »Chemie« zwischen den Darstellern stimmte. Das Menschliche war ihm mindestens genauso wichtig wie das Künstlerische. Und er hatte Recht: Viele Schauspieler der ersten Stunde sind heute, nach 15 Jahren, noch immer dabei – und gemeinsam bilden wir auch nach mehr als 750 Folgen noch immer eine »große Fernsehfamilie«.

Kurz bevor wir zu unserer ersten Station aufbrachen, nahm mich Maria Becker zur Seite und sagte: »Kümmerst du dich ein bisschen um Werner?«

»Wieso?«

»Du hast doch von seinem Schicksalsschlag gehört?«

»Ja ...«

»Jemand muss ihn aufrichten ... Dir wird das schon gelingen, mit deinem fröhlichen Wesen.«

Sie sah mir noch mal in die Augen, nickte mir aufmunternd zu, und damit hatte ich meinen Auftrag.

Bis dahin war Werner Hessenland für mich nur ein älterer Kollege gewesen, ein sehr bekannter Theaterschauspieler, der auch oft im Film oder Fernsehen zu sehen war. Wenn irgendwo ein General gebraucht wurde, dachte man an ihn. Auch in amerikanischen Großproduktionen hatte er als deutscher Offizier mitgewirkt. Werner war groß, hatte kernige Gesichtszüge, sehr bestimmte, entschiedene Bewegungen und hielt sich straff. Jeder seiner Sätze war wie gemeißelt. Und wenn er etwas schriftlich mitteilte, unterstrich er das Wichtigste mehrfach; jeder Satz endete mit drei oder vier Ausrufezeichen.

Der Schicksalsschlag, von dem Maria Becker gesprochen hatte, lag erst einige Wochen zurück. Sein ältester Sohn Dieter war mit Anfang zwanzig an Krebs gestorben. Diese Nachricht hatte mich sehr berührt. Es war das erste Mal, dass ich mit dem Tod eines Menschen konfrontiert wurde, der in meinem Alter war.

Werner wollte nicht, dass man über sein Leid sprach oder bei der Arbeit Rücksicht darauf nahm. Er bemühte sich zu proben, als sei nichts geschehen, aber wir wussten, wie schwer ihm das fiel.

Von nun an richtete ich es so ein, dass ich im Bus in Werners Nähe saß, wenn wir unterwegs waren. Ich versuchte ihn aufzuheitern, und schon bald war ich für ihn »Marlieselein«. »Siehst du da vorne die goldenen Kuppeln, Marlieselein? Sie gehören zur Griechischen Kapelle, ein Grabmal für eine Zarentochter! Errichtet um 1840.«

Werner war kunsthistorisch sehr bewandert. Wann immer wir etwas Zeit hatten, unternahmen wir gemeinsame Spaziergänge. Er führte mich in Kirchen und Museen und machte mich mit den verschiedenen Baustilen, Bildhauern und Malern vertraut.

In der Erinnerung kommt es mir so vor, als hätten wir nicht *einmal* profane Dinge erledigt. Die Vorstellung, dass Werner seine Schuhe zum Schuster gebracht hätte oder dass wir gar gemeinsam einen Waschsalon aufgesucht hätten, erscheint mir noch heute völlig abwegig.

Trotzdem mussten auch solche alltäglichen Dinge erledigt werden. Glücklicherweise hatte die Tourneeleitung dafür genügend Zeit eingeplant – wie überhaupt alles perfekt organisiert war. In allem und jedem spürte man, dass Maria Becker und Will Quadflieg selbst Schauspieler waren; sie wussten, was ihre Kollegen brauchten. So gab es nach Wochen harter Arbeit auch mal einige freie Tage, in denen man sich regenerieren konnte.

Wahrscheinlich lag es an der guten Vorbereitung, dass ich mich nicht an einen wirklichen Konflikt erinnern kann, der die Tournee überschattet hätte. Allein unser Kollege Helmut Peine, der im Stück den »Holzapfel« spielte, quälte uns manchmal mit seiner Raucherei. Vor allem im Bus war der Pfeifengestank schwer auszuhalten. Irgendwann griff Werner ein, und so wurden auf den Reisen fortan kleine Pausen eingelegt, in denen Helmut Peine neben dem Bus seine Pfeife schmauchte. Von unseren strafenden Blicken, wenn sich die Unterbrechung zu lange ausdehnte, ließ er sich nicht beirren.

»Viel Lärm um Nichts«: Will Quadflieg, Marie-Luise Marjan, Maria Becker, Gisela Zoch und E. Hammer. 1961.

Nach jeder Vorstellung wurde Kritik geübt. Wir saßen dann im Kreis auf der Bühne und besprachen, was sich an Fehlern eingeschlichen hatte, was zu verbessern, was zu ändern war. »Vergesst nicht«, predigte Will Quadflieg, »an uns werden Ansprüche gestellt wie an ein Staatstheater. Und die müssen wir einlösen, ganz egal, ob die äußeren Voraussetzungen stimmen oder nicht.« Und so spielten wir jeden Abend, als ob wir Premiere hätten. Nicht eine Silbe durfte verschluckt, nicht ein Gang verschludert werden.

Tatsächlich ist »Viel Lärm um nichts« nur scheinbar eine harmlose Komödie. In Wahrheit handelt es sich um ein heiteres, geistvolles Spiel, in dem die Spott- und Scherzreden wie Tennisbälle hin- und herfliegen. Mehrmals wird jedoch plötzlich die Drapierung von der liebenswürdigen Oberfläche gezogen, und der Zuschauer blickt für einen Moment in den Abgrund, an dessen Rand sich die handelnden Figuren bewegen. Am Ende triumphiert jedoch die Liebe, und man kann beruhigt zum Fest gehen und tanzen.

Für Werner hätte es in seiner Situation kaum ein besseres Stück geben können als diese gleichzeitig ausgelassene und melancholische Komödie; und keine andere Rolle als den Don Juan. Nach und nach wurde er gelöster, und manchmal animierte er sogar die Busgesellschaft, etwas Fröhliches zu singen.

Wir gaben insgesamt 96 Vorstellungen. Die Probenzeit und die vorstellungsfreien Tage eingerechnet, waren wir also mehr als vier Monate beinahe Tag und Nacht zusammen. Wir wachten im selben Hotel auf, fuhren im selben Bus durch die Bundesrepublik und die Schweiz und standen abends auf denselben Brettern.

Es kam, wie es kommen musste – Werner begann mir kleine Avancen zu machen. Ich verstand sehr wohl und wehrte freundlich ab. Einmal saßen wir zusammen auf einer Sommerwiese. Es war still, nur von ferne hörten wir das Bimmeln von Kuhglocken.

Der Himmel war strahlend blau, die Glockenblumen dufteten, ein Summen war in der Luft – eine Stimmung, die es herausforderte, sich in die Arme zu fallen. Irgendetwas hielt mich zurück, und ich sagte auf Werners Drängen: »Kommt Zeit, kommt Rat ...«

Die Situation hatte für mich zu viel von Gretchen und Faust, und wie *diese* Geschichte ausgegangen war, wusste ich nur zu genau. Und Vaters warnende Worte hatte ich auch noch immer im Ohr, wenngleich seine Stimme schon etwas leiser klang.

Werners große Leidenschaft war die Freikörperkultur, für ihn fast schon eine Weltanschauung. Die »Naturismus«-Bewegung gab es bereits seit der Jahrhundertwende und hatte um 1960 ihren Höhepunkt bereits überschritten. Nach Ansicht ihrer Anhänger war es für die Entwicklung des Menschen zu einer freien und gesunden Persönlichkeit eminent wichtig, dass jedermann gestattet wurde, überall dort, wo es die Natur nur zulässt, nackt umherzuspringen.

Für Werner waren Leute, die wie er auf eingezäunten FKK-Geländen oder an speziellen Nacktbadestränden die Kleider ablegten, »Lichtfreunde«. Er war felsenfest davon überzeugt, Nacktsein sei der Entwicklung von Liebe und Ehe förderlich. Auch mich wollte er dafür gewinnen. Er versicherte, ein Wort von ihm würde genügen, und die Naturisten nähmen mich auf. Tatsächlich verlangte die Bewegung von jedem neuen Mitglied mindestens einen vertrauenswürdigen Bürgen, um auszuschließen, dass sich jemand mit »schlechten Gedanken« oder »Absichten« in die Gemeinschaft einschlich.

Endlich hatte Werner mich halb und halb überzeugt. Wir standen bereits vor dem Eingang eines mit Rosenhecken geschützten FKK-Areals, als mich der Mut verließ. Ich gab mich zwar gern kess und wissend, aber in den entscheidenden Momenten kniff ich. Mich vor ihm und wildfremden Leuten vollkommen auszuziehen, das konnte ich einfach nicht über mich bringen. Das Nacktsein war damals noch dermaßen tabu, dass man es heute kaum noch glauben kann. In einer Fernseh-Inszenierung von Aristophanes' Komödie »Lysistrata« – Fritz Kortner führte Regie –, war für einige Sekunden eine Frauenbrust zu sehen. Aus diesem Grund blendete sich der Bayerische Rundfunk aus dem Gemeinschaftsprogramm der ARD aus.

Werner und ich verhandelten eine Weile vor dem Eingang des »Licht- und Sonnenbades« und drehten schließlich wieder um. Erst Jahre später, bei einem Urlaub in Frankreich, badete ich zum ersten Mal ohne Badeanzug im Meer. Es gefiel mir. Aber ob das Nacktbaden entscheidend zur Formung meiner Persönlichkeit beigetragen hat, kann ich nicht sagen.

Den 1. Adventssonntag 1961 verbrachten wir gemeinsam in meinem Hotelzimmer. Wir hörten Musik von einem tragbaren Plattenspieler, ein Räuchermännchen paffte und auf dem Nachttisch flackerte eine Kerze. Draußen regnete es in Strömen.

Diesmal ließ sich Werner nicht mehr auf ein Irgendwann und Irgendwo vertrösten, diesmal gab es kein »Kommt Zeit, kommt Rat« wie einige Monate zuvor auf der Sommerwiese. Es kam, wie es kommen musste.

Mir tat dieses »Ereignis« weh, Werner beglückte es geradezu. Er küsste und streichelte mich mit solcher Freude und Zärtlichkeit, dass mir ganz neblig wurde. Dass man einen Mann damit so glücklich machen konnte! Ich habe noch immer seine entzückten Beteuerungen im Ohr: »Mein Marlieselein ... Oh, mein Marlieselein!«

Abschiedsgrüße. 1961.

Bis zum Ende der Tournee blieben wir zusammen. Ich mochte Werners Gesellschaft, mochte seine Klugheit und sog alles in mich auf, was er mir erklärte. Als ich nach Karlsruhe aufbrach, war ich ein anderer Mensch – lockerer, freier, leichter, hingebungsvoller, klüger und in mancher Hinsicht erwachsener.

Der Abschied fiel uns merkwürdig leicht. Vermutlich dachte er an seine Familie und ich an mein neues Engagement.

Zur Erinnerung an unsere gemeinsame Zeit schenkten mir meine Kollegen ein Programmheft, in das jeder von ihnen ein paar

Zeilen geschrieben hatte. Will Quadflieg schrieb: »Alles Gute fürs Läuschen«; Maria Becker: »Dem Läuschen Glück für Alles und auf Wiederzusammenspielen, immer Deine Maria Becker«; und Werner zitierte Goethe: »Ich hasse die Leute, die nichts bewundern, denn ich habe mein Leben damit zugebracht, alles zu bewundern. Dein Werner Hessenland.«

»Und mit dem Namen, da überlegen Sie sich was!«

Zwei Wochen vor Weihnachten traf ich in Karlsruhe ein, auf die Minute pünktlich. Den Zug – D 269, Abfahrt Badischer Bahnhof Basel 10.36 Uhr, Ankunft Karlsruhe 13.14 Uhr – hatte mir Alois empfohlen. Er hatte mir eine Postkarte geschickt: »Die besten Wünsche für den neuen Anfang und Gottes Segen. Denke oft an unsere schönen Begegnungen und würde mich sehr freuen, recht bald wieder von Ihnen zu hören.« Dann folgten die Abfahrts- und Ankunftszeiten verschiedener Züge und die Frage: »Teilen Sie mir Ihre neue Adresse mit?«

Das hatte ich eigentlich nicht vor. Alois gehörte für mich zu Basel und zum Bodensee, und dabei wollte ich es belassen.

Beim Aussteigen halfen mir Reisegefährten, mein Gepäck aus dem Zug zu schaffen. Damit stand nun meine gesamte Habe auf dem Bahnsteig des Karlsruher Hauptbahnhofs: zwei schwere Koffer und zwei äußerst unhandliche Gepäckstücke. Die Koffer waren voll mit meinen Kleidern, meiner Wäsche, meinen Schuhen, aber auch mit Büchern, Alben, Noten. Die beiden anderen Gepäckstücke enthielten den auseinander gebauten Frisierspiegel, den mir Madame Jossevelle zum Abschied geschenkt hatte. »Er hat Ihnen doch immer so viel Freude gemacht«, hatte sie gesagt, sichtlich stolz darauf, dass ihr diese Überraschung gelungen war.

Herr Jossevelle hatte mir geholfen, die Sachen zum Zug zu bringen. Doch wie sollte ich jetzt die schweren Koffer und die sperrigen Teile zur Gepäckaufbewahrung bugsieren?

Ein jüngerer, kräftiger Gepäckträger sah mich erwartungsvoll an, wartete auf ein Zeichen von mir, aber ich musste jeden Pfennig umdrehen. Irgendjemand würde mir schon helfen. Doch der Bahnsteig wurde leerer und leerer, der Einzige, der noch in meiner Nähe rumschlich, war der Gepäckträger. Schließlich ging ich entschlossen auf ihn zu und sagte: »Würden Sie freundlicherweise einen Moment auf meine Sachen aufpassen?« Er war so überrascht, dass er nicht wusste, was er sagen sollte. Endlich nickte er. Darauf schnappte ich mir einen Koffer und das Teil mit dem Spiegel und schleppte die beiden schweren Stücke zur Gepäckaufbewahrung.

Als ich auf den Bahnsteig zurückkam, bedankte ich mich bei dem Mann und packte meinen zweiten Koffer. Als ich gerade nach dem Untergestell greifen wollte, kam er mir zuvor, brummelte etwas und wir marschierten los. Auf dem Weg zur Gepäckaufbewahrung überlegte ich, was das wohl kosten würde. Die Welt konnte es ja wohl nicht sein. Oder?

Als ich den Gepäckträger schließlich fragte, was ich ihm schuldig sei, antwortete er: »Lassen Sie mal! Ist schon gut!« Darauf lud ich ihn spontan zu einem Besuch ins Theater ein – aber ich habe den Mann nie wieder gesehen.

Karlsruhe war gegen Kriegsende schwer verwüstet worden und das berühmte alte Landestheater 1944 bis auf die Außenmauern niedergebrannt. Im Dezember 1960 stand das alte Haus wie zur Mahnung noch immer als türen- und fensterlose Ruine am Schlossplatz. Aber man sprach davon, ein neues Theater zu bauen; die Architekten planten bereits.

Das Badische Staatstheater spielte zu der Zeit im ehemaligen Konzerthaus am Stadtgarten und das Kleine Haus in einer früheren Ausstellungshalle. Von außen sah man den Gebäuden nicht an, dass es sich um Provisorien handelte, doch beim täglichen Spielbetrieb merkte man es schon. Das Große Haus war zwar als Konzerthalle gebaut worden, hatte jedoch eine so unglückliche Akustik, dass Jahrzehnte lang kein Konzert darin stattgefunden hatte. Nach Kriegsende hatte man es mit einigen Tricks so weit hergerichtet, dass selbst Opernstars wie Erika Köth hier auftreten konnten, doch mit einem wirklichen Opernhaus ließ es sich nie vergleichen.

Als ich zum ersten Mal davor stand, wusste ich nichts von der Geschichte des Hauses und den Schwierigkeiten im täglichen Betrieb. Ich sah nur das Badische Staatstheater und hatte die Zusage des Intendanten, dass ich im nächsten Jahr hier spielen würde; das war so gut wie ein Vertrag. Die Gage betrug 700 Mark, jede Mark vom Land Baden-Württemberg garantiert.

Ich ließ mich beim Intendanten melden. Der Pförtner schaute mich prüfend an, drückte auf diverse Knöpfe eines altmodischen Apparats, sprach mit jemandem – und siehe da, die Tür ging auf, der Herr Intendant erwartete mich.

Paul Rose, ein kräftiger Herr mit weißen Haaren und zartem Teint, residierte in einem großen, etwas düsteren Büro. Dort gab es einen mit Akten und Papieren überfüllten Schreibtisch, eine Besucherecke mit tiefen, durchgesessenen Sesseln, an den Wänden Aktenschränke, Bücher hinter Glas, Bilder von Aufführungen und Fotos des »Rose-Theaters« in Berlin, das von Paul Roses Vater gegründet worden war und das er bis Kriegsende geleitet hatte. Dieses Haus hatte zwar den Weltkrieg und den Sturm auf Berlin überstanden, war dann jedoch von den Russen in Brand gesteckt worden, weil sie darin ein Waffenlager vermuteten.

In den ersten Nachkriegsjahren war Paul Rose Intendant am Landestheater Tübingen und am Staatstheater Kassel gewesen; seit 1953 führte er das Karlsruher Haus. Wegen seiner Erfolge und Verdienste hatte man ihn vor einigen Jahren mit dem Titel »Generalintendant« geehrt. Als ich ihn kennen lernte, stand er kurz vor der Pensionierung – und ich habe ihn als einen väterlich-gütigen Menschen in Erinnerung.

Herr Rose ließ mich auf dem Stuhl vor seinem Schreibtisch Platz nehmen, und wir unterhielten uns über meine Zeit in Basel, über die Tournee und die Zugfahrt hierhin. Plötzlich wechselte er das Thema: »Sagen Sie mal, Fräulein Lause, wollen Sie sich nicht einen anderen Namen zulegen? Für die Schweiz mag Ihr Name ja in Ordnung sein. Aber hier als Künstlerin, das ist nicht vorteilhaft.«

»Ich habe auch schon daran gedacht ...«

»Na, sehen Sie! Überlegen Sie sich das mal ... Wir haben ja noch ein paar Tage Zeit. Geben Sie mir Bescheid, dann wird der Vertrag gleich auf Ihren neuen Namen ausgestellt ...«

Die Tür ging auf und die Sekretärin flüsterte etwas. »Soll reinkommen!«, ordnete Herr Rose an. Dann fügte er hinzu: »Frau Brandt, wissen Sie nicht ein Zimmer für unser neues Ensemblemitglied?«

Während die Sekretärin noch überlegte, trat Wolfgang von Stas, der Oberspielleiter des Hauses, ins Zimmer, ein großer, schlanker Mann. Er gab mir die Hand und musterte mich, wie mich viele Regisseure vorher und nachher gemustert haben. Regisseure sind Schauspielerinnen gegenüber generell erst einmal misstrauisch: Wird sich die Dame Freiheiten herausnehmen? Ist sie zickig? Wie kann man sie einsetzen? Soll man sie überhaupt einsetzen?

Wolfgang von Stas und ich haben später sehr gut zusammengearbeitet. Unter seiner Regie spielte ich im »Käthchen von Heilbronn«, in den »Physikern«, in »Madame sans gêne«. Doch bei

Mit Traugott Buhre in »Die Physiker«. Karlsruhe, 1962/63.

dieser ersten Begegnung war er skeptisch. Immerhin sollte ich Hertha Müller ersetzen, eine geschätzte Schauspielerin des Hauses, die kurz davor stand, Mutter zu werden. Ich war wahrhaftig nicht derselbe Typ. Hertha Müller war zart, beinahe zerbrechlich und ich eher bodenständig; insofern war der prüfende Blick der Regisseurs zu verstehen.

Herr von Stas kam mit seinen Überlegungen zu Ende. »Sie werden das schon packen«, sagte er und legte mir die Hand auf den Oberarm. Das schien mir zur Begrüßung etwas sehr vertraulich zu sein, war jedoch nur eine Geste der Aufmunterung und ein Zeichen von Anerkennung, wie sich bei der späteren gemeinsamen Arbeit herausstellte.

Der Intendant drängte: »Wolfgang, jetzt halte die junge Dame nicht auf!« Und zu mir sagte er: »Sie holen sich jetzt Ihr Rollenbuch und kümmern sich um ein Zimmer. Wenn es gar nicht klappt, wenden Sie sich noch mal an mich ... Als Erstes spielen Sie die Claudine in ›George Dandin‹ von Molière ... Kennen Sie? Ja?«

Ich schüttelte den Kopf.

»Na, dann aber ran! Und im Weihnachtsmärchen treten Sie auch auf. Und mit dem Namen, da überlegen Sie sich was!«

Schwester Malwine

Im Betriebsbüro erhielt ich den Tipp, in der Herrenstraße nach einem Zimmer zu fragen, und hatte tatsächlich Glück. Der Hausmeister eines großen Gebäudes, das einen sehr amtlichen Eindruck machte, gleichzeitig aber verwohnt und verlassen wirkte, führte mich umher und bot mir zwei Zimmer zur Auswahl an. Eigentlich sahen sie gleich aus, hatten auch dieselbe Aussicht auf die Fassade eines der für Karlsruhe typischen klassizistischen Gebäude auf der anderen Straßenseite. Eines von ihnen war jedoch teilmöbliert, vermutlich hatte der Vormieter beim Auszug Sachen zurückgelassen, für die er keine Verwendung mehr hatte. Da die Miete gleich hoch war, entschied ich mich für den halb möblierten Raum.

Die Tapete hatte im Laufe der Jahre ihre Farbe verloren, wirkte bis auf einen Rest, der quittengelb gestrichen war, alterslos grau-beige. In einer Ecke stand auf einem ehemals weißen Unterschrank ein Zwei-Platten-Herd, dem ein Teil der Emaillierung abhanden gekommen war. Die Schiebetüren des Unterschranks waren unfachmännisch hellblau und hellgrün überstrichen worden, ansonsten war er tadellos.

Im selben Teil des Raums war auch eine Dusche installiert, eine Brause an einer Stange und darunter ein viereckiges Porzellanbecken als Boden und Ablauf. Davor hing ein milchig grauer Plastikvorhang. Die Duschecke war mit Kunststoffplatten ausgekleidet. Aus einiger Entfernung konnte man glauben, die Wand sei hier mit blauen und weißen Kacheln gefliest, doch aus der Nähe erkannte man, dass die Kacheln ebenfalls aus Kunststoff waren. Die Brause ließ sich theoretisch in der Höhe verstellen; es war aber besser, man versuchte es nicht. Die Vorrichtung konnte man nämlich nur mit äußerster Mühe auf- oder abwärts bewegen. Tat man es trotzdem, bestand die Gefahr, dass sie sich rächte. Unvermutet polterte sie dann mitten in der Nacht samt Brause hinunter und versetzte einem einen furchtbaren Schreck.

Für meine Kleider kaufte ich mir zwei ... ja, wie soll man das nennen? ... zwei Kleiderkisten. Ihr Innenleben bestand aus Leichtmetall-Gestellen und Hartfaserplatten. Die Rohre des Gestells wurden wie Zeltstangen zusammengesteckt, dann wurden die Bretter eingelegt und darüber kam ein Überzug aus mit bunten Blumen bedrucktem Plastik. Geöffnet und geschlossen wurden diese Kleider-Container mit Reißverschlüssen. Die Verkäuferin versicherte mir, die Behälter seien »genial-praktisch«, vor allem absolut mottensicher.

Des Weiteren gab es in meiner Behausung zwei gepolsterte Stühle, einen Klapptisch und ein helles schmales Sofa, das man mit wenigen Handgriffen in ein Bett verwandeln konnte. Das Möbelstück hatte ich in dem Katalog eines Versandhandels entdeckt, verbunden mit dem Versprechen, jedes Stück erreiche seinen Besteller innerhalb einer Woche. Mein Prunkstück ließ fast drei Wochen auf sich warten. Während dieser Zeit schlief ich auf dem Boden, auf zwei vom Hausmeister ausgeliehenen Matratzen. Wenigstens musste ich nicht frieren. Denn durch mein Zimmer zogen mehrere Heizungsrohre, die für mollige Wärme sorgten. Ab und zu gluckerten die Rohre, als ob sie sich verschluckt hätten, ansonsten feuerten sie während der Wintermonate bei Tag und bei Nacht. Selbst wenn man den hohen gusseisernen Heizkörper abdrehte, nutzte das wenig, die Rohre wärmten weiter, und auch die Fenster schlossen trotz ihres Alters gut und dicht.

Außer dem Hausmeister und seiner Familie lebte, von mir abgesehen, nur noch ein Mensch in dem großen Bau: Schwester Malwine wohnte auf demselben Stock wie ich, und wenn wir uns begegneten, war es, als ob sich zwei übrig gebliebene Hotelgäste nach Ende der Saison treffen würden.

Meine neue Nachbarin war früher Diakonissin gewesen. Inzwischen war sie achtzig, schon lange nicht mehr im Dienst, aber sie trug immer noch die strenge Tracht evangelischer Schwestern: eine kleine Haube und schmucklose, lange Gewänder, die die Figur verhüllten. In den drei Jahren, die wir gemeinsam in der Herrenstraße wohnten, habe ich sie eigentlich nur in diesen grauschwarzen Gewändern erlebt, außer wenn sie unpässlich oder gar bettlägerig war und ich ihr etwas zu essen aufs Zimmer brachte. Dann trug sie ein Nachthemd, das auf mich wie ein Büßergewand wirkte.

Schwester Malwine stammte aus Posen, hatte Westpreußen aber schon nach dem Ersten Weltkrieg verlassen müssen. Danach hatte sie zwei Jahrzehnte in Ostpreußen gelebt und gewirkt und war schließlich, nach der »zweiten Vertreibung«, wie sie das nannte, in Baden gelandet. Sie gab sich noch immer preußisch straff, hielt sich kerzengrade, und jedes ihrer Worte wirkte bedacht, jeder Satz geprüft. Ursprünglich war sie in der Krankenpflege tätig gewesen, dann in der Verwaltung karitativer Einrichtungen. Sie hatte allerdings immer im Schatten gestanden. Gott hatte es nicht zugelassen, dass aus ihr die Leiterin einer Anstalt wurde. Das nagte noch immer an ihr, wenn sie auch tapfer das Gegenteil behauptete.

Bemerkenswert war, wie zäh sie an ihren Gewohnheiten festhielt. Jeden Morgen stand sie um Viertel nach fünf auf. Ihr schrecklich lauter Wecker ließ auch mich aus dem Schlaf schrecken. Nach einer Weile hörte man sie festen Schrittes über den Flur zur Toilette marschieren und nach einer weiteren Weile wieder zurück. Um zwanzig vor sechs verließ sie das Haus, wobei sie die Wohnungs- und Zimmertür sehr fest hinter sich zuzog und jeweils zweimal abschloss. Dann bestieg sie ihr uraltes, schwarz gestrichenes Fahrrad und radelte davon. Und das bei fast jedem Wetter. Ob die Sonne schien und die Vögel zwitscherten, ob es regnete oder schneite, ob es Winter war oder Sommer, Schwester Malwine fuhr jeden Tag zur selben frühen Stunde mit dem Rad ins Frei- oder Hallenbad. Ab sechs Uhr zog sie da ihre Bahnen, ein Vorbild an Pflichterfüllung und gesunder Lebensweise. Normalerweise hatte sie eine leicht gräuliche Haut, doch wenn sie vom Schwimmen zurückkam, war die Haut rosig durchblutet, und die ganze Frau wirkte energiegeladen.

Mehr als einmal ermahnte sie mich: »Fräulein Marie-Luise, Sie sollten sich mir anschließen! Schwimmen ist unbedingt gut für Körper und Seele.« Daran war ohne Zweifel etwas Wahres, ich bin damals schon gern geschwommen und liebe das auch heute noch, aber nicht um sechs Uhr morgens. Außerdem ermunterte sie mich, früh zu Bett zu gehen und viel zu schlafen. Wenn wir uns abends auf dem trübe beleuchteten Flur begegneten, sagte sie oft: »Fräulein Marie-Luise, ich sehe es Ihnen an: Das war wieder ein schwerer Tag! Jetzt aber unverzüglich ins Bett! Für einen jungen Menschen gibt es nichts Gesünderes als Schlaf!«

Um Schwester Malwine war meistens ein Hauch von Desinfektionsmitteln. Zuerst dachte ich, das hinge mit dem gechlorten Wasser im Schwimmbad zusammen. Dann fiel mir jedoch auf, dass unsere gemeinsame Toilette immer blitzblank war. Und als sie mich zum ersten Mal zum Tee auf ihr Zimmer einlud, entschlüsselten sich alle Geheimnisse. Sie öffnete ihren Putzschrank und ließ mich einen Blick auf ihre Vorräte tun. Da standen alle nur denkbaren Reinigungs- und Desinfektionsmittel, aufgereiht wie in einer Drogerie. Es fehlte nichts – Fleckwasser und Soda, Ata, Leinöl, Salmiakgeist, Waschbenzin, Weingeist, Scheuerpulver für Kupfer- und Messingsachen, Lotionen für Silber- und Goldwaren, Unkraut- und Ungezieferbekämpfungsmittel. Sogar Salzsäure war vorhanden. Mit einem Wort, sie ließ mich einen Blick in das Paradies eines Putzteufels tun. Sie bemerkte mein ungläubiges Staunen und belehrte mich: »Äußere und innere Sauberkeit gehören zusammen, Fräulein Marie-Luise! Eins ist nicht ohne das andere zu haben!«

Nachdem ich endlich stolze Besitzerin eines Klappsofas geworden war, kam Schwester Malwine gelegentlich auch zu mir. Sie wusste fesselnd von West- und Ostpreußen zu erzählen, von ihrer Kindheit, von Polen und Russen, von Pferden und der Pferdezucht, auch von ihrer Flucht im Pferdewagen. Den hatte sie natürlich selbst gelenkt. Sie hatte schreckliche Dinge erlebt, sprach darüber aber mit der Sachlichkeit eines Arztes nach der Operation. Es war schier unerträglich, was man den Flüchtlingen angetan hatte, und ebenso unerträglich war, was sie sich in ihrer Verzweiflung gegenseitig angetan hatten.

Von den vielen schrecklichen Geschichten ist mir eine in besonderer Erinnerung geblieben. Während der Flucht mit dem Pferdewagen hatte man Schwester Malwine die pelzgefütterten Handschuhe gestohlen. Bei der Eiseskälte, die im Januar und Februar 1945 herrschte, wäre daran beinahe ihre ganze Flucht gescheitert. Ihre Hände wären ihr beinahe erfroren und sie konnte sie nur retten, indem sie die Hände, ja, jeden Finger einzeln, mehrfach und immer wieder neu mit Binden umwickelte.

Wenn ich vom Theater berichtete, hörte sie interessiert zu, aber ich hatte nicht den Eindruck, dass sie das wirklich beeindruckte. Vielleicht war ihr diese Welt zu fremd, vielleicht war ihr mein Eifer nicht geheuer. Einmal bot ich ihr an: »Sagen Sie es mir, wenn Sie etwas sehen wollen! Ich besorge Ihnen Freikarten!« Sie wehrte entsetzt ab: »Fräulein Marie-Luise, das geht doch nicht! Sie leben doch davon! Sie können doch keine Karte verschenken!«

Eine eigene Identität

Von den Kollegen abgesehen, war Schwester Malwine einer der ersten Menschen, die mich »Marie-Luise« nannten; sie sagte nicht »Fräulein Marlies« und auch nicht »Fräulein Lause«, sondern sprach mich mit dem Namen an, den ich mir selbst gegeben hatte. Für mich bedeutete dieser Schritt weitaus mehr, als mir einen Künstlernamen zuzulegen. Mir war, als würde ich mir eine neue, eine eigene Identität verschaffen – eine Identität, die ich als Adoptivkind, das von seiner leiblichen Mutter gleich nach der Geburt weggegeben worden war, nie besessen hatte.

Den letzten Anschub, über diese Frage nachzudenken, hatte mir Paul Rose gegeben. Seit dem ersten Zusammentreffen mit ihm im Intendantenbüro fragte ich mich: Wie kannst du heißen? Ich musste einen Namen finden, der sich gut aussprechen ließ und der zu mir passte. Ich ging die Liste der Rollen durch, die ich schon gespielt hatte. »Anni Schippers«? Oder »Anna-Sophie Schippers«? Beides waren Abwandlungen des Rollennamens in meinem ersten Fernsehspiel. Oder passte Anne zu mir? Eve, Therese, Salome?

Ich sprach die Namen in den verschiedensten Betonungen, suchte passende Nachnamen dazu, aber nichts stellte mich zufrieden. Und dabei wurde die Zeit allmählich knapp. Der neue Name sollte ja auf das Plakat und den Programmzettel.

Porträt. Basel, 1961.

Plötzlich fiel mir Hilde Harvan ein, die Kollegin, die mir angeboten hatte, ihre Rolle mit einzustudieren. Als mir diese Szene einfiel, beschloss ich auf der Stelle: Mein Name sollte eine Abwandlung des ihren sein. »Harvan«? »Marvan«? »Marjan?« Ja, Marjan. Marlies Marjan? Nein, das klang nicht. Ich dachte noch einmal nach – und plötzlich hatte ich die Lösung: Marie-Luise Marjan, das war es!

Das bestätigte mir nachher auch Paul Rose: »Ja, das ist ein Name für eine Schauspielerin! Sehr schön!«

So wie es aussah, hatte ich während des ganzen Dezembers entweder zu proben oder zu spielen. An Heiligabend war spielfrei, am ersten Feiertag würde ich als Zofe Claudine auf den Brettern stehen oder nachmittags als Prinzessin in einem Weihnachtsmärchen. Alles zusammen bedeutete, dass ich aller Wahrscheinlichkeit nach am Heiligen Abend allein sein würde.

Als ich darüber nachdachte, klopfte es an der Tür. Schwester Malwine brachte mir ein Buch zurück, das ich ihr geliehen hatte. Ehe ich sie fragen konnte, ob wir Heiligabend gemeinsam verbringen sollten, war sie schon wieder gegangen. Sie nahm immer Rücksicht darauf, dass ich viel lernen musste; sie wollte mir nicht die Zeit stehlen.

Tatsächlich hatte ich in den Wochen vor dem Fest kaum Zeit für mich, da wir entweder probten oder spielten. In den Pausen hetzte ich in die Stadt, besorgte mir einen Weichnachtsbaum, kaufte Kerzen und Kerzenhalter, Leckereien für das Fest und ein Weihnachtsgeschenk für Schwester Malwine – einen Flakon »Tosca«, damals das typische Geschenk für eine ältere Dame.

Einige Tage vor dem Heiligen Abend schmückte ich etwas vorzeitig, aber mit viel Liebe den Baum. Die Christbaumständer waren mir zu teuer gewesen, deswegen bastelte ich mir aus Backsteinen einen Halt und sicherte das Ganze zusätzlich mit Zeitungspapier ab. Dann verpackte ich das Eau de Cologne für Schwester Malwine. Als das erledigt war, musste nur noch die Frage des Festmahls geklärt werden. Womit konnte ich Schwester Malwine erfreuen?

Für mich war es selbstverständlich, dass ich mit ihr feiern würde, deshalb hatte ich sie bis jetzt nicht einmal eingeladen. Das wollte ich nun nachholen. Schon als ich an ihrer Tür klopfte, hörte ich, dass im Zimmer gesprochen wurde. Das war ungewöhnlich. Fast immer saß sie einsam am Fenster und las oder hörte Radio.

Als ich die Tür öffnete, sah ich eine Frau um die sechzig, die einen Koffer packte. Schwester Malwine stellte uns vor. Die Besucherin war eine angeheiratete Nichte und gekommen, um »die Tante« für die Feiertage abzuholen.

Ich war verblüfft, mir war, als würde Schwester Malwine vor meinen Augen weggezaubert. Ich holte mein Geschenk, gab es ihr und nahm ihres entgegen. Dann wünschten wir uns gegenseitig frohe Tage und verabschiedeten uns voneinander.

Der Heilige Abend 1961 war sehr still und einsam für mich. Aber gibt es nicht viele Menschen auf der Welt, die diesen Abend allein verbringen müssen? Es gab keinen Grund traurig zu sein. Ich hatte ein warmes Zimmer, einen Tannenbaum, die Kerzen brannten und ich sang allein für mich »Stille Nacht, heilige Nacht...« und blickte in besinnlicher Stimmung auf ein Jahr zurück, das mir viele schöne Stunden beschert hatte.

Irgendwann stand ich auf und las laut aus dem Lukasevangelium: »Es begab sich aber zu der Zeit, dass Kaiser Augustus...« Langsam öffnete ich meine Weihnachtspost. Freundinnen und Bekannte hatten geschrieben. Werner hatte mir einige sehr persönliche Zeilen geschickt, die mich zum Weinen brachten. Von Vater war nicht einmal ein Gruß gekommen.

Jetzt wickelte ich langsam die Päckchen aus, die ich mir gepackt hatte, kleine, selbst bereitete Freuden. Auch Alois hatte mir ein Geschenk gemacht – ein hellblaues Nachthemd mit weißer Spitze. Ganz zum Schluss öffnete ich das Geschenk von Schwester Malwine, eine mit einem christlichen Symbol geschmückte dicke Kerze. Auf der Unterseite klebte ein Zettel: »Echtes Bienenwachs«.

Einige Tage nach Weihnachten war Schwester Malwine wieder da, etwas erschöpft, ansonsten aber wohlbehalten. Am nächsten Morgen ratterte der Wecker wieder um Viertel nach fünf, der Alltag hatte uns zurück.

Was mein Weihnachtsgeschenk anging, so behauptete sie, das sei viel zu wertvoll, sie könne es nicht annehmen. Außerdem habe sie auch keine Gelegenheit, Parfüm zu benutzen; für mich sei es jedoch genau richtig, ich komme unter Menschen und müsse repräsentieren. Kurz und gut, sie wollte mir das Tosca-Fläschchen wiedergeben.

Schließlich einigten wir uns darauf, dass jede die Hälfte davon bekommen sollte. Schwester Malwine teilte das Duftwasser exakt, füllte ihren Anteil in ein gründlich ausgespültes Medizinfläschchen und gab mir den Rest zurück. Einige Monate später wollte ich mit einem jungen Kollegen ausgehen und tupfte ein paar Tropfen auf das Handgelenk, hinter die Ohren und ins Kehlgrübchen. Als wir die Treppe hinuntergingen, begegnete uns Schwester Malwine. Sie schnupperte mehrfach, ernst und streng, dann zwinkerte sie mir verstehend zu, einmal, ganz kurz, jedoch unmissverständlich.

Der leise Wahnsinn

Während meiner ersten Monate in Karlsruhe spielte ich überwiegend kleinere Rollen. Die erste Hauptrolle folgte gegen Ende der Spielzeit, in »Andorra« von Max Frisch, einem Stück, das schnell zu einem Welterfolg wurde.

Die Uraufführung hatte 1961 in Zürich stattgefunden. 1962 wurde das Stück unter anderem vom Schiller-Theater in Berlin und von den Münchner Kammerspielen gespielt. In Heidelberg inszenierte der damals noch blutjunge Hansgünther Heyme das Werk in Aufsehen erregender Weise. Sehr viel Resonanz fanden auch die Aufführungen des Düsseldorfer Schauspielhauses, der Städtischen Bühnen Frankfurt und eben die des Badischen Staatstheaters Karlsruhe.

In dieser Parabel in zwölf Bildern geht es um die Lüge, die Wahrheit und das Vorurteil, das so stark sein kann, dass sich selbst noch das Opfer ihm unterwirft. Da alle Welt den Andri für einen Juden hält, *muss* er ein Jude sein; also beginnt er langsam, sich anders, jüdisch zu fühlen. Ich fühlte mich auf bedrückende Weise an den Nachmittag bei der Familie Bandsmann erinnert: Erst die Nazis und ihre Mitläufer hätten sie zu Juden gemacht, hatten sie mir damals erzählt.

Das Stück beginnt damit, dass die Barblin, die Tochter des Lehrers Con, am St. Georgs-Tag das Haus ihres Vaters weißelt, wie es in Andorra Brauch ist. Am Ende weißelt sie wieder, doch diesmal den großen Platz vor dem Haus. Jetzt ist sie kahl geschoren, als »Judenhure« hat man ihr die Haare abgeschnitten; ihr Halbbruder Andri ist erschossen worden, ihr Vater hat sich erhängt, und Barblin ist darüber wahnsinnig geworden.

Das Schicksal des Andri erschreckte mich schon beim ersten Lesen. Andri ist der uneheliche Sohn des Lehrers, doch sein Vater ist zu feige, ihm die Wahrheit zu sagen. Statt dessen hat er den Jungen von klein auf glauben lassen, er sei Jude und er, der Lehrer, habe ihn im Nachbarland gerettet. Dort wüten die »Schwarzen«, die Juden verfolgen und erschlagen. Andri und Barblin lieben sich, doch der Lehrer verweigert ihnen die Heirat, ohne einen Grund zu nennen. Alle glauben deshalb, der vermeintliche Judenretter habe selbst Vorurteile gegen Juden. Das Verhängnis beginnt, als die »Schwarzen« Andorra überfallen und es »judenfrei« machen wollen. Als sich der Lehrer endlich dazu durchringt, die Wahrheit zu gestehen, ist es zu spät; niemand glaubt ihm.

Mein Partner in der Karlsruher Aufführung war Boris Mattern, ein ungemein begabter junger Schauspieler, aufregend wie Klaus Kinski und ebenso besessen von seiner Kunst. In manchen Aufführungen packte er mich am Hals und schüttelte mich, dass ich keine Luft mehr bekam. Der Regisseur Kurt Julius Schwarz sagte ihm: »Boris, du sollst den Andri spielen – nicht sein ...« Es nutzte nichts; jedes Mal steigerte Boris sich in die Rolle, als ginge es wahrhaftig um sein Leben und seinen Tod.

Ich hatte keine Schwierigkeit, die Verzweiflung und Hoffnungslosigkeit der Barblin nachzuempfinden, diese Gefühle konnte ich leicht in mir wachrufen. Aber ich wusste nicht, wie ich

Die Barblin: »Ich weißele, ich weißele …« Karlsruhe, 1962.

ihren Wahnsinn in der Schlussszene gestalten sollte. Alles, was der Regisseur dazu sagte und was ich probierte, erschien mir zu äußerlich, war der übliche »Ausbruch«, wie er am Theater jeden Abend vorgeführt wird. Mir war das zu wenig.

Während der ganzen Probenzeit rang ich mit der Frage, wie ich den Schluss unverwechselbar gestalten konnte. Fried Gärtner, der den Pfarrer spielte, schlug vor, ich solle mir einmal ansehen, wie »echte« Geisteskranke sich verhalten.

Wir fuhren gemeinsam zu einer psychiatrischen Klinik. Sie bestand aus mehreren Gebäuden, von denen jedoch nur eines vergitterte Fenster hatte. Man hörte keine Schreie und sah auch nirgendwo Wächter mit großen Schlüsselbunden. Einige ältere Männer in Anstaltskleidung mähten den Rasen und harkten die Kieswege. Sie erledigten diese Arbeiten nicht anders als gewöhnliche Gärtner, ihre Bewegungen waren nur um ein Winziges anders, manchmal ruckartig, manchmal extrem langsam.

Als wir uns auf eine Bank setzten und uns unterhielten, waren wir für einen Moment Objekte ihrer Neugier. Doch schon bald kümmerten sich die alten Männer nicht mehr um uns und verrichteten ihre Arbeit, als ob wir gar nicht anwesend seien. Ab und zu blickten wir zu ihnen hinüber, und je länger wir ihnen zusahen, desto beklommener wurde uns. Und plötzlich hatte ich die Lösung: Ich musste auf der Bühne nicht wie eine Wahnsinnige agieren, sondern intensiver, stärker, viel stärker nach innen gerichtet weißeln. Nicht ich musste das Grauen ausdrücken, sondern die Mitspieler, die auf den Platz kamen und der Barblin beim Weißeln zusahen, mussten das tun.

Glücklicherweise hörte sich Kurt Julius Schwarz meine Interpretation der Rolle nicht nur an, sondern unterstützte mich auch, nachdem ich ihm den leisen Wahnsinn der Barblin zum ersten Mal vorgespielt hatte. Beim Blättern in Tagebuchaufzeichnungen aus dieser Zeit ist mir aufgefallen, dass mich die Barblin weit über die Premiere hinaus beschäftigt hat.

Unter dem 30. Mai 1962 habe ich beispielsweise festgehalten: »Heute war eine ganz besonders schöne, gute Andorra-Vorstellung. Während des Spiels war es im Parkett mucksmäuschenstill, man spürte die Anspannung im Publikum. Schon in der Pause applaudierten die Zuschauer lang anhaltend. Und zum Schluss, als nach acht Vorhängen eine Pause eintrat, hub das Publikum abermals an zu klatschen.«

An einem anderen Tag notierte ich mir: »Ich habe das Gefühl, dass meine Barblin von Vorstellung zu Vorstellung besser wird. Ich gewinne zwischen meinen Sätzen immer mehr Spielraum, entdecke immer neue Momente der Empfindung und spüre, dass die Spielsituationen wachsen, sich dehnen oder verdichten. Laut eines Rundfunkberichts bringe ich die Wahnsinnsszene erschütternder als bei der Uraufführung in Zürich und wachse angeblich zum Schluss über das ganze Ensemble hinaus.«

Nicht zuletzt dank Fried Gärtners Hilfe war es mir gelungen, meine Barblin unverwechselbar zu machen gegenüber all den anderen Barblins aus Zürich, Frankfurt, München, Düsseldorf, Köln oder Berlin ...

Wenige Seiten zuvor findet sich ein Eintrag, der mich daran erinnert hat, dass die intensive Beschäftigung mit dieser Rolle mir auch andere Gefühle bescherte. »Wenn ich die Barblin gespielt habe und die Vorstellung vorbei ist, werde ich immer traurig, weil es vorbei ist, weil es einfach weg ist. Die Kollegen sind hinter der Bühne so alltäglich, so normal, so stumpf, so grau, so ohne jeden Zauber. Der Partner, der dir eben noch eine Liebeserklärung gemacht hat, sagt nicht mal ›Auf Wiedersehen‹, wenn er nach Hause geht, und dies aus reiner Gleichgültigkeit. Es ist so still im Haus, furchtbar still. Ich wasche mich immer lange und ziehe mich ganz langsam an, dem Spiel nachhängend. Und in mir klingen noch die Gedanken und Worte des Wesens nach, das ich eben war und jetzt in der Garderobe noch bin. Als Letzte verlasse ich das Haus, der Pförtner macht das Licht aus, das Haus ist dunkel und draußen auf der Straße ist es auch dunkel und still. Ich könnte manchmal weinen, dass alles vorbei ist und man nichts behalten kann, nicht mal ein Zipfelchen.«

Neben der Barblin gab es natürlich auch Aufgaben, die mich innerlich weniger aufwühlten, dennoch aber meine volle Konzentration verlangten. Die Julia in der »Komödie der Irrungen« beispielsweise musste ich in zweieinhalb Tagen einstudieren, weil eine Kollegin krank geworden war. Gott sei Dank schaffte ich es bis zur Premiere, die Vorstellung war gerettet.

Einige Tage später gab es allerdings Ärger. Als Julia trug ich ein orientalisches Kostüm, das mein braun geschminktes Bäuchlein sehen ließ. Um die Hüften schmiegte sich ein langer, enger, geraffter Rock, der Busen war hinter einem roten Westchen versteckt, auf dem Kopf trug ich ein Hütchen mit Schleier – doch der Bauch war blank und frei. Darüber beschwerten sich einige Zuschauer, ein nackter Bauch sei auf der Bühne eines Staatstheaters einfach unmöglich. Ich wurde im Kostüm zur Intendanz gebeten, und der Generalintendant befand persönlich darüber, was für Karlsruhe tragbar war und was nicht. Er schwankte, ein nackter Bauch war vielleicht an der Grenze, aber direkt anstößig war er ja wohl nicht ...

Schließlich fanden wir einen Kompromiss: Der Bauchnabel wurde mit einem glänzenden Stein geschmückt, um die Hüften kam ein Kettchen, und so konnte ich mich auf der Bühne wieder sehen lassen.

Als Rossignol in »Die Verfolgung und Ermordung Jean-Paul Marats«. Badisches Staatstheater Karlsruhe.

Nach der Barblin wurden mir weitere schöne Rollen anvertraut. In der Diebeskomödie »Der Biberpelz« von Gerhart Hauptmann spielte ich die Adelheid, eine der beiden Töchter der Mutter Wolff; die Wolffen selbst war Traute Rose, die Ehefrau des Intendanten, eine herrliche Schauspielerin und ein wunderbarer Mensch.

Daneben war ich die Krankenschwester Monika Stettler in den »Physikern« von Dürrenmatt, trat in »Don Carlos« auf und spielte in dem Jugendstück »Audifax und Hadumoth« eine Prinzessin. Bei dieser Aufführung ärgerte ich mich grün, weil Baldur Seiffert, mein Partner, mir nicht mit der Hochachtung entgegentrat, die einer Hoheit gebührte; stattdessen trieb er zum Vergnügen der Kinder Späße mit mir. Ich hatte Tränen der Wut in den

Augen und war tödlich beleidigt, aber das Publikum jauchzte und jubelte. Vermutlich nahm ich alles ein wenig zu schwer. Aber für mich war Theaterspielen nun mal etwas Existenzielles.

Einer meiner Kollegen in Karlsruhe war Martin Rickelt, in der »Lindenstraße« mein Onkel Franz. Wir sind seit damals befreundet und unterhalten uns manchmal über die Zeit am Badischen Staatstheater. Zu den eher amüsanten Erinnerungen gehört unser damaliger Inspizient. Herr Kuhn nahm seine Aufgabe sehr ernst, vor jeder Vorstellung schlüpfte er in eine weinrote Samtjacke, ohne die er seine Aufgaben anscheinend nicht wahrnehmen konnte. Kurz darauf hörte man ihn rufen: »Beginn der Vorstellung, Erster Akt, Szene 1. Frau Marjan, bitte auf die Bühne!«

Stand man dann schließlich in der Kulisse und wartete konzentriert auf seinen Auftritt, bekam man urplötzlich einen Schubs: »Da! Nun musst du raus!« Mehr als einmal war der Stoß so heftig, dass ich auf die Bühne stolperte. Er nahm das »Rausschicken« allzu wörtlich! Deshalb gewöhnte ich mir an, beim Warten auf mein Stichwort immer eine Hand abwehrend nach hinten auszustrecken.

Einmal wurden wir jedoch auch Zeugen einer Tragödie. Während einer Generalprobe ging der Vorhang auf, Herr Lennbach, einer der älteren Kollegen des Hauses, saß als Richter auf der Bühne, doch als sein Stichwort fiel, brachte er kein Wort über die Lippen. Plötzlich begann er unmotiviert zu stöhnen, griff sich ans Herz und sackte in sich zusammen.

»Herr Lennbach«, flüsterte ich aufgeregt, bekam aber keine Antwort. Er war auf der Stelle tot. Für einen Schauspieler ist es eine beglückende Vorstellung, auf der Bühne zu sterben … Aber wir, seine Kollegen waren wie gelähmt.

»Extraordinaire ... extraordinaire!«

Mein Kollege Fried Gärtner wollte in den Theaterferien 1962 nach Korsika reisen, um sich dort mit seiner Frau zu treffen, die ebenfalls Schauspielerin war und ein Engagement in Ulm hatte. Er schlug vor, ich solle bis Südfrankreich mitfahren. In Nizza könne ich bei Freunden wohnen, die dort ein kleines Restaurant führten. Auf den Rückweg wollten die Gärtners mich wieder abholen.

Wie es sich für die Zeit gehörte, fuhr Fried einen VW. Der größte Vorzug des Käfers war sein Schiebedach, bei dem warmen Augustwetter eine wahre Wohltat. Wir hatten uns vorgenommen, die Routes nationales zu meiden, weil wir das Landesinnere Frankreichs kennen lernen wollten. Am ersten Tag machten wir in einem winzigen Nest mit dem poetischen Namen L'Isle-sur-le-Doubs Station. Wir übernachteten direkt am Fluss, in einem Bauernhaus, in dem einige Zimmer vermietet wurden. In einem großen niedrigen Raum wurde gegessen, und das Essen war durch und durch französisch. Es gab mehrere Vorspeisen, als erstes Volaille-au-vent, also gefüllten Blätterteig, eine Auswahl von Pasteten und verschiedenartigen Saucen, eine Potage, ein Steak, eine große Käseplatte und als Nachtisch konnte man zwischen Crêmes, Kuchen und Früchten wählen. Das war ein Fest, nicht nur für junge Schauspieler mit einem schmalen Budget!

Mit Fried Gärtner in »Andorra«. 1962.

Allerdings gab es ein kleines Problem: Nirgendwo im Haus war eine Toilette zu finden. Ich vermutete das Klo im Hof, doch Fehlanzeige. Als ich den Patron fragte, schickte er mich in den Garten, wo ich jedoch auch kein »Häuschen« entdeckte. Als ich ihn erneut darauf ansprach, wurde er wütend. Früher hätte seine Familie ein Klo besessen, aber das hätten die Deutschen kaputt gemacht, diese Schweine. Das sagte er natürlich auf Französisch, »les boches«.

Drei volle Tage fuhren wir über kleine Straßen nach Süden. Das Land roch und schmeckte anders als alles, was ich bis dahin kannte. Wir tranken mittags Wein und abends Wein, aßen Schnecken, Fisch und Hammelfleisch und genossen hinterher schwarz gebrannten Kaffee. Die Landschaften, durch die wir kamen, wechselten, und immer hatte man das Gefühl von Einsamkeit und Weite. Wir fuhren an sommerreifen Feldern vorbei, durch Pinienhaine, Platanenalleen und über steinige Hochebenen.

Meistens übernachteten wir in kleinen Städtchen auf dem Lande, die einander ähnelten: In der Mitte des Ortes war der Marktplatz, wo Männer unter Platanen Boule spielten und Kellner Pastis servierten.

Oft legten wir während der Fahrt Pausen ein, badeten in einem kalten Gebirgsfluss, lauschten den Grillen, pflückten Feigen. In Grasse bewunderten wir die herrliche Aussicht und kauften günstig Parfüm.

Dann kamen wir nach Nizza. Frieds Schiff nach Korsika sollte zwar erst am nächsten Tag ablegen, aber wir hatten in der Zeitung gelesen, dass die Fährschiffe bestreikt würden. Deswegen fuhren wir sofort zum Hafen, wo ein riesiges Tohuwabohu herrschte. Der Schiffsbetrieb, erfuhren wir, sollte in dieser Nacht wieder aufgenommen werden, doch zunächst waren die Reisenden an der Reihe, die bereits seit Tagen warteten. Fried hatte eine Begabung, auch schwierige Situationen zu meistern. Er sprach mit verschiedenen Leuten, verschwand für eine Weile und erreichte, dass er tatsächlich wie geplant am folgenden Morgen an Bord gehen konnte. Ich sah zu, wie sein Käfer in ein übergroßes Netz gepackt und langsam auf das Schiff gehievt wurde.

Für mich hatte Fried ein Zimmer in einem kleinen Hotel in der Altstadt besorgt, im dritten Stock, mit Blick über die Dächer der Stadt und auf das nahe gelegene Gebirge. Auf der gegenüberliegenden Straßenseite war eine Autogarage, in der bis spät in die Nacht hinein gehämmert und geschweißt wurde. In der Nähe lag ein kleiner Platz, der am Tag und in der Nacht den Katzen gehörte.

Das Haus wurde von Madame und Monsieur geführt, die selber hier wohnten. Das Restaurant befand sich im Erdgeschoss und war zur Straße offen. Gegessen wurde im Freien – Monsieur kochte persönlich –, in einem mit Bougainvilleas bewachsenen Hof. Außer den wenigen Gästen kamen die Nachbarn, um hier zu speisen, was dem abendlichen Zusammensein einen familiären Charakter verlieh. Zwei Engländerinnen, die jedes Jahr in Nizza Urlaub machten und immer hier wohnten, waren die Ehrengäste. Schon am ersten Abend wurde ich in diesen Kreis aufgenommen.

Nach ungefähr einer Woche kündigte mir Monsieur an: »Marie-Luise, ce soir, nous allons au Théâtre. Fête belle ...«

»Au théâtre, Monsieur? Quelle pièce?«

»Quelle pièce? Quelle pièce? Un spectacle extraordinaire!«

Madame ging nicht mit, das sei nichts für sie, erklärte sie. Aber sie lieh mir eine weiße Stola, die sich elegant auf meinem kleinen Schwarzen abhob. Um circa zehn Uhr abends marschierten wir los, ich tief dekolletiert und auf hohen Hacken, er in dunkler Hose und akkurat gebügeltem und gestärktem Fischerhemd.

»Und wo gehen wir jetzt hin?«

»Attends! Attends!«

Zu meiner Verblüffung erwies sich das Theater als ein Cabaret, das auf Striptease spezialisiert war. Monsieur hatte einen Tisch direkt an der Bühne reserviert, damit wir ja alles gut sehen konnten. Die Vorstellung begann. Gezeigt wurden erotische Geschichten, mal getanzt, mal als Pantomime vorgeführt, die jedoch alle damit endeten, dass die Frauen nackt waren – und die Männer auch, bis auf ein goldenes Feigenblatt vor ihrem besten Stück.

Monsieur verfolgte alles mit angespannter Aufmerksamkeit. Wenn wieder mal der Höhepunkt erreicht war, schubste er mich an: »Ah, c'est si bon, n'est-ce pas? Extraordinaire! Marie-Luise ...«

Mitten in der Vorstellung tauchten ein sehr eleganter Herr und eine Dame in einem weißen, perlenbesetzten Georgette-Kleid auf. Die beiden ließen sich eine Flasche Champagner bringen, nippten daran, betrachteten eine der Nummern, nickten sich zu, erhoben sich und verschwanden. Die teure Champagner blieb stehen, fast unberührt.

Natürlich wollte Madame wissen, wie mir die Vorstellung gefallen habe. Ich versicherte: »Superb!« Und Monsieur stieß mich mit dem Ellenbogen an, lachte genießerisch und bestätigte: »Extraordinaire, ne ce pas ... extraordinaire!«

Nizza war aufregend für mich und vor allem bunt: das Rot der Pfirsiche, das Grün der Trauben, das Gelb der Melonen, die Farben der Oliven und die seltenen, nie zuvor gesehenen Fische, die das Meer bevölkerten. Ich aß Bouillabaisse und Meeresfrüchte jeglicher Art. Und Madame zeigte mir, wie man Austern schlürft.

Zwei Wochen erlebte ich Nizza, die Promenade des Anglais, die ewig hupenden Autos, den Geruch der Straßenrestaurants und die Massen von Touristen, die ihr Bündel auf dem Rücken trugen.

Dann war es genug. Ich setzte mich in den Autobus und fuhr nach Le Lavandou, nicht weit von Toulon entfernt. Das bedeutete, ich fuhr die ganze Küste entlang: Antibes, Cannes, St. Raphael, St. Tropez. In Le Lavandou stieg ich auf die Fähre und ließ mich zur Ile du Levant übersetzen, einem bekannten Naturschutzgebiet. Ich mietete mir ein Zelt und verbrachte eine Woche in diesem Paradies. Ganze Tage verträumte ich hier in der heißen Sonne, deren Hitze von einem frischen Meereswind gemildert wurde. Nachts hörte man nichts als das Rauschen des Windes, die Zikaden und das Plätschern des Meeres. Und jeder Sonnenuntergang, jede Abenddämmerung war Poesie pur.

Ich habe die Rolle nicht bekommen

Eines Tages, kurz nach Beginn der neuen Spielzeit, fing mich ein junger Mann, jünger als ich, am Bühneneingang des Karlsruher Theaters ab, stellte sich höflich als Rüdiger vor und erklärte, er wolle Schauspieler werden. Er habe mich in »Andorra« erlebt; so wolle er auch Theater spielen. Ob ich ihm Unterricht geben könne?

Selbstverständlich schmeichelte mir diese Bitte, wir versuchten es miteinander. Rüdiger besuchte mich in meinem Zimmer in der Herrenstraße. Ich machte ihn mit den Grundlagen der Schauspielkunst vertraut, und daraus ergab sich erst Freundschaft, dann eine Liebesbeziehung. Rüdiger hatte etwas von Goethes Werther, dieselben tiefen Gefühle, denselben Überschwang. Viele Briefe und Gedichte wurden geschrieben, Tränen flossen, bei ihm und bei mir. Wie hätte ich bei diesen Zeilen von Yvan Goll, die er mir handschriftlich abgeschrieben schickte, nicht berührt sein können? »Noch immer weiß ich nicht, wie ich Dir lächeln soll, um die Traurigkeit meines Glückes zu verstecken. Und wenn ich Dich umarmen will, werf' ich die Sonne um.«

Schließlich erkannten wir, dass wir beide erst einmal unseren eigenen Weg finden mussten. Unnötig zu sagen, dass Rüdiger Vogler tatsächlich Schauspieler wurde. Sein erstes Engagement

Mit Rüdiger Vogler (2. v. r.) bei den Dreharbeiten zur »Johannes«-Serie. 1979.

hatte er im Zimmertheater in Heidelberg, wo er den Friedrich in »Romeo und Jeanette« von Jean Anouilh spielte. In einer Kritik hieß es: »Diese Jeanette und dieser Friedrich ›spielen‹ ihre Rollen nicht, sie leben sie – unglaublich intensiv, unmittelbar, bezwingend kraftvoll.« Ich war stolz, und gleichzeitig versetzten mir diese Zeilen auch einen Stich ins Herz: Rüdiger erlebte auf der Bühne mit seiner Partnerin alles, was unsere Geschichte ausgemacht hatte. Aber so ist das nun mal mit der Schauspielerei – in vielerlei Hinsicht ist sie geliehenes Leben ... auf Stunden.

Viele Jahre später, Rüdiger war mittlerweile durch mehrere Filme von Wim Wenders auch ein Filmstar geworden, sahen wir uns wieder und arbeiteten zusammen. In der Serie »Johannes«, die vom WDR produziert und in der damaligen ČSSR gedreht wurde, spielte er den Gesellen Wilhelm und ich die Anna. Ein Liebespaar waren wir in dieser Produktion nicht!

Im Rückblick kommt es mir vor, als seien meine Karlsruher Jahre von ständiger Veränderung gekennzeichnet gewesen. Das Haus in der Herrenstraße sollte abgerissen werden, deswegen wurde uns gekündigt. Schwester Malwine zog zu ihrer Nichte, ich fand eine Unterkunft in der Karlsstraße.

Meine neue Zimmerwirtin war Frau Josten, eine ältere Dame und Witwe eines Richters. Nach dem Tod ihres Mannes hatte sie zwei Zimmer ihrer großen Wohnung vermietet, eines an Herrn Kudluck, einen türkischen Ingenieur, der bei einer Ölraffinerie beschäftigt war, das andere an mich.

Frau Josten hatte weiße Löckchen, trug gern Tücher aus Brüsseler Spitze um die Schultern und stammte aus einer Zeit, in der elegante Manieren mit der Muttermilch eingesogen wurden. Ich bewunderte, wie hübsch sie jedes Mal für sich selber den Tisch deckte: Platzteller und Blümchen in Väschen, edles Porzellan, schweres Silberbesteck; das Obst verzehrte sie mit Dessertmesser und Dessertgabel. Dabei aß sie eigentlich nur wie ein Vögelchen, ein winziges Stück Fisch, eine Kartoffel, drei Erbsen.

Herr Kudluck und ich begegneten uns selten, doch sein Geruch hing immer im Badezimmer, das wir uns teilten. Er benutzte ein außerordentlich intensives Duftwasser. Frau Josten behauptete sogar, sie könne an seinen Ausdünstungen erkennen, ob sich das Wetter ändere oder nicht: »Ach, es gibt Regen ... Herr Kudluck riecht wieder so streng.«

An einem Wochenende war Herr Kudluck verreist. Ich hatte eine neue Rolle zu lernen, und Frau Josten ließ mich immer, wenn ich mich auf meine Arbeit konzentrieren musste, vollkommen in

Ruhe. Deswegen wunderte ich mich nicht, dass ich am Samstag nichts von ihr hörte und am Sonntag auch nicht. Doch am Montagmorgen hatte ich das Empfinden, etwas sei nicht in Ordnung. Ich öffnete vorsichtig ihre Tür und fand sie tot im Bett.

Sofort benachrichtigte ich den Arzt. Der kam aber nicht allein, sondern brachte die Polizei mit. Ich musste aussagen, wann und in welchem Zustand ich Frau Josten zuletzt lebend gesehen hatte. Später bekam ich die Benachrichtigung, bei Frau Jostens Tod sei alles mit rechten Dingen zugegangen.

Jetzt tauchten Verwandte auf und organisierten die Beerdigung, an der ich natürlich teilnahm. Als das Testament eröffnet wurde, stellte sich zu meiner Überraschung heraus, dass Frau Josten mir ein kleines Persianer-Cape und eine Lampe mit gläsernem Fuß vermacht hatte; die Lampe habe ich heute noch.

Mit Ende der Spielzeit 1961/62 gab Paul Rose die Intendanz des Badischen Staatstheaters aus gesundheitlichen Gründen an Hans-Georg Rudolph ab, der aus Kiel kam. Wegen seiner dortigen Verpflichtungen konnte er den neuen Posten jedoch erst mit Beginn der Spielzeit 1963/64 antreten. In der Zwischenzeit führte Waldemar Leitgeb, einer der verdienten Schauspieler des Hauses, die Geschäfte.

Für mich bedeutete das, dass ich in meinen vier Karlsruher Jahren drei Intendanten erlebte und ihnen gefallen musste. Für Paul Rose war ich genau richtig gewesen, seine Frau war ein ähnlicher Typ wie ich. Leitgeb schätzte mich, aber für Hans-Georg Rudolph war ich einfach nur ein Mitglied des Ensembles. Er favorisierte den Garçon-Typ – Audrey Hepburn und meine Freundin Helga Häussermann trafen seinen Geschmack mehr. Audrey Hepburn stand nicht zur Verfügung, Helga aber war da. Entsprechend wuchsen ihre Aufgaben und schrumpften meine.

Das Publikum mochte mich nach wie vor, gleich in welcher Rolle. In dem Musical »Feuerwerk« von Erik Charell und Paul Burkhard spielte und sang ich die Köchin; für meinen schwungvoll hingelegten Spagat bekam ich jedes Mal Sonderapplaus. Nach einer dieser artistischen Einlagen spürte ich plötzlich Schmerzen im Unterleib. Die ungewisse Situation unter dem neuen Intendanten ließ mich die Zähne zusammenbeißen. Schauspieler haben generell Angst, von Regisseuren, Produzenten oder Intendanten nicht genug geliebt zu werden – und dabei geht es nicht nur um Gefühle, sondern auch um die nackte Existenz. Da ich um meine Weiterbeschäftigung fürchtete, ging ich erst zur Behandlung, als alle Hausmittelchen versagt hatten. Der Arzt ließ nicht mit sich spaßen, verordnete zuerst strikte Bettruhe, dann Einweisung ins Krankenhaus und schließlich eine Kur im Schwarzwald.

Mit Freude und Dankbarkeit stellte ich fest, dass meine Kollegen mir in dieser schweren Zeit beistanden. Helga Häussermann kam jeden Tag und brachte mir etwas zu essen, aber auch die anderen vergaßen mich nicht.

Und noch jemand blieb mir treu: Alois. Als ich nach meiner Kur wieder zurück war, führte er mich groß aus, in ein China-Lokal, damals etwas ganz Besonderes und Exotisches. Wer hätte zu dieser Zeit ahnen können, dass Frühlingsrollen einmal alltäglicher werden würden als Krautwickel und Maultaschen?

Als besondere Überraschung schenkte er mir ein rosa Nachthemd. Es war verrückt – wollte er wirklich um mich werben, indem er vor mir ein rosa Nachthemd ausbreitete? In einem chinesischen Restaurant?

Da ich noch immer nicht wusste, wie es in der nächsten Spielzeit mit mir weitergehen sollte, erschien es mir wie ein Wink des Schicksals, als sich Herr Grabowski meldete. Wir kannten uns aus

Basel, er hatte für die Komödie die größeren Abstecher des Hauses und die Freilichtaufführungen organisiert. Ob ich an einer Tournee nach Südamerika interessiert sei? Mehrere Länder, mehrere Monate? Das Stück, um das es gehe, sei »Maria Magdalena« von Hebbel! Ein Herr Olschewski sollte Regie führen.

Und ob ich interessiert war! Eine Tournee durch Südamerika wäre selbst dann verlockend gewesen, wenn ich für die nächste Spielzeit einen Vertrag in der Tasche gehabt hätte. Außerdem galt Herr Olschewski in der Branche als seriös, und die Klara war schon von vielen großen Kolleginnen gespielt worden, unter anderem von Käthe Gold und Hilde Krahl. Die Gage war auch nicht zu verachten, und die Aussicht, mit einem Luxusdampfer nach Südamerika zu fahren und dort in teuren Hotels zu wohnen, noch weniger.

Wir verabredeten uns zum Vorsprechen. Der Einfachheit wegen bat mich Herr Olschewski in sein Hotelzimmer. Zunächst verlief alles völlig unproblematisch. Ich begann: »Zu, zu mein Herz! Quetsch dich an dich an, dass auch kein Bluttropfen mehr heraus kann, der in den Adern das gefrierende Leben wieder entzünden will …«

Dann schlug Herr Olschewski vor: »Nehmen Sie mich als Partner! Dann spielen Sie noch echter, noch intensiver …« Gut, ich spielte jetzt nicht nur für ihn, sondern auch mit ihm, bis wir an die Stelle kamen, in der Klara ihren Leonhardt anfleht: »Heirate mich!« Ich rutschte vor meinem Partner auf dem Boden herum, spielte mir die Seele aus dem Leib, umfing zärtlich seine Knie … Da zog er mich hoch, küsste mich und versuchte …

Na, machen wir es kurz. Ich habe die Rolle nicht bekommen.

»Haben Sie auch die Rose Bernd drauf?«

In Lebensläufen sieht im Nachhinein alles folgerichtig aus. Wie es auch immer gekommen ist, alles scheint sich logisch aus dem Vorhergegangenen entwickelt zu haben. In Wirklichkeit hätte jedes Leben an beinahe jeder Ecke einen anderen Weg nehmen können. Wie leicht wäre es zum Beispiel möglich gewesen, dass ich als Maria Magdalena in Südamerika gelandet wäre. Wer weiß, vielleicht würde ich dann heute statt in der »Lindenstraße« in einer brasilianischen Telenovela spielen. Oder ich wäre ... Aber lassen wir das.

In meinem Lebenslauf folgen den vier Jahren in Karlsruhe zwei Spielzeiten am Theater der Stadt Bonn, engagiert unter dem damaligen Generalintendanten Dr. Karl Pempelfort.

Dr. Pempelfort hatte mich in Karlsruhe gesehen, so wie mich Paul Rose zuvor in Basel entdeckt hatte. Anschließend ließ er mich, noch in Karlsruhe, auf einer Probebühne vorsprechen. Was er sah, schien ihm zu gefallen; jedenfalls machte er sich die ganze Zeit über Notizen. Dann fragte er unvermittelt: »Haben Sie auch die Rose Bernd drauf?«

Nein, leider nicht, bedauerte ich.

»Na, macht nichts ...«, beschied mich Herr Pempelfort. »Sie hören von uns!«

Er hielt Wort. Rechtzeitig zum Ende der Spielzeit erhielt ich eine Aufforderung, mich in Bonn zu einem neuerlichen Vorsprechen einzufinden. Ich fuhr hin und spielte diesmal einem ganzen Gremium vor. Als ich fertig war, hatte ich den Eindruck, man sei fest entschlossen, mich zu engagieren. Zu meiner Überraschung kam jedoch vom Generalintendanten erneut die Frage: »Rose Bernd können Sie uns nicht zeigen?«

Ich bedauerte abermals, die Rolle hatte ich nicht in meinem Repertoire.

»Ich weiß nicht, ich weiß nicht …«, überlegte Pempelfort. »Ehrlich gesagt, ich sehe Sie als Rose Bernd.«

Was bedeutete das nun?

»Ich mache Ihnen ein Angebot«, beschied er mich schließlich. »Lernen Sie eine Szene aus diesem Stück, und übermorgen treffen wir uns alle hier wieder. Sie zeigen uns, was Sie erarbeitet haben, und dann kommen wir ganz rasch zur endgültigen Entscheidung. Einverstanden?«

Natürlich war ich einverstanden.

Ich weiß bis heute nicht, warum Dr. Pempelfort dieses Verfahren wählte. Es mochte sein, dass er entschlossen war, in absehbarer Zeit »Rose Bernd« aufzuführen und eine geeignete Hauptdarstellerin suchte. Möglicherweise wollte er aber auch nur prüfen, wie rasch ich einen Text lernte, wie schnell ich mir eine Figur erarbeitete.

Was auch immer seine Gründe waren, mich machte er damit schwermütig. Er hatte mich auf der Bühne gesehen, ich hatte ihm zweimal vorgesprochen, was wollte er also noch? Wozu sollte ich auf die Schnelle eine Rolle lernen und sie unfertig abliefern?

Aber hatte ich eine Wahl? Nein! Also las und übte ich noch in derselben Nacht. Am nächsten Tag ging ich am Rheinufer auf und ab und lernte weiter. Zum Glück war das Wetter durchwachsen, sodass ich nicht allzu viele Zuschauer hatte.

Auch beim zweiten Vorsprechen waren mehrere Mitglieder der Intendanz anwesend, neben Karl Pempelfort der Oberspielleiter Hans-Joachim Heyse und der Haus-Regisseur Olaf Tschierschke.

Ich bot meine Rose Bernd, zuerst ihr sündiges Verhältnis mit dem verheirateten Gemeindevorsteher Flamm, dann ihr verzweifeltes Geständnis vor dem versteinerten Vater. Pempelfort ließ mich dabei nicht einen Moment aus den Augen, und endlich sagte er: »Schön, das ist es ... Sie spielen bei uns! Glückwunsch! Sie sind meine ›schwere Sentimentale‹.«

Die Rose Bernd habe ich nie im Leben gespielt, weder in Bonn noch anderswo. Und während meiner Zeit wurde das Drama in Bonn auch nicht aufgeführt.

In Bonn wurde seit dreihundert Jahren Theater gespielt, aber das dortige Schauspielhaus war wie das Karlsruher im Krieg in Schutt und Asche versunken. Über Jahre hin hatte man in einem Provisorium gespielt, erst 1964 konnte das neue Haus bezogen werden. Es lag direkt am Rhein und war ganz neuartig konzipiert. Man verzichtete auf eine Trennung von Oper und Schauspiel, Oper wurde als Musiktheater begriffen und umgekehrt wurden im Schauspiel Musik, Tanz, Pantomime integriert. Die Konsequenz daraus war, dass man Musik- und Sprechtheater auf derselben, leicht und vielfach zu verändernden Bühne bot. Man konnte sie als Guckkastenbühne nutzen wie als Raumtheater, als historische Kulissenoper wie als Spielstätte moderner Parabeln. Außerdem gab es noch eine Studiobühne, deren nüchterne Arbeits- und Werkstatt-Atmosphäre der zeitgemäßen Dramatik entsprach.

Karl Pempelfort selbst war als Intendant der klassische Patriarch, nicht anders als vorher Paul Rose und nachher Professor

Schalla, der Hausherr in Bochum. Als ich ihn kennen lernte, ging er auf die Altersgrenze zu, war jedoch außerordentlich agil und hellwach. Ich habe vor allem seine listigen und lustigen Augen in deutlicher Erinnerung.

Das Theater der Stadt Bonn leitete er seit 1951. Vom ersten Tag an hatte er ein Programm für Bildungsbürger geboten. Seine Liebe gehörte den Klassikern. Während seiner Intendantenzeit wurden in Bonn 21 Dramen von Shakespeare aufgeführt – in 26 Inszenierungen. Nur das Schauspielhaus Bochum hat im deutschsprachigen Raum Shakespeare ähnlich intensiv gepflegt.

Jede Spielzeit wurde mit einem anderen Shakespeare-Stück eröffnet, das der Hausherr persönlich inszenierte. So war es kein Zufall, dass meine erste Bonner Rolle die Hippolyta, die Königin der Amazonen, im »Sommernachtstraum« wurde. Liebeslust und Liebesleid waren in dieser Inszenierung wunderbar ausbalanciert, das Bühnenbild war ein dunkel-durchrаunter Wald, und statt der üblichen Musik von Mendelssohn-Bartholdy erklangen ungewohnte Klänge von Carl Orff – beides sehr passend zum Traumcharakter des Stücks.

Meine nächste Rolle war die Fanny in der »Kassette« von Carl Sternheim, dessen Stücke zu dieser Zeit gerade wieder im Kommen waren. Die Fanny spielte ich ein paar Jahre später auch in Bochum.

In Bonn inszenierte Hans-Joachim Heyse. Ich legte die Fanny, die gegen eine Kassette und damit die Geldgier ihres Mannes ankämpfen muss, diesen Kampf jedoch verliert, als süße Puppe an. Die Kritiker schrieben, ich hätte sie »raffiniert-sinnlich« und mit »untergründiger Lüsternheit« gespielt.

Auch die nächste Inszenierung, in der ich mitwirkte, besorgte Hans-Joachim Heyse: »Doña Rosita bleibt ledig«, ein düsteres Drama des Spaniers Federico García Lorca. Darin geht es um

*Mit Jörg Cossardt (als »Seidenschnur«). »Die Kassette«.
Bonn, 1966/67.*

ein junges Mädchen, das zur alten Jungfer wird, weil ein Mann sein Heiratsversprechen nicht einlöst.

Hans-Joachim Heyse, später ein »Revolutionär« und sehr erfolgreicher Theaterleiter, hatte eine hohe Meinung von meiner Schauspielkunst und ebenso von meiner Begabung als Sängerin. Er riet mir, meine Gesangsausbildung wieder aufzunehmen, und nannte mir auch eine gute Lehrerin, Frau Fox. Fast ein Jahr lang setzte ich bei ihr meine Chansonausbildung fort. Noch heute habe ich ihre Forderung im Ohr: »Lassen Sie mich hören, dass Sie eine Löwin sind!«

Mit dem Wechsel nach Bonn hatte ich mich finanziell gewaltig verbessert. Statt 700 Mark bekam ich hier 1000 Mark Gage und konnte mir zum ersten Mal eine Wohnung mit eigenem Bad und eigener Küche leisten – zwei Zimmer in der oberen Etage eines Einfamilienhauses in Heidebergen, einem friedlichen kleinen Ort ungefähr in der Mitte zwischen Beuel und Hennef.

Außerdem konnte ich mir mein erstes Auto zulegen, einen khakifarbenen, scheinbar gut erhaltenen Renault Dauphine. Leider war der Motor bereits nach acht Wochen hin. Bei dieser Gelegenheit lernte ich, was der Satz: »Gekauft wie besichtigt« bedeutet; ich hatte keine Garantie und musste sehen, wie ich das Auto auf eigene Kosten wieder flott bekam.

Von Bonn als Bundeshauptstadt und Ort wichtiger politischer Ereignisse und Entscheidungen bekam ich so gut wie nichts mit. Ich fuhr zur Probe, hatte abends Vorstellung und fuhr wieder nach Hause. Dass der dicke Erhard jetzt Kanzler war und Adenauer in seinem Haus in Rhöndorf grollte, war mir nicht entgangen. Einmal fuhr ich langsam am Haus des Ex-Kanzlers vorbei – es war erstaunlich bescheiden und sicher gemütlicher als der gläserne Pavillon, den sich sein Nachfolger während meiner Bonner Zeit im Garten des Kanzleramtes bauen ließ. Für zwei Millionen Mark! Mein Gott, wie wurde in der Theaterklause darüber hergezogen.

Die Theaterklause war gewissermaßen das Scharnier zwischen der Theater- und der Außenwelt. Hier trafen sich die Künstler des Hauses und die an der Bühne Interessierten auf »neutralem Boden«. Leute, denen es Freude macht, Künstler zu kennen und sich mit ihnen zu schmücken, gab es zu allen Zeiten. Damals und heute waren es etwa Zahnärzte, die Hausmusikabende veranstalten und dazu Orchestermusiker einladen, oder Juristen mit literarischen Ambitionen, die für Lesungen aus eigenen Werken Schauspieler engagieren. In der Klause konnten sie zu meiner Zeit am leichtesten Kontakte knüpfen.

In diesem Lokal machte ich eines Tages die Bekanntschaft eines wohlhabenden Holzhändlers, der mir nach zwei Glas Wein das Angebot unterbreitete, seine festbesoldete Geliebte zu werden. In früheren Zeiten hätte man das Mätresse genannt.

»Was verdient man denn so am Theater?«, fragte er ebenso neugierig wie herausfordernd.

Ich verriet es ihm und er schlug vor: »Ich lege dieselbe Summe drauf. Wir sehen uns jeden Donnerstag, von drei bis sechs. Ansonsten können Sie machen, was Sie wollen ... Das können Sie auch schriftlich haben!«

Tausend Mark waren 1965 sehr viel Geld und bestimmt eine große Versuchung für eine junge Schauspielerin. Dennoch lehnte ich dieses unmoralische Angebot auf der Stelle ab.

Meinen Wilm sah ich zum ersten Mal direkt hinter den Kulissen des Theaters. Er war ein groß gewachsener, ziemlich stiller junger Mann, hieß eigentlich Willi Schubert, studierte und verdiente sich mit Statisterie etwas Taschengeld. Dabei ging es ihm aber auch darum, ein wenig Theaterluft zu schnuppern.

Wilms Mutter behandelte mich von Beginn an wie ihre künftige Schwiegertochter. Sie lud mich zu Geburtstagen und zu Weihnachten ein und bot mir mehrfach an, bei ihnen zu übernachten. Mir war es allerdings lieber, wenn Wilm mich in meiner Wohnung besuchte. Das passte aber meinem Hauswirt nicht. Der fing mich mal an der Treppe ab und hielt mir eine Standpauke: »Fräulein Marjan, das geht zu weit, dass Ihr Freund da oben bei Ihnen haust! Sie sind ja nicht mal verlobt!«

»Erst mal geht Sie das nichts an«, gab ich zurück. »Er wohnt nicht hier, sondern ist nur zu Besuch ... Und dann ist das meine

Wohnung! Ich habe zwei Zimmer und wer wo schläft, können Sie kaum wissen ...«

»Für wie dumm halten Sie mich denn? Wollen Sie mir erzählen, dass Sie da oben Karten mit ihm spielen? Meinen Sie, wir wollen wegen Kuppelei angezeigt werden? Nur wegen Ihrer blauen Augen gehe ich doch nicht ins Gefängnis.«

Aus heutiger Sicht ist es kaum noch nachzuvollziehen, in welch unwürdige Situationen einen die gängige Moral und die damals gültigen Gesetze bringen konnten. Ich war 25 Jahre alt, stand auf eigenen Füßen, hatte in diesem Haus eine ganze Etage gemietet – und doch musste ich meinen Freund heimlich ins Haus schmuggeln!

Wilm hatte eine große Passion, das war sein Porsche. Alles, was er an Geld und Energie übrig hatte, steckte er in dieses Auto. Lange hatte er nach einer Möglichkeit gesucht, einen gerade noch fahrbaren und damit auch bezahlbaren Porsche zu ergattern; endlich klappte es. Jetzt musste der Renner nur noch von Grund auf hergerichtet werden – und so lange das nicht geschehen war, stand das Auto zwischen Wilm und mir.

Als es schließlich wieder aussah wie neu, fuhren wir mit diesem Auto nach Bulgarien. Das war in den Theaterferien 1966. Über schreckliche Straßen, die sich an manchen Stellen kaum von Feldwegen unterschieden, fuhren wir quer durch Jugoslawien bis zur bulgarischen Grenze. Dort schenkte mir ein Grenzbeamter eine Rose – in einem Moment, in dem Wilm abgelenkt war, weil er mit einem anderen Uniformierten 100 DM gegen unglaublich viele Levas tauschte. Das war zu dieser Zeit eine lukrative, aber auch sehr gefährliche Aktion.

In Sofia war Wilms Porsche *die* Attraktion – wir wurden bestaunt, als kämen wir vom Mond. Es gab hier so gut wie keinen

Mit Wilm in Bulgarien. 1966.

Autoverkehr. So konnte es geschehen, dass man von einem völlig Fremden gefragt wurde, ob man seinem Bruder begegnet sei, er fahre einen schwarzen Mercedes mit einer einheimischen Nummer. Ja, dieser Bruder war uns tatsächlich aufgefallen, ungefähr dreißig Kilometer vor der Stadt.

Pomerie ist etwa sechzig Kilometer von den berühmten Seebädern Varna und Drushba entfernt, gehört aber bereits zum »Goldstrand«; dort suchten wir ein Zimmer, erfuhren jedoch, dass sämtliche Hotels an der Küste ausgebucht seien. Wilm begab sich auf die Suche nach einem Privatzimmer und kam nach einer Stunde mit einem jungen Mann zurück, der sich bereit erklärt hatte, sein Zimmer mit uns zu teilen.

Mit einem wildfremden Menschen sollten wir das Zimmer teilen? Unmöglich! Aber hatten wir eine andere Wahl? Nein! Also ging ich in unsere Unterkunft, verbarrikadierte die Tür, zog mich aus, stellte mich unter die sehr provisorische Dusche, legte mich ins Bett und wartete auf Wilm und den Schlafgefährten. Wilm kam nicht, der fremde junge Mann schon gar nicht. Ich schlief darüber ein. Am nächsten Morgen erzählte mir Wilm: »Mann, der konnte was vertragen! Ein Glück nur, dass der Schnaps hier nichts kostet … Dann haben die da zugemacht, und Dimitrij ist ab zur Arbeit!«

»Aus der Kneipe direkt zur Arbeit?«

»Ja. Man hat ihm kaum was angemerkt …«

»Und wie habt ihr euch verständigt? Du kannst doch kein Wort Bulgarisch.«

»Wir haben Russisch geredet.«

»Wie … du kannst Russisch?«

»Ja! Nasdrowje … Prost!« Und dabei zwinkerte er mir aus verschwiemelten Augen zu.

Ein ordentliches Bier

Die nächste Bonner Spielzeit wurde wieder mit Shakespeare eröffnet, diesmal inszenierte der Generalintendant »Wie es euch gefällt«.

Auch die bedeutenden zeitgenössischen Werke standen in Bonn auf dem Spielplan. In der Saison 66/67 spielten wir unter anderem »Wer hat Angst vor Virginia Woolf?«, »Becket oder Die Ehre Gottes« und »Armstrong sagt der Welt Lebwohl«, ein Drama um Wollust und Mord, das eigentlich im England des 16. Jahrhunderts angesiedelt ist. Olaf Tschierschke inszenierte die Historie jedoch in Brecht-Manier, mit Twist-Rhythmen, Songs und eingeblendeten Schrifttafeln. Ich war die Meg, eine lüsterne Baronstochter, trug ein knapp geschnürtes Kostüm und die Haare wild und kurz wie Jeanne d'Arc.

Olaf Tschierschke führte auch beim »Orchester« von Jean Anouilh Regie. Zwar hatte ich als Leonie, Klarettinistin in einem Damenorchester, einige komische und tragikomische Pointen, doch die Rolle war mir etwas zu blass. Im Laufe der Proben ließ ich mir ständig etwas Neues einfallen, um sie anzureichern. Erst gab ich ihr eine Brille, dann einen kleinen Buckel. Olaf ermunterte mich geradezu, weitere Nuancen zu suchen, und jubelte, als ich die Leonie nun süffeln ließ. Hin und wieder hob ich den Rock, nestelte am

Als Meg in »Armstrong sagt der Welt Lebwohl« von John Arden. Bonn, 1966/67.

Strumpfband und nahm rasch einen Schluck aus dem Flachmann, der da versteckt war. Gegen Ende der Vorstellung stolzierte ich kerzengerade über die Bühne, was allgemeine Heiterkeit erregte.

Hans-Joachim Heyse, der Oberspielleiter des Hauses, stand zu dieser Zeit mit dem Schauspielhaus Bochum in Verhandlungen. Eines

Porträt. Schauspielhaus Bonn, 1966.

Tages frage er mich: »Hast du nicht Lust mitzukommen? Ich fände es schön, wenn wir beide weiter zusammenarbeiten würden. Ich suche ein Stück für dich aus, und zur Premiere laden wir Hans Schalla ein ...«

Ich musste nicht lange überlegen: Das Schauspielhaus Bochum gehörte damals zu den ersten Adressen im deutschsprachigen Theaterraum, ein Engagement hier war für jeden jungen Schauspieler ein Wunschtraum.

Professor Schalla, der Bochumer Intendant, hatte mich einige Jahre zuvor in Karlsruhe als Barblin gesehen und mir angeboten, in sein Ensemble einzutreten. Damals stand ich jedoch unter Vertrag, und in Erinnerung an die Mahnungen meines Lehrers Eduard Marks, nie wortbrüchig zu werden, hatte ich leider absagen müssen.

Nun konnte ich ihm erneut vorspielen. Die Rolle, die Hans-Joachim Heyse für mich ausgesucht hatte, war die Pegeen Mike in »Ein wahrer Held« von John Millington Synge. Diese irische Saga aus der Zeit der Jahrhundertwende war kurz zuvor von den Münchner Kammerspielen und dem Berliner Ensemble wieder ausgegraben worden.

Das Stück spielt in einer Dorfkneipe der gottverlassenen Grafschaft Mayo an der rauen Westküste Irlands. Hier herrschen und streiten Michael Flaherty, der trinkfreudige Wirt, und seine Tochter Pegeen Mike, umgeben von Schwätzern, Schmugglern und redseligen Säufern.

In diese Szenerie platzt plötzlich Christy Mahon herein. Er erzählt, er sei auf der Flucht vor der Polizei, weil er seinen Vater erschlagen habe. Von diesem Augenblick an hat er die Neugier der Leute für sich und bald auch ihren Respekt. Denn »einer, der imstand ist und bringt seinen Vater um, der geht auch jedem Teufel zu Leib!« Pegeen verliebt sich augenblicklich in den »Helden«, und Christopher erweist sich bei einem Dorffest am nächsten Tag tatsächlich als wüster Draufgänger und Siegertyp.

Pegeen hört bereits die Hochzeitsglocken läuten, da taucht völlig unerwartet Christys tot geglaubter Vater auf und entlarvt den Helden als Aufschneider. Es kommt zu einer Auseinandersetzung, in deren Verlauf Christopher seinen Vater nun wirklich erschlägt. Pegeen kann er damit jedoch nicht zurückgewinnen, in ihrer Enttäuschung verbrennt sie ihm mit einem glühenden Torfstück das Bein und legt ihm eigenhändig die Schlinge um den Hals, bis die aufgebrachte Menge ihn fortschleppt.

Der alte Mahon überlebt aber auch den zweiten Vatermord. Christopher wird freigelassen und zieht einträchtig mit dem Alten davon. Alle sind zufrieden über diesen Ausgang, nur Pegeen verhüllt ihr Gesicht und bricht in wilde Klagen aus.

Jochen Heyse und ich hatten intensiv an der Interpretation meiner Rolle gearbeitet, ich war gut gerüstet, mich vor Professor Schalla zu präsentieren. Kurz vor Beginn der Vorstellung kam Jochen noch einmal hinter die Bühne und wünschte mir »Toi, toi, toi«. Meine Premierenangst war auf einen Schlag verflogen.

Doch dann ging alles schief. Weil das ländliche Drama in einer sehr einfachen Schänke spielt, war ein großes Bierfass aufgebaut worden, aus dem richtig gezapft wurde. Von der ersten Minute an leckte und tropfte es aus diesem Ungetüm, erst ganz leise, dann immer stärker und stärker. Herbert Kucera aus Wien, der den Christopher spielte, und ich hatten einen Dialog, der unsere aufkeimende Liebe wunderbar zum Ausdruck brachte. Während wir unsere zarten Sätze sprachen, tropfte das Bier immer stärker aus dem Fass und rann endlich über die Bühne auf die Zuschauer zu, schließlich die Rampe hinunter.

Christy und ich gestanden uns also unsere Liebe, doch in un-

Mit Herbert Kucera in »Ein wahrer Held« von John Millington Synge. Bonn, 1966/67.

sere Worte hinein machte es ständig Pipp-Pipp-Pipp, immer schneller, immer lauter, immer gewaltiger. Schließlich hörte man ein kräftiges Blupp, Blupp, Blupp – und spätestens da wandte sich die Aufmerksamkeit des Publikums endgültig dem tropfenden Bierfass zu.

Doch damit noch nicht genug der Katastrophen: Die nächste Peinlichkeit kam, als Pegeen dem »Vatermörder« das Seil über den Kopf werfen musste. Nicht *ein einziges Mal* hatte es bei den Proben Schwierigkeiten gegeben, doch ausgerechnet bei der Premiere rutschte das Seil ab. Ich versuchte es ein zweites Mal, aber erneut Fehlanzeige. Herbert Kucera wollte mir helfen und hielt Kopf und Hals unnatürlich starr; doch jetzt traf ich erst recht nicht. Die Szene war hochdramatisch, aber in den Zuschauerreihen wurde gekichert. Ich hätte im Bühnenboden versinken können.

Als wir die Aufführung schließlich zum Abschluss gebracht hatten, war für mich klar: Aus, vorbei, Chance vertan! Am liebsten hätte ich die folgende Premierenfeier geschwänzt, aber das war nicht möglich.

Völlig überraschend wurde ich von Professor Hans Schalla mit einem strahlenden Lachen begrüßt: »Mädchen, das hast du gut gemacht, du hast dich nicht aus der Ruhe bringen lassen. So was gehört nach Bochum.«

Einen Moment lang war ich unsicher. Meinte er das ernst? Doch als er mir jetzt ganz fest die Hand drückte, als wolle er damit sein Wort besiegeln, wusste ich, dass er keinen dummen Scherz gemacht hatte.

Erleichtert bestellte ich mir Shrimps in delikater Sauce. Schalla bemerkte das, runzelte die Stirn und sagte: »Was? So ein tatkräftiges Mädchen und dann so ein Püllerkram? Willst du nicht was Deftigeres? Ein ordentliches Sauerkraut? Und dazu ein ordentliches Bier ...«

Bei dem Wort »Bier« mussten wir beide laut lachen.

Das lange Sterben

Mit Beginn der Spielzeit 1967/68 war ich also am Schauspielhaus Bochum engagiert. Mit mir zusammen kamen zehn andere Neue, unter ihnen Elke Arendt, der Charakterschauspieler Horst Christian Beckmann und Günter Mack, der Bundesfilmpreisträger dieses Jahres. Für meine Kollegen war es einfach ein Wechsel, wenn auch an ein bedeutendes Haus; für mich war es wie eine Heimkehr – von Hattingen aus gesehen lag Bochum vor der Haustür und war mit der Straßenbahn zu erreichen.

Zehn Jahre zuvor, als ich beschlossen hatte, Schauspielerin zu werden, aber nicht so recht wusste, wie ich das bewerkstelligen sollte, war ich eines Tages auf gut Glück in die Nachbarstadt gefahren. Als ich vor dem mächtigen Bau des Schauspielhauses stand, dieser Theaterfestung aus dunkelbraunen Backsteinen, hätte ich vor Herzklopfen zunächst kaum sprechen können. Ich musste erst mein Gleichgewicht wiederfinden und ging deshalb in eine Kirche, wo ich lange betete.

Dann nahm ich all meinen Mut zusammen und ging ins Theater. Man ließ mich zwar nicht zum Herrn Generalintendanten vor, verwies mich aber immerhin an Herrn Fritsche, seinen Stellvertreter. Er empfing mich freundlich, unterhielt sich lange mit mir und sagte schließlich: »Fräulein Lause, Sie müssen erst mal auf eine Schauspielschule, dann an ein Provinztheater. Danach stellen Sie sich wieder bei uns vor.«

Ausgerechnet Max Fritsche war mein erster Regisseur in Bochum, er inszenierte das schier unspielbare Stück »Der Blaue Boll« von Ernst Barlach. Als wir uns begegneten, erinnerte ich ihn an unser damaliges Treffen. Er erwiderte liebenswürdig: »Ich weiß, ich hab's nicht vergessen.«

Wie schwierig das Verhältnis zwischen Vater und mir auch gewesen war – vor allem in den letzten Jahren –, er war mein Vater und es war höchste Zeit, dass wir wieder miteinander redeten.

Als ich ihn aufsuchte, erschrak ich: Er war todkrank und machte auf mich den Eindruck, als hätte er sich aufgegeben. Die Diagnose war niederschmetternd – Prostatakrebs in fortgeschrittenem Stadium. Nachdem wir das Allerwichtigste gesprochen hatten, saßen wir uns eine Weile stumm gegenüber. Wir hatten uns

Mit Papa in Rietberg. 1967.

so wenig zu sagen. Auch die Krankheit hatte ihn nicht mit meinen früheren Entscheidungen versöhnt. Ohne es auszusprechen, warf er mir noch immer vor, dass ich »weggelaufen« war; und im Grunde erwartete er selbst jetzt noch, dass ich nach Hause kam und ihn betreute.

Ich versprach ihm: »Papa, was ich tun kann, tue ich«, und er klopfte mir leicht auf die Wange. Mein Gott, wie knochig seine Finger geworden waren!

Bald war er nicht mehr in der Lage, für sich selbst zu sorgen. Ich organisierte, dass er ins Krankenhaus kam. Die Ärzte machten mir wenig Hoffnung. Durch angemessene Pflege und Betreuung könne leichte Besserung eintreten und sich der Krankheitsverlauf verzögern, aber alles Weitere sei ungewiss.

Wann immer ich zwischen den Proben Zeit hatte, besuchte ich ihn. Wir sprachen über Mama und unsere Wanderungen im Sauerland, über sein Motorrad und den »Holländer«, den er mir gebastelt hatte und mit dem ich am ersten Weihnachtstag früh morgens im Nachthemd die Strasse rauf- und runterdüste. Mama lief mit ausgebreiteten Armen hinter mir. »Kind, du erkältest dich doch!« Einmal brachte er mich zum Weinen, als er sagte, wie sehr ich Mutters und sein Leben bereichert hätte: »Was warst du ein fröhliches Kind! So richtig von Herzen fröhlich …«

Nach zwei, drei Wochen machte sich wirklich eine leichte Besserung bemerkbar. Vater konnte wieder aufstehen, laufen und andere Patienten besuchen. Er hoffte, bald entlassen zu werden: »Ist ja alles ganz schön hier. Sie meinen es ja gut, aber bring mich nach Haus, Marlies …«

Erst dachte ich, das sei ausgeschlossen, aber die Ärzte sahen es ähnlich wie Vater. Es sei durchaus denkbar, dass er bei liebevoller Pflege noch einige Monate vor sich hatte. »Aber das können

Sie nicht nebenbei leisten! Dazu ist professionelle Hilfe vonnöten!«, sagte mir der Arzt.

Ich suchte also nach einer gelernten Kraft, die sich ausschließlich um Papa kümmern würde, und fand eine ältere Schwester; sie war bereits aus dem Dienst ausgeschieden, aber noch rüstig und bereit, Vater zu pflegen. Vorübergehend kam es noch mal zu einem Rückschlag, aber dann schien sich das Blatt wirklich zum Besseren zu wenden.

Während Vater mit dem Tod kämpfte, probte und spielte ich die Frau Boll, die Ehefrau eines mecklenburgischen Gutsbesitzers. Der Boll ist mit allen Lüsten des Fleisches geschlagen und wird seiner Trinkerei wegen allgemein nur der »blaue Boll« genannt. Er sucht Erlösung von seinem dumpfen Selbst, indem er Grete Grüntal, die Frau des Schweinehirten, rettet. Das Weibsbild ist vom Wahn befallen und will ihre drei Kinder »vom Fleisch befreien« – will sie vergiften; Herrgott und Teufel treten auch auf, der Herrgott mit Klumpfuß, der Teufel in gewinnender Gestalt.

Das klingt nach norddeutschem Mysterienspiel und ist es nach dem Willen des Dichters wohl auch. Max Fritsche dämpfte jedoch alles auf Kammerspielton, wodurch die Geschichte verständlich und nachvollziehbar wurde. Den Boll spielte Hans Häckermann und Hildegard Schmahl war die »Hexe« Grete. Meine Frau Boll wurde von der Kritik und vom Publikum anerkannt, und so hatte ich einen guten Einstand in Bochum.

An einem regnerischen, dunklen Sonntagmorgen klingelte das Telefon. Als ich abnahm, sagte eine geschäftsmäßige Stimme: »Frau Marjan?«

»Ja ...«

»Hier ist die Urologie! Ich muss Ihnen mitteilen, Ihr Vater ist vor einer Stunde verstorben.«

Mit Hans Häckermann in »Der Blaue Boll«. Bochum, 1967.

Ich war von der Mitteilung und der Art, wie sie mir gemacht wurde, so geschockt, dass ich nichts erwidern konnte; ich vermochte nicht mal den Hörer aufzulegen. Ich stand einfach da, hörte das Freizeichen und versuchte zu verstehen, was nicht zu verstehen war. Sicher, Vater war vor einigen Tagen wieder in die Klinik eingeliefert worden. Aber zuletzt war er wieder auf dem Weg der Besserung gewesen, noch am Vortag hatte der behandelnde Arzt mir das bestätigt. Vor 24 Stunden hatte es nicht die geringsten Anzeichen gegeben, dass er ... Was war passiert?

Ich zog mich schnell an und fuhr durch Regen und Sturm ins Krankenhaus. Als ich ankam, hatte man Vater schon in den Leichenkeller gefahren, wo er hinter einem weißen Vorhang auf der Bahre lag. Ich wollte mich von ihm verabschieden. Der Arzt hob das Leichentuch und ich sah in Vaters Gesicht. Als ich seine geschlossenen Augen berührte, schien es mir für einen Moment, als umspielte ein Lächeln seinen schmalen Mund. Er hatte Frieden geschlossen mit sich.

Am Abend stand ich wieder als Frau Boll auf der Bühne – das Theater kann auf die Befindlichkeiten seiner Schauspieler keine Rücksicht nehmen. Meine Partner wussten, was geschehen war und versuchten mich zu trösten, mir Mut zuzusprechen. Aber auf der Bühne ist letztlich jeder allein.

Ich bemühte mich zu spielen wie an all den Abenden zuvor. In dem Stück gibt es jedoch eine sehr lange Passage, in der Frau Boll über den Schlaganfall von Bolls Vetter Prunkhorst berichtet. Ich sprach meinen Text, und je weiter ich mit der Schilderung der schrecklichen Krankheit vorankam, desto deutlicher hatte ich Vaters langes Sterben vor Augen. Ich hörte, wie meine Stimme brüchig wurde, und meine Partner bemerkten das ebenfalls. Sie fühlten meine Erregung, mein Bemühen, die Fassung zu bewahren. Ich versuchte mich zu konzentrieren ... und dann liefen mir die

Tränen übers Gesicht, mein Blick verschleierte sich, meine Stimme zitterte, meine Brust schnürte sich zu. Die Kollegen rückten näher zu mir, und Hans Häckermann, mein »blauer Boll«, fasste meine Hand. Ich weiß nicht mehr wie, aber ich brachte die Vorstellung irgendwie zu Ende.

Zur Beerdigung versammelte sich die gesamte Verwandtschaft, die seit Beginn meiner Schauspielschulzeit wie vom Erdboden verschluckt gewesen war.

Vater wurde auf dem Friedhof an der Friedrichstraße beerdigt, an der Seite seiner Hanni, in einer Familiengruft, die er nach dem Tod seiner geliebten Frau gekauft hatte. Der Friedhof liegt an einem Hang, auf halber Höhe über Hattingen. Vom Grab neben dem Glockenturm hat man einen herrlichen Blick auf die Stadt; wann immer ich Vater und Mutter hier besuche, spüre ich inneren Frieden und Dankbarkeit. Das Grab meiner Eltern wird bestehen bleiben, so lange ich selber lebe.

Den Leichenschmaus richtete ich auf der Schulenburg aus. Das Hotel ist um die Jahrhundertwende entstanden und steht heute unter Denkmalschutz. Es ist so etwas wie ein Wahrzeichen von Hattingen, mit weiter Aussicht über die Ruhr-Auen und die Isenburg. An guten Tagen sitzt man draußen auf der großen Caféterrasse, an schlechten in den weitläufigen Räumen des Restaurants. Hier oben hatte ich meine ersten Rollen gelernt, und hier hatte ich beim Abschlussball mit »Lollo« Wagner getanzt und dabei heimlich zu Ulli Sonnenschein hinübergeschielt.

Die Stimmung bei der Trauerfeier war so, wie ich sie als kleines Kind oft erlebt hatte: Erst waren alle bedrückt und stumm, doch mit jedem Schluck Bier und jedem Schnäpschen wurden sie ein wenig gelöster, und endlich waren sie heiter.

Es war alles wie früher, nur dass ich diesmal die Ausrichtende war, die Zurückgebliebene. Nach und nach nahmen mich nun die Tanten, Nichten und Cousinen in den Arm und die Onkel, Neffen und Vettern klopften mir tröstend auf die Schulter. Alle hatten schon immer an mich geglaubt, und meine Karriere bewies, dass sie Recht gehabt hatten.

Während die letzten Gäste Familienangelegenheiten besprachen, ging ich draußen ein paar Schritte auf und ab; ich wollte allein sein und nachdenken. Nachdenken über Vater, der mich zu sich genommen hatte, gemeinsam mit Mutter. Sie hatten mich adoptiert und meinetwegen auf vieles verzichtet. Es ist immer eine mutige Entscheidung, Verantwortung für ein Kind zu übernehmen, ganz besonders in den schwierigen Kriegs- und Nachkriegsjahren. Sie hatten es getan. Und jetzt waren sie beide nicht mehr da!

An der Schulenburg beginnen einige gut markierte Wanderwege. Im Frühjahr und im Herbst hatten Vater und ich hier so manche lange Wanderung begonnen. Wenn Mutter dabei war, ging er meistens einsam vorneweg, in Gedanken versunken und den Hut in der Hand haltend. Wie ich an diesem Abend hier umherging, sah ich ihn in Gedanken vor mir und sagte leise: »Danke, Papa, danke für alles ...«

»Von Politik versteht ihr Weiber ja nichts ...«

Beim Ausräumen von Vaters Wohnung fand ich hinter einem Vorhang einen alten Koffer, der randvoll war mit Fotografien, handgeschriebenen Kladden und mehreren vergilbten Büchern. Ich wurde neugierig, denn diese Erinnerungsstücke hatte ich nie zuvor gesehen. Ich sah mir die Bilder an, begann zu lesen – und plötzlich begriff ich, dass ich von seinem Leben so gut wie nichts wusste. Ich hatte immer nur den Papa gesehen, der mir Spielzeug bastelte, als ich klein war, der später mit mir gewandert und Motorrad gefahren war und sich dann verbissen dagegengestemmt hatte, dass ich Schauspielerin wurde.

Erst jetzt erkannte ich, dass es auch in seinem Leben Bemerkenswertes gegeben haben musste, über das er nie gesprochen hatte. Oder, noch schmerzlicher, wenn er darüber reden wollte, hatten weder Mutter noch ich zugehört.

Ich wusste, dass Vater während des ganzen Ersten Weltkrieges, von 1914 bis 1918, Heizer auf dem Linienschiff »Nassau« gewesen war. Aber was sagte mir das schon?

Nun hielt ich eine braune Kladde in der Hand, in der Bilder des Schiffes und seiner Besatzung eingeklebt waren, und konnte mit eigenen Augen sehen, was für ein gewaltiges Schiff die

»S.M.S. Nassau« gewesen sein musste. Sie war schneller als die englischen Schlachtschiffe, gegen die sie eingesetzt werden sollte.

Auf einem Farbfoto war zu sehen, wie die »Nassau« mit voller Fahrt durch raue See rauscht. Deutlich waren die drei roten Ringe um die Schornsteine, das Erkennungszeichen des Schiffes, auszumachen. Ein anderes Bild zeigte die gesamte Besatzung, 961 Mann, dicht an dicht auf allen Decksaufbauten arrangiert, sodass man vom Schiff selbst kaum etwas erkennen konnte. Ein drittes Foto bildete Vater und seine Kollegen ab, ungefähr sechzig Heizer, aufgebaut vor einem der Bordgeschütze. Einige der Männer hielten Tafeln in den Händen mit Kreideaufschriften wie »Kriegsschiff Nassau, Heizer-Ersatz 16–19« oder »Die Welt ist schön! Wir freuen uns auf ein Wiederseh'n!«.

Neben diesem und vielen anderen Fotos fand ich in Vaters Nachlass auch die Erinnerungen eines der Schiffsoffiziere. Hier wurde über das Leben an Bord in einer Sprache berichtet, deren Brutalität viel vom Geist dieses Herrenmenschen verriet. Beim Lesen liefen mir mehrmals eiskalte Schauer über den Rücken, ich stellte mir Vater als jungen Mann Anfang zwanzig vor, der auf einem Kriegsschiff Schwerstarbeit leisten und sich dabei von menschenverachtenden Offizieren wie dem Verfasser dieses Buches herumkommandieren lassen musste.

In Vaters Leben hatte es, außer seiner Hochzeit, nur zwei große Erlebnisse gegeben – die Skagerag-Schlacht und den Matrosen-Aufstand von 1918. Beide Ereignisse hatte er öfter erwähnt, aber jedes Mal so, als lohne es sich nicht, mit uns darüber zu reden.

Beim Durchsehen der Sachen entdeckte ich den Bericht eines Augenzeugen der Schlacht. Er war nicht in Papas Handschrift gehalten und musste dem Inhalt nach von einem Decksoffizier stammen. Die Aufzeichnungen hielten minutiös fest, wie der Flottenverband, dem die »S. M. S. Nassau« angehörte, in der Nordsee auf die englische Flotte stieß. 37 britische und 21 deutsche Großkampfschiffe lieferten sich die bis dahin größte und schrecklichste aller Seeschlachten.

An einer Stelle des Tagebuches hieß es: »Die nächste halbe Stunde hatten wir alle das Gefühl, in einen feurigen Hexenkessel geraten zu sein. Vor und hinter uns schlugen die schwerkalibrigen Geschosse ein. Da stand eine Wassersäule neben der anderen. Aber auch mancher Treffer saß ...«

Exakt schilderte der Offizier, wie das eigene Schiff mehrmals in höchste Gefahr geriet. »Jetzt löst sich aus der dunklen Masse ein schwarzer Schatten, der in wahnsinniger Fahrt auf uns zukommt ... Alles hängt an der nächsten Sekunde. Da blitzt auf dem vor uns fahrenden Schiff ein Scheinwerfer auf. Riesenhaft wächst plötzlich der dunkle Geselle vor uns auf. Ein wahnsinniger Schrei der höchsten grausigen Not, ein harter zersplitternder Schlag an unserem Bug, ein darauf folgender an unserer Seitenwand, dann Totenstille – vorüber. In zwei Teile zerschnitten versinkt der feindliche Zerstörer in den gurgelnden Wellen, die sich rauschend über dem Boot wieder schließen.«

Wenn Vater die Skagerag-Schlacht erwähnte, sprach er immer sehr distanziert darüber, nicht einmal hatte er eines der schrecklichen Details, die damit verbunden waren, erwähnt oder gar ausführlich beschrieben. Deswegen blieben mir seine Erlebnisse immer seltsam fern; erst aus diesem Bericht gewann ich einen ungefähren Eindruck von dem Grauen, das er in diesen Tagen durchlebt haben musste.

Wie Vater an diese Aufzeichnungen eines Offiziers gelangen konnte, darüber kann ich nur mutmaßen. Vielleicht wurde er mit diesem Mann während jener kurzen Augenblicke der Anarchie und allgemeinen Ratlosigkeit bekannt, die mit den Meutereien auf deutschen Kriegsschiffen ausbrachen.

Die Matrosen-Aufstände, die schließlich das Ende des Krieges einleiteten, begannen damit, dass der Admiralstab die Hochseeflotte, soweit sie noch existierte, im Oktober 1918 zu einem letzten großen Einsatz in die Nordsee schicken wollte. Die Heizer verschiedener Schiffe verweigerten den Gehorsam, die Matrosen missachteten den Befehl zum »Seeklar«-Machen, und alles zusammen verhinderte das Auslaufen der Schiffe. Die Marineleitung ließ daraufhin die Besatzungen zweier Linienschiffe verhaften und abtransportieren. Den meuternden Matrosen der übrigen Schiffe des I. Geschwaders, zu dem auch die »Nassau« gehörte, wurde angedroht, sie würden bei weiterer Befehlsverweigerung von bereitliegenden U-Booten und Torpedobooten versenkt.

Diese Drohungen wurden zum Signal für das letzte Gefecht. Anfang November 1918 übernahmen »Matrosen-Räte« das Kommando auf den Schiffen. Damit wurde auch Vater zum Meuterer, ob er wollte oder nicht. Am 11. November 1918, keine zwei Wochen nach Beginn des Aufstands, war der Krieg vorüber.

Ich weiß nicht, wie sich Vater bei den Matrosen-Aufständen verhalten hat, aber er war wahrscheinlich kein Rädelsführer. Ich kannte Vater als einen Einzelgänger und Grübler. Aber dass er bei den Meutereien aus Überzeugung mitgemacht hat, steht für mich fest. Auf seine Weise war er Sozialist.

Vater hatte nur ein wirkliches Idol – Silvio Gesell. Manchmal, wenn er Mutter und mich am Mittagstisch über Politik belehrt hatte, schloss er seine Ausführungen mit dem Satz: »Silvio Gesell – das war ein Mann. Aber von Politik versteht ihr Weiber ja nichts …«

In meiner Kindheit und Jugend wusste ich nicht mehr von Silvio Gesell, als dass Vater ihn bewunderte. Als ich mich jetzt mit seinem Nachlass beschäftigte, entdeckte ich, dass Vaters Idol in jedem Lexikon vorkommt.

Gesell, Sohn eines preußischen Kreissekretärs, war im letzten Jahrhundert als Kaufmann in Südamerika reich geworden. Kurz vor der Jahrhundertwende hatte er sich in der Schweiz niedergelassen und betätigte sich fortan als Bauer und Privatgelehrter. Zwischen 1891 und seinem Tod im Jahre 1930 schrieb er etwa sechzig Bücher und Broschüren, die das Geldwesen und damit die Welt von Grund auf verändern wollten. Sein Hauptwerk war so etwas wie die Theorie einer nie verwirklichten sozialen Marktwirtschaft. Silvio Gesell war überzeugt, dass man bei Anwendung seiner Gedanken jedem Menschen auf der Welt Gerechtigkeit verschaffen könne.

Heute gelten einige seiner Überlegungen als selbstverständlich. Es gibt Menschen, die meinen, dass die Weltwirtschaftskrise von 1929 und ihre schrecklichen Folgen hätten vermieden werden können, wenn man Gesells Lehren gefolgt wäre. Zu seinen Lebzeiten wurde er jedoch ignoriert oder als Spinner abgetan. Wissenschaftler, die sich zu seinen Theorien bekannten, wurden belächelt; und über einen Elektriker, der Gesells Schriften studierte, schüttelten die Kollegen nur den Kopf.

Erwin Potthoff, lange der Betriebsratsvorsitzende des Gemeinschaftswerkes, kannte Vater über viele Jahre. Er erzählte mir, wie Vater in den Pausen mit seinen Freunden Rudi Schmor und Hans Bindig, dem Vorarbeiter der Elektriker, zusammensaß und die drei sich ihre Köpfe über die Gedanken von Silvio Gesell zerbrachen. Ihre Diskussionen fanden sommers im Freien, bei schlechtem Wetter und winters in der »Waschkaue« statt, wo man sich wusch und auch frühstückte. Die drei bildeten so etwas wie eine Mini-Partei. Wenn die anderen über Fußball diskutierten, besprachen die Gesell-Jünger, wie sie die Welt retten könnten.

Als mir Herr Potthoff das erzählte, erinnerte ich mich wieder daran, dass Vater manchmal zu Hause von seinen Gesprächen mit den beiden Freunden und Kollegen erzählte. Und plötzlich hatte ich wieder Mutters Stoßseufzer im Ohr, die von alledem genauso wenig verstand wie ich: »Ach Emil …!«

Das letzte Wort

Als ich mein Engagement in Bochum antrat, ahnte ich nicht, dass ich insgesamt zwölf Jahre hier bleiben würde. Während meiner ersten sechs Jahre war Professor Hans Schalla Intendant des Hauses, dann kam Peter Zadek, das Enfant terrible des deutschen Theaters, aus Bremen. Wie erwartet änderte sich vieles unter seiner Regentschaft; vieles blieb aber auch gleich. Einfach deshalb, weil Theater immer Theater bleibt, mit immer gleichen Anstrengungen und Freuden ...

Intendanten waren nicht zu allen Zeiten Theaterleiter; in früheren Jahrhunderten bezeichnete man mit dem Wort hohe Verwaltungsbeamte. Im Frankreich leiteten Intendanten ganze Provinzen, in Deutschland unterstanden ihnen die Armeekassen. So ein Mann, ein Vater der Kompanie, war Hans Schalla, verantwortlich für alles! Er sorgte dafür, dass der Laden lief, war aber auch unablässig darauf bedacht, dass jeder die Anerkennung erfuhr, die ihm gebührte. Seine Liebeserklärungen waren allerdings recht burschikos. Vor einer Premiere knallte er mir einmal einen Blumenstrauß auf den Schminktisch und sagte: »Hat sechzig Mark gekostet! Jetzt spiel aber auch anständig ...!«

Schalla war Hamburger und hatte eine Kaufmannslehre absolviert, ehe er Schauspieler und Regisseur wurde. Intendant in

Bochum war er seit 1949. Die ersten Jahre dort waren sehr schwer für ihn, musste er doch gegen den Schatten Saladin Schmitts ankämpfen, der in jahrzehntelanger Arbeit die große Theatertradition in der Industriestadt Bochum begründet hatte.

Bei der Übernahme des Schauspielhauses Bochum galt Schalla als genauso radikaler Erneuerer wie später sein Nachfolger Zadek; beide bekamen bei ihrem Amtsantritt Bombendrohungen. Beim zweiten Mal war ich dabei und stand mit meinen Kollegen stundenlang auf der Straße, während das Haus bis auf den letzten Winkel durchsucht wurde.

Professor Schalla besaß ein untrügliches Gespür für Talente. Schauspieler wie Eva Katharina Schulz, Hildegard Schmahl, Hannes Messemer und Rolf Boysen sind aus seiner Schule hervorgegangen; renommierte Theaterleiter wie Hans-Peter Doll, Niels-Peter Rudolph und Hans-Joachim Heyse haben bei ihm gelernt. Repertoire- und Ensemblebildung gehörten für Schalla zu den wichtigsten Aufgaben eines Intendanten, und für seine Leistungen auf diesen Gebieten war er schließlich auch mit dem Professorentitel ausgezeichnet worden. Auf ihn war er besonders stolz und warf ihn bisweilen sogar bei kleinen Streitigkeiten in die Waagschale. Schalla hatte Witz und verfügte über die Gabe, über sich selbst zu lachen. Vereinzelt leistete natürlich auch er sich einen Fehlgriff, ansonsten aber hatte jede seiner Inszenierungen für Publikum und Kritik den Zauber eines künstlerischen Abenteuers.

Niemand redete Professor Schalla in seine Entscheidungen rein. Er spielte, was er für richtig hielt, und er engagierte, wen er haben wollte. Und fast immer lag er richtig. In Bochum gab es keine schlechten Schauspieler, aber eine Ansammlung guter Schauspieler war noch lange nicht gleichbedeutend mit einem gut funktionierenden Ensemble; das hatte ich bereits bei Maria Becker gelernt. Ihre Truppe blieb jedoch immer nur für ein paar Monate zusammen, Schallas Ensemble dagegen über Jahre. Das funktionierte nur, wenn jeder Einzelne sich gehütet und gefördert fühlte; diese schwierige Aufgabe, ein Ensemble von guten Kräften zu formen und zu halten, löste Professor Schalla perfekt – und das war vielleicht sogar seine größte Kunst.

Das Bochumer Schauspielhaus war 1919 gegründet worden. In den ersten Jahrzehnten verdankte die junge Bühne ihren Ruf vor allem Shakespeare-Inszenierungen. Die Intendanten Saladin Schmitt und Hans Schalla hatten denselben Ehrgeiz: Sie wollten nach und nach alle Stücke des Theatergenies aus Stratford-on-Avon auf die Bühne bringen. Hans Schalla nahm ab 1949 jedoch auch zeitgenössische Autoren ins Repertoire: Brecht und Sartre, dazu junge englische und französische Stückeschreiber, die damals Furore machten.

Bochum war also eine Institution im Reich der Kultur, mit seinen fast tausend Plätzen aber auch ein Wirtschaftsbetrieb. Das Theater besaß eine gut organisierte Verwaltung und zahlreiche hochspezialisierte Werkstätten: Schneiderei, Schusterei, Schlosserei, Malersaal; es hatte ein eigenes Heizwerk und eine Fahrbereitschaft mit Transportfahrzeugen aller Klassen. Die Kantine verfügte über gewaltige Vorratslager und die Bücher der Bibliothek hätte man in einem ganzen Leben nicht lesen können.

Hans Schalla lebte und starb für sein Schauspielhaus. Dafür wurde er von allen respektiert. Schon beim Reinkommen flüsterte einem der Portier mit heiserer Stimme zu: »Der Alte ist im Haus!« Das war warnend und zugleich bewundernd gemeint.

Jede Woche ging Schalla einmal durch die Werkstätten, wobei er entweder einen roten oder einen blauen Schal um den Hals trug. Die Schals waren sein Markenzeichen, verrieten aber nichts über seine jeweilige Stimmung. Er schaute seinen Leuten gern über die Schulter und wollte wissen, was sie da machten. Dieses Interesse galt jedem, vom Handwerker und Perückenmacher über den Schauspieler bis hin zum Regisseur.

Zu meiner Zeit inszenierte er nur noch in Ausnahmefällen. Seinen Regisseuren ließ er alle Freiheiten, doch ab Mitte der Probenzeit kam er hinzu und beobachtete, wie es lief. Dabei hielt er sich mit Wünschen, Anregungen und Anordnungen sehr zurück. Erst ganz zum Schluss, wenn man schon dachte, nun sei nichts mehr zu verändern, griff er selbst ein und übernahm die letzten Hauptproben, gelegentlich auch die Generalprobe. Manchmal korrigierte er nur kleine Ungeschicklichkeiten, in einigen Fällen rettete er die ganze Inszenierung.

Qualität ist unter anderem eine Zeitfrage, und Zeit hatte in Bochum eine gänzlich andere Bedeutung als an vergleichbaren Häusern. Pro Jahr gab es circa sechs Neuinszenierungen – und dies bei einem großen Ensemble und einem gewaltigen technischen Apparat. In kleineren und mittleren Theatern musste man neben dem Schauspiel das Musical und die Operette bedienen und hatte in der Regel nur wenige Wochen für die Proben. In Bochum war man spezialisiert und genoss den luxuriösen Umgang mit der Zeit: An jedem Wort, an jeder Geste konnte gefeilt werden, bis wirklich alles saß!

Unter Hans Schallas Intendanz habe ich in Bochum unterschiedlichste Rollen gespielt. Ich war die Amanda in »Der arme Bitos« von Anouilh, die Agafja in Gogols Komödie »Die Heirat« und erneut die Fanny Krull in der »Kassette«. In der »Dame Kobold« von Calderón spielte ich abwechselnd die Isabel und die Angela, im »Sommernachtstraum« diesmal die Helena. In Schwänken wie »Weekend im Paradies« von Arnold und Bach spielte ich im Salondamenfach, im »Raub der Sabinerinnen« spielte ich die Marianne.

»Die Kassette«. Mit Manfred Heidmann. Bochum, 1970/71.

Die Bandbreite, die Schalla und sein Ensemble bedienten, war groß, sie umfasste neben den bereits genannten Stücken Boulevardkomödien, zum Beispiel »Ein seltsames Paar« von Neil Simon, aber auch eminent politische zeitgenössische Dramen. So wirkte ich auch in »Erschwerte Möglichkeiten der Konzentration« mit. Der junge Autor war damals in seinem Heimatland, der ČSSR, verfemt; heute ist er dessen Präsident: Václav Havel.

Oft werde ich nach meinen Lieblingsrollen gefragt, und meine Antwort ist immer dieselbe – sie klingt ausweichend und ist doch wahr: »Ich habe keine Lieblingsrolle. Ich habe all meine Rollen geliebt.« Ebenso kann ich mich an keine Rolle erinnern, die ich im Nachhinein lieber nicht gespielt hätte. Ich hätte überhaupt nicht auftreten können, wenn ich nicht mit mir einverstanden gewesen wäre. Man muss immer so lange suchen, bis man den Zugang zu der Rolle gefunden hat.

Zu den schönsten Erinnerungen an Bochum gehört für mich die Tatsache, dass ich dort mit vielen hervorragenden und namhaften Kollegen zusammenarbeitete. Zum Beispiel mit Hannes Messemer in »Der arme Bitos«, mit Günther Lamprecht in »Geschlossene Gesellschaft« von Sartre, mit Fritz Lichtenhahn in der aufregenden »Nashörner«-Inszenierung von Niels-Peter Rudolph, mit Elisabeth Trissenaar in dem elisabethanischen Spektakel »Der Zerfall«, mit Klaus Barner in der »Winterballade«, um nur einige meiner Partner aus zwölf Theaterjahren zu nennen.

Niemand in diesem auserlesenen Ensemble wurde als Star behandelt, weder in der täglichen Arbeit noch nach außen hin. Auch in den Kritiken wurde immer wieder die Geschlossenheit des Teams hervorgehoben: »Das Ensemble folgt den Regieintentionen mühelos. Ohne Bruch ist es aufeinander eingespielt«, hieß es in einer Besprechung. Und in einer anderen: »Das Bochumer

Ensemble hat eine Sternstunde. Keine Rolle ist falsch, keine schwach besetzt.«

Es war generell nicht die Zeit, in der Theaterschauspieler über die Maßen gefeiert wurden. »Bravo« oder »Quick« hatten andere Helden, Kino und Fernsehen brachten Popularität, manchmal auch Ruhm, aber Theater? Die örtliche Zeitung druckte Kritiken, bei besonderen Ereignissen auch die überregionalen Blätter. Ansonsten ging man morgens zur Probe und abends zur Aufführung, und damit hatte es sich. In der Öffentlichkeit zu stehen hieß, beim Neujahrsempfang der Stadt eingeladen zu sein.

Natürlich gab es in all den Jahren immer wieder auch Zeiten, da war das Spielen nichts als Knochenarbeit. Am Theater galt die goldene Regel: Man spielt, bis man umfällt! Aber auch das gehörte dazu, man biss die Zähne zusammen. Was man mehr fürchtete als der Teufel das Weihwasser, war die Umbesetzung. Niemand mochte seine Rolle verlieren. Aus diesem Grund erschien man selbst dann noch pünktlich zur Probe oder abends zu Vorstellung, wenn man schon auf dem Zahnfleisch ging.

Manchmal kam es vor, dass man sich nicht wohl fühlte und sich an einem spielfreien Tag nur ausruhen, regenerieren, die ganze Welt vergessen wollte. Dann kam ein Anruf: »Sie müssen uns helfen! Es ist eine Katastrophe passiert. Frau Tschudi ist krank.«

»Wie? Was ist passiert?«

»Die Ärzte können noch nichts sagen, man muss abwarten. Springen Sie ein?«

»Ich liege selbst mit der Wärmflasche auf dem Bauch ...«

»Ach ja, haben Sie ja gesagt, Sie fühlen sich nicht wohl ... Tja, dann gute Besserung und erst mal vielen Dank ...«

Vielen Dank? Wofür? Hatte ich mich nicht klar genug ausgedrückt? Rechnete man etwa doch mit mir? Also, noch mal angerufen: »Ich kann's versuchen, aber ...«

»Damit würden Sie uns natürlich retten … Wir wussten, dass Sie uns nicht hängen lassen, Frau Marjan, das vergessen wir Ihnen nie!«

»Der Vorhang muss doch hochgehen!«

Tatsächlich geht fast alles, wenn man es erst mal bis zur Bühne geschafft hat. Ich habe mit Bronchitis, mit fürchterlichen Kopfschmerzen, mit Heiserkeit und mit Krämpfen im Unterleib gespielt. Manchmal musste ich bei Aufführungen aushelfen, deren Stücke ich nicht einmal kannte. Da hieß es: »Uns wäre ja schon unheimlich geholfen, wenn Sie nur lesen …« Das bedeutete, ich wurde nur kurz stellungsmäßig eingewiesen und stand dann am Abend mit dem Textbuch in der Hand auf der Bühne, um lesend zu spielen.

Das Theater ist bisweilen unerbittlich, persönliche Gefühle zählen nicht und Krankheit auch nicht. Man ist im Engagement, man hat Pflichten gegenüber allen anderen; und die Erfahrung sagt: Am Ende geht es immer irgendwie … Und das Publikum weiß dieses Engagement zu würdigen.

Nach vier Jahren in Bochum standen wieder mal Verhandlungen über eine Vertragsverlängerung an. Die Dramaturgin Hannelore Dietrich sagte zu mir: »Wenn du mich fragst, du wirst unterbezahlt … Was hast du an Gage?«

»Weißt du doch, 1800 Mark …«

»Andere kriegen dreitausend. Du musst mal den Mund aufmachen.«

»Und was soll ich verlangen?«

»Auch dreitausend … Du bist ja nicht schlechter.«

»Das wäre ja fast das Doppelte – das geht doch nicht …«

»Wenn du nicht fragst, kriegst du es nie!«

Reittraining in Buchholz bei Bochum. Um 1970.

Für den Intendanten waren die Verhandlung reine Formsache: »Marie-Luise, du bleibst doch …? Du kriegst zweitausend Mark. Musst ja auch mal eine Anerkennung haben …«

Zweitausend? Das waren immerhin zehn Prozent mehr, ohne dass ich gehandelt hatte. Ich war schon halb und halb entschlossen zuzustimmen, als ich die leise Stimme der Versucherin hörte: »Du bist nicht schlechter als die anderen.« Also nahm ich all meinen Mut zusammen und sagte: »Herr Professor, ich bin jetzt vier Jahre hier … Ich möchte einen Sprung machen …«

Schalla sah mich misstrauisch an: »Was für einen Sprung?«

Ich senkte den Blick, holte tief Luft und antwortete, ohne ihn anzusehen: »Ich dachte, dreitausend Mark …«

Schalla sprang von seinem Sessel auf, rannte in seinem Zimmer hin und her, konnte sich gar nicht mehr beruhigen. »Das ist doch eine Unverschämtheit. Kriegt ihr denn alle einen Größenwahn …? Ist die Hybris ausgebrochen? Ihr solltet froh sein, dass ihr gute Rollen habt. Jetzt wollt ihr auch noch Geld … Unglaublich! Jetzt ist aber Schluss!«

Dabei verfärbte sich seine Gesichtsfarbe gefährlich rot.

»Herr Intendant …«

Ich stand auf und wollte kapitulieren, wollte in das Angebot des Intendanten einwilligen, da drängte Herr Leitgeb, Schallas Stellvertreter, ins Chefzimmer. Er müsse unbedingt mit dem Professor sprechen.

Während ich im Vorzimmer wartete, dass Waldemar Leitgeb das Chefbüro wieder verließ, tauchte Hannelore Dietrich auf. Ich erzählte, was passiert war, und beschwerte mich: »Das war kein guter Tipp … Der schmeißt mich raus, wenn ich nicht runtergehe …«

»Dann geh runter … Machst du es auch für 2 950 Mark?«

»Das ist doch Unsinn …«

»Marie-Luise, lass mich mal … Okay?«

»Zweitausend ist doch auch was … Sag ihm, ich bleib auch dafür … Außerdem ist Leitgeb gerade drinnen.«

Nachdem Herr Leitgeb gegangen war, betrat Hannelore Dietrich Schallas Büro. Ich wartete und wartete. Zwanzig Minuten schwitzte ich Blut und Wasser. Ich war zu allem bereit, ich würde auch für meine alte Gage weitermachen, Hauptsache, mir wurde nicht gekündigt.

Endlich kam meine Ratgeberin aus dem Büro, sah mir fest in die Augen und sagte kein Wort. Kleinlaut ging ich hinein.

Schalla war jetzt etwas ruhiger, aber immer noch sehr distanziert: »Setz dich mal hin …«, sagte er mürrisch. Nach einer Pause fuhr er fort: »Du hast ja gut gespielt, im ›Coup von Trafalgar‹ warst du sogar super … Was wolltest du haben?«

Ich wagte nicht zu antworten, saß gottergeben da.

»Ja, also was?«, drängte er.

»Ich überlasse das Ihnen«, antwortete ich so leise, dass ich es selbst kaum verstand.

»Was hast du gesagt?«

»Was Sie für angemessen erachten …«

»Dreitausend Mark sagst du? Gut, sollst du haben. Aber das ist wirklich das letzte Wort!«

Übrigens: Hannelore Dietrich machte später eine Agentur auf und vermittelte Schauspieler.

Wilde Zeiten

Das Theater, wie Schalla es liebte, waren die Klassiker, an denen sich die Zuschauer im Theater bilden und erfreuen wollten. Modernes Theater war die Ausnahme, es wurde im Kleinen Haus gespielt und war für eine kleine, progressive Gruppe von Zuschauern gedacht. Schalla inszenierte viele zeitgenössische Stücke, aber ihm wäre es nie in den Sinn gekommen, das Theater für die »Massen« zu öffnen.

Die späten Sechziger und frühen Siebziger waren Jahre des Umbruchs, Jahre, wie Deutschland sie nie zuvor erlebt hatte. Die jungen Leute saßen in ihren verdunkelten Zimmern, rauchten Haschisch und hofften, dass die Eltern ihnen glaubten, der süßliche Geruch komme tatsächlich von den Räucherstäbchen, die im Aschenbecher glommen. Auf dem Boden lag der Flokati-Teppich, an der Wand hing das Che-Guevara-Poster, und im Herzen war die Hoffnung, es ziehe eine Welt herauf, in der Liebe und Zärtlichkeit regieren würden. Die mutigsten der »Blumenkinder« gründeten Kommunen, in denen die »freie Liebe« praktiziert wurde.

Die Straßen und Universitäten gehörten der APO, der »außerparlamentarischen Opposition«. Pop und LSD, der Protest der jungen Leute gegen den Vietnamkrieg und ihre Empörung über die schamlose Ausbeutung der Dritten Welt verbanden sich zu einem gefährlichen Gemisch.

Es fehlte nur ein Funke, um die Explosion auszulösen. Der wurde entzündet, als der Anstreicher Josef Bachmann den Studentenführer Rudi Dutschke niederschoss. Es folgten Straßenschlachten zwischen Demonstranten und der Polizei und schließlich der »Terrorismus«. Der Kaufhausbrandstifter Andreas Baader wurde verhaftet und bald darauf von seinen Gesinnungsgenossen befreit. Jahre später wurden Andreas Baader, Gudrun Ensslin und Ulrike Meinhof gestellt, und wieder Jahre später starben sie in Stammheim. Bis dahin aber war und blieb die alte Bundesrepublik in Hysterie, und noch viele Leute mussten sterben.

Auch das Theater blieb von den Veränderungen nicht unberührt. Auf einmal gab es »Vollversammlungen« der Schauspieler, Resolutionen wurden verfasst und Stücke gemeinsam ausgeheckt. In München waren, entgegen der Weisung des Ordnungsamtes, bei dem Musical »Hair« gleich vierundzwanzig Nackte auf der Bühne; und in Hamburg warfen empörte Demonstranten bei der Premiere von »Oh, Calcutta« Stinkbomben.

Was in Berlin, Hamburg, München und anderswo geschah, verfolgten wir am Bochumer Schauspielhaus lange Zeit wie Ereignisse von einem anderen Stern. Die »Revolution« fand im Radio statt, im Fernsehen, aber nicht bei uns. Unsere Uhren gingen, wie sie immer gegangen waren. Wir arbeiteten weiter hart an unseren Inszenierungen und kamen nicht darauf, aktiv ins Geschehen einzugreifen. Berlin und Paris waren weit entfernt, selbst Frankfurt.

Mit dieser Einstellung standen wir nicht allein. Die meisten der großen Theater waren selbst in diesen wilden Zeiten, im allgemeinen Aufruhr, geschlossene Institutionen, Inseln der Ruhe in einem tosenden Ozean. Unsere Zuschauer kamen und gingen, doch davon abgesehen hatten wir kaum etwas mit der Außenwelt zu tun.

Für uns kündigte sich eine neue Ära an, als Professor Schalla Ende 1970 die deutsche Erstaufführung des Dramas »Der Coup von Trafalgar« zuließ. Jürgen Fischer, der neue, junge Chefdramaturg des Hauses – er war aus Heidelberg gekommen, von einer Bühne, die als besonders experimentierfreudig galt –, hatte dieses verrückte, turbulente Stück ausgegraben. Inszeniert wurde es von Alfred Kirchner, einem ebenfalls sehr jungen Gastregisseur aus Bremen, der heute Wagner-Opern in Bayreuth inszeniert. Das Bremer Theater hatte damals den besonderen Ruf, dass dort »Opas Theater« gemeuchelt worden war. Peter Zadek hatte ausgerechnet einen Klassiker, Schillers »Räuber«, zum Ausgangspunkt einer Theaterrevolution umfunktioniert – mit einem Bühnenbild, das aussah wie ein Pop-art-Comic. Kirchner inszenierte in Zadek'scher Manier, jeder Akt war ein Höhepunkt für sich.

»Der Coup von Trafalgar« war 1934 von dem Surrealisten Roger Vitrac geschrieben worden. In den Jahrzehnten seit seiner Uraufführung war es gerade viermal gespielt worden. Seine Helden sind ein Dutzend aberwitziger Kleinbürger, Bewohner eines Pariser Miethauses, grotesk zusammengewürfelt und doch wie für die Ewigkeit miteinander verbunden. Es gibt eine Portiersfrau und deren Tunichtgut von Ehemann; einen eitlen Opernsänger, eine ehemalige Hebamme namens Flore, eine närrische Alte, die immer, wenn sie weinen will, in schallendes Gelächter ausbricht, doch Tränen vergießt, wenn sie eigentlich lachen müsste. Und es gibt die ehemalige Salondame Désirade, die zur Lebedame verkommen ist ...

Die Welt, die gezeigt wird, ist aus allen Fugen geraten. Doch die Figuren bleiben von den Ereignissen außerhalb ihres engen Kreises unberührt. Der Erste Weltkrieg, die Nachkriegszeit und die neue Vorkriegszeit ziehen vorbei, ohne dass man es bemerkt. Im Miethaus liebt man sich, hasst man sich, spekuliert man, be-

»Der Coup von Trafalgar«. Bochum, 1971/72.
Vorne: Elisabeth Trissenaar.

trügt man sich und andere und alles ist wie immer. Niemand merkt etwas von der Katastrophe, die sich draußen anbahnt.

Ich war im »Coup« die rothaarige Désirade, die am Ende aus Eifersucht ihren Liebhaber verrät und damit einen schalen Triumph erlebt. Klaus Barner war mein Partner, er spielte den hochstaplerischen Ägyptologen Arcade Lemercier, der angeblich immer kurz davor steht, das Grab des Tutenchamun zu finden.

Wie aberwitzig das Stück auch war, dem Publikum gefiel es, und die Kritiker aller großen Blätter waren sich einig, dass dem Bochumer Schauspielhaus mit dieser Aufführung ein Glücksfall gelungen sei.

Für mich waren diese Rolle und diese Inszenierung Glück

und Chance zugleich. Als wenige Monate später das Ende der Ära Schalla kam und Peter Zadek 1972 das Regiment antrat, kündigte er dem gesamten hochgerühmten Ensemble. Er behielt nur drei Schauspielerinnen. Eine von ihnen war die unkündbare Liesel Alex, die andere Tana Schanzara, die dritte war ich. Hätte ich statt der Désirade ein »liebes Mädel« oder gar die sprichwörtliche »Dritte von links« gespielt, wäre ich Peter Zadek vermutlich kaum aufgefallen.

»Wenn du dich so sehen willst ...«

Peter Zadek eilte der Ruf eines großen, besessenen, aufregenden Theatermannes voraus. Er war 1926 in Berlin geboren. Seine Eltern waren Juden, Sozialisten und Intellektuelle, mithin alles, was die Nazis hassten; deshalb emigrierten sie bereits 1933. Zadek wuchs in England auf, lernte das englische Theater schätzen und lieben. Er liebte es wirklich in jeder Form, gleichgültig ob als volkstümliches Spektakel, als geschliffenes Salonstück oder als getragenen Shakespeare – so allerdings am wenigsten. Er hatte sein Handwerk an der Londoner Old-Vic-School für Regie gelernt und war danach in die Provinz gegangen.

Aufsehen erregte er erstmals 1957 mit der Uraufführung des »Balkons« von Jean Genet. Der Dichter war bei der Generalprobe anwesend und über Zadeks Inszenierung so verärgert, dass er mit gezücktem Revolver auf die Bühne stürzte und den Regisseur erschießen wollte.

Im Alter von 32 Jahren kehrte Peter Zadek nach Deutschland zurück. Eigentlich müsste man sagen, er ging dorthin, denn das Land war fremd für ihn. Zunächst arbeitete er in Ulm bei Kurt Hübner. Die wilden Sechziger verbrachte er in Bremen. Zusammen mit dem Bühnenbildner und späteren Regisseur Wilfried Minks, unter dessen Regie ich später an der Freien Volksbühne

Berlin die Millerin in »Kabale und Liebe« spielte, begründete er den mittlerweile legendär gewordenen »Bremer Stil«, ein unglaublich vitales, kraftvolles Theater.

Auf seine Weise war und ist Peter Zadek ein ebenso großer Theatermann wie Hans Schalla – nur eben ganz anders. Am liebsten inszenierte er Stücke von Autoren, die von der Lust am Leben getragen sind. Er wollte keine Exzesse von Selbstanalyse und permanenter Verzweiflung auf der Bühne sehen – wenn schon Exzesse, dann solche der Liebe, wie sie ein Othello erlebt und erleidet.

Der entscheidende Unterschied zwischen dem alten und dem neuen Bochumer Intendanten lag darin, dass Zadek dem herkömmlichen bildungsbürgerlichen Theaterbetrieb ein offenes »Volkstheater« entgegensetzen wollte. Deswegen wurde Shakespeare nun in einem Kino oder einer Fabrikhalle aufgeführt. Zadek ließ keinen Stein auf dem anderen, selbst das Abonnementwesen wurde verändert. So wurden Theaterkarten und Eintrittskarten fürs Fußballstadion zu einem Paket geschnürt. Plötzlich saßen Kumpel im Zuschauerraum, die vorher nie daran gedacht hatten, sich eine Tragödie anzusehen. Die Bochumer waren immer stolz auf das Schauspielhaus und den VfL gewesen; doch vor Zadeks Amtsantritt war nur eine relativ kleine Gruppe von Menschen ins Theater gegangen, die größere ins Fußballstadion. Auf einmal saßen sie nebeneinander.

Peter Zadek brachte moderne Autoren, neue Regisseure, andere Schauspieler nach Bochum. Er gab Enfants terribles wie Werner Schroeter und Rainer Werner Fassbinder die Gelegenheit, hier zu inszenieren. Ein überragender Darsteller wie Ulrich Wildgruber hätte bei Schalla keine Chance gehabt. Einfach deshalb, weil sich seine Monologe oft anhörten wie buddhistische Klagegesänge.

»Was sagst du da?«, hätte Schalla aus der letzten Reihe oder vom Rang heruntergerufen, »ich verstehe kein Wort!«

Für Zadek war es nicht wichtig, dass jede Silbe deutlich artikuliert wurde. Der Ausdruck musste stimmen, Gefühl musste rüberkommen, aber was da erzählt wurde, war ihm egal. Zu Schallas Zeiten hatten alle Übrigen still zu verharren, wenn der Held sprach. Zadek dagegen ließ fünf Aktionen gleichzeitig auf der Bühne abrollen. An der Rampe war Handlung, im Hintergrund, rechts und links war Handlung und am Bühnenhimmel womöglich auch noch. Der Zuschauer sollte selbst entscheiden, was ihn interessierte und womit er sich beschäftigen wollte. Auf einem Marktplatz war es nicht anders.

So etwas hatte es bislang nicht gegeben, das war neu. Zumindest in Bochum.

Für mich war noch etwas neu: Ich erlebte zum ersten Mal einen Theaterleiter, der nicht als würdiger Patriarch auftrat. Gemessen an Karter, Rose, Pempelfort und Schalla war Zadek jung, ein Mann in den besten Jahren. Er sah jugendlich aus, hatte ein klares Gesicht und eine stramme Figur; die Haare trug er sehr kurz. Eigentlich wirkte er zeitlos. Sommers wie winters trug er schwarz, hatte eine Sonnenbrille auf der Nase und einen roten Pullover um die Schultern – das waren seine Markenzeichen, so wie Schalla seine blauen oder roten Schals getragen hatte oder später Hans W. Geißendörfer sein Strickkäppi tragen sollte.

Was ich an Peter Zadek besonders schätzte, waren seine Vielseitigkeit und seine unglaublich expressive Fantasie. Und seine außergewöhnliche Geschichte: Er war Deutscher, Jude, Engländer und immer alles gleichzeitig.

Wir achteten uns, kamen gut miteinander aus, aber was er meinte, war nicht durch die Bank meine Meinung, und das, was

Porträt. Um 1970.

ich ausstrahlte, war nicht unbedingt das, was er an einer Frau suchte. Sagen wir es ganz klar, ich war ihm zu bürgerlich.

Einmal hielt er mich an: »Marie-Luise, du bist immer so gut frisiert … Die anderen laufen mit Haaren rum, als wären die Mäuse dran gewesen … Warum bist du denn nur immer so ordentlich?«

»Peter, ich finde das einfach gut so.«

Er zuckte die Achseln: »Na ja, wenn du dich so sehen *willst* …«

Ich habe mich nicht beirren lassen, habe weiter das angezogen, was mir gefiel, und mich frisiert, wie ich es mochte. Er akzeptierte es und der Rest der Truppe auch.

Zadek und sein Theater waren exzessiv, bunt, aufregend und im positiven Sinn »verrückt«; die Leute, die er nach Bochum holte, waren in vielerlei Hinsicht genauso. Bisweilen engagierte er Regisseure, die kein Wort Deutsch sprachen, zum Beispiel Fernando Arrabal, den berühmten spanischen Dichter und Surrealisten. Er lebte im französischen Exil; in seiner Heimat regierte noch immer General Franco.

Arrabal inszenierte bei uns sein Stück »Der Turm zu Babel«. Die Fabel lässt sich nur mit Blick auf die Leidensgeschichte Spaniens entschlüsseln. In einem abgelegenen Schloss residiert eine blinde Herzogin in einer Traumwelt. Die Personen um sie herum sind für sie Figuren der spanischen Geistesgeschichte, von Cervantes über Goya bis hin zur heiligen Teresa von Avila. Noch in dem Berufskiller, der sie erschießen soll, sieht sie den mexikanischen Nationalhelden Zapata. Ihr Gesprächspartner – und das war die eigentliche Zumutung fürs Publikum, nicht nur in Bochum – ist ein tänzelnder Esel vom Mars, der sich während der sexuellen Vereinigung mit der Herzogin in einen Mann verwandelt.

Mit Fernando Arrabal.

In unserer Inszenierung wurde die blinde Herzogin ausgerechnet von Maria Schell gespielt – und das war der größte Skandal. Allein Marias Name zog ein Publikum an, das normalerweise das Schauspielhaus Bochum nicht besuchte – Leute, die sich im Kino ihretwegen die Augen ausgeweint hatten und nun auch im Theater was »fürs Gemüt« erwarteten. Und dann trieb es Maria Schell mit einem Esel. Entsetzen, Entsetzen!

Die Premiere wurde zum klassischen Theaterskandal, stürmisch gefeiert von jungen Leuten und wütend ausgebuht von Herren im Smoking und ihren Gattinnen im Nerzjäckchen. Schon während der Aufführung gab es wütende Pfiffe und Buhrufe, Beschimpfungen der Künstler und lautes Türenknallen. Es folgten empörte Leserbriefe, Beschwerden bei der Stadtverwaltung und

Podiumsdiskussionen, auf denen auch die Forderung nicht fehlte, für »so etwas« in Zukunft keine öffentlichen Mittel mehr zum Fenster rauszuwerfen.

Nun, Peter Zadek ließ sich davon nicht beirren. Es war nicht der erste Skandal seiner Laufbahn und auch nicht der letzte.

Für mich kam es bei dieser Gelegenheit zu einem Wiedersehen mit dem Schell-Clan. Zur Premiere reisten alle an, Marias Vater und ihre Geschwister. Ich wurde als liebe alte Freundin begrüßt. Maximilian kam abermals direkt aus Hollywood, doch diesmal schlug mein Herz nicht höher. Oder nur unmerklich. Wir unterhielten uns über das Stück, die Inszenierung und den Aufruhr im Publikum. Er fand das alles nur komisch.

»Ach, wär ich doch aus Stein wie du ...«

Unvergesslich wird wohl für alle, die sie erlebt haben, die Premiere des »Glöckners von Notre-Dame« bleiben. Da war Peter Zadek schon nicht mehr Generalintendant, sondern »Mitglied des Direktoriums«.

Das Publikum kannte die Geschichte entweder aus dem Roman von Victor Hugo oder aus einer der zahlreichen Verfilmungen; der berühmteste Quasimodo der Kinogeschichte wird wohl für immer der unvergessene Charles Laughton bleiben. Wenn er sich am Ende traurig gegen einen der gotischen Wasserspeier lehnt und klagt: »Ach, wär ich doch aus Stein wie du«, bleibt noch heute kein Auge trocken.

Die düstere Schauerballade um verdrängte Fleischeslust und entfesselte Leidenschaft unter Kirchenfürsten und Bettlervolk im spätmittelalterlichen Paris sollte nun also in Bochum in einer Bühnenfassung gegeben werden. Götz Loepelmann, der Regisseur, und Astrid Fischer-Windorf, die Dramaturgin, stutzten die Geschichte auf die Hauptpersonen zusammen und umrahmten das Ganze mit einem Spiel im Spiel. Die Aufführung war als »Projekt« deklariert, Augusto Fernandes, der Oberspielleiter, hatte die letzte Verantwortung.

Götz Loepelmann hatte für die Rolle des bucklingen Glöck-

»Der Glöckner von Notre-Dame«: Die »Alte«.

ners Carlos Trafic engagiert, einen Argentinier und Pantomimen, der in Holland lebte und dort seine eigenen Kabarett-Programme machte. Carlos war asketisch, hager und hatte lange schwarze Haare, die ihm über die Schultern fielen.

Während der Proben lief die Handlung weitgehend so ab wie in Victor Hugos Roman. Dom Claude Frollo, der Dompropst von Notre-Dame, erliegt den Reizen der schönen Zigeunerin Esmeralda. Der Glöckner Quasimodo will Esmeralda für seinen Herren einfangen, doch Hauptmann Phoebus von der Garde der königlichen Bogenschützen tritt dazwischen. Als Esmeralda sich in ihren Retter verliebt, meuchelt Frollo seinen Nebenbuhler und übergibt die Zigeunerin als männermordende Hexe der Inquisition. Quasimodo, der sich selbst in die Schöne verliebt hat, rettet sie vor dem Schafott und bringt sie, das kirchliche Asylrecht nutzend, ins Glockengestühl von Notre-Dame. Doch der König hebt das Asylrecht auf, die Kirche wird gestürmt und Esmeralda gehängt. Der Glöckner erkennt die Schuld seines Herren an der Tragödie und stürzt Frollo von einer der Turmgalerien der Kathedrale in die Tiefe. Er selbst stirbt an Esmeraldas Grab. Im Schlusstableau der Inszenierung sollten bleiche Knochengerippe die Fabel von Mordlust und Liebestod in grauer Vergangenheit versinnbildlichen.

Während der Hauptprobe, einen Tag vor der Premiere, wurde der Regisseur unruhiger und unruhiger: »Das ist tödlich langweilig!«, bemerkte er. »Wir müssen irgendwas anders machen, das ist alles zu normal ...« Er grübelte einen Moment, dann wandte er sich an den Hauptdarsteller: »Carlos, setz dich in den Rang und guck dir das an ...«

Wir anderen spielten ohne unseren Quasimodo weiter. Nach einiger Zeit kam er wieder runter und tuschelte mit Goetz Loepelmann. Der überlegte kurz und ordnete an: »Ihr spielt bei der Premiere, was wir geübt haben. Carlos improvisiert ... Lasst euch nicht irritieren! Wenn was anders ist, ist es eben anders. Ihr macht einfach weiter.«

»Ja gut ... Und? Wollen wir das probieren?«

»Nein, wir machen alles spontan – vollkommen spontan ...«

Man kann sich ungefähr vorstellen, mit welchen Gefühlen wir in die Premiere gingen. Carlos sprach nur Spanisch, Englisch und Niederländisch. Während der Proben hatte er natürlich ein paar Brocken Deutsch gelernt, doch längst nicht genug, als dass er auch nur sein Stichwort verstanden hätte. Deshalb kam sein Einsatz meistens im falschen Moment.

Ich spielte verschiedene Rollen, unter anderem eine Mutter, die ihrer Tochter singend die Geschichte der Esmeralda erzählt: »Und dann kamen die Zigeuner – auf dem Hügel vor der Mühle breiteten sie das Lager aus ...« Ich stehe also da, im altrosa Samtgewand mit Spitzenhaube, singe mein Lied, konzentriere mich auf die atonale Musik von Peer Raben, die eigens für diese Aufführung komponiert worden war – und plötzlich höre ich hinter mir Geraschel. Die Szene war so schon undurchsichtig genug: Ich singe, meine Tochter stickt an einer Haube und die Mutter der Esmeralda, gespielt von Ute Cremer, der jetzigen Frau des Politikers Dr. Rainer Barzel, sitzt in einem Käfig und untermalt pantomimisch, was ich singe. Und jetzt auch noch dieses Geraschel. Hinter mir steht Carlos und ficht mit einem Kleiderbügel gegen einen unsichtbaren Gegner, wie Don Quichote gegen die Windmühlen. Ich soll mich ja nicht stören lassen, also singe ich weiter: »... und der Wechselbalg ...« Auf einmal aber denke ich: Wenn er schon mitspielt, dann richtig. Ich drehe mich um, gehe auf ihn zu und singe dabei immer weiter: »... der Wechselbalg, die Menschen hätten ihn am liebsten ...« Jetzt bin ich ganz nahe bei ihm, lege ihm die

»… der Wechselbalg, die Menschen hätten ihn am liebsten … ertränkt!«

Hände um den Hals, würge ihn und schreie im hohen Diskant: »ertränkt!«

Carlos war völlig perplex, wusste nicht, was er tun sollte. Ich flüsterte ihm zu: »Mensch, spiel!« Darauf sank er theatralisch an mir hinunter, wobei er mir um ein Haar die Haube vom Kopf riss.

Als Carlos überraschend auf dem Bühnenboden kauerte, muss der Toningenieur einen solchen Schreck bekommen haben, dass er die Musik abstellte. Zum Glück waren wir von Schalla trainiert worden: Weiterspielen! Was auch geschieht, immer weiterspielen! Ich sang also die Geschichte der Esmeralda weiter, a capella. Carlos stand nach einer Weile beleidigt auf und ging davon.

Auf einmal sah ich ihn mit einem Koffer in der Hand zurückkommen. Was sollte das nun wieder? Was hatte er vor? Da öffnete er plötzlich den Koffer, holte Luftballons heraus und bewarf mich damit. Ich versuchte die Ballons abzuwehren und aufzufangen; sie waren ungewöhnlich schwer und platzten – er hatte sie mit Wasser gefüllt. Von einer Sekunde zur nächsten stand die Bühne unter Wasser, mein Gewand war klitschnass, meine Haube samt Spitzenschleier hing auf Halbmast. Aber so desolat ich mich auch fühlte, ich spielte weiter.

Endlich kam der goldene Ritter, der um Esmeralda freite. Ich begrüßte ihn mit den Worten: »Ah, Sie sind die letzte Rettung!« Worauf das Publikum in johlenden Applaus ausbrach.

Der Höhepunkt des Durcheinanders war die Szene, in der Quasimodo den feisten Domprobst erstechen sollte. Carlos ging also in dessen Klause – doch statt ihn zu meucheln, küsste er den Priester! Axel Böhmert, der Darsteller des Frollo, geriet darüber in eine solche Wut, dass er anfing, seine eigene Klause kurz und klein zu schlagen.

Doch damit nicht genug. Die unglückliche Esmeralda saß im Gefängnis und sollte verbrannt werden. Quasimodos Aufgabe war es, sie zu retten. Carlos aber setzte sich zu ihr und schlang Spagetti mit Tomatensoße in sich rein, so gierig und so hemmungslos, dass er am Ende aussah wie von Blut beschmiert; anscheinend reichte ihm das immer noch nicht, und so bewarf er auch noch die arme Esmeralda mit den rot verschmierten Spagetti.

Das Publikum war hin- und hergerissen zwischen Faszination und Abscheu, es jubelte und buhte abwechselnd, konnte doch niemand unterscheiden, ob die »Geniestreiche« unseres Quasimodo beabsichtigt waren oder ob auf der Bühne einfach nur das Chaos ausgebrochen war. Als die schöne Esmeralda in Gestalt der elfenhaft blassen Anina Michalski den grausamen Folterknechten übergeben wurde, schallte es aus dem Zuschauerraum: »Und den Zadek nehmt auch gleich mit!«

Die Wut der Schauspieler, die an dem Tohuwabohu beteiligt waren, ging ins Unermessliche. Bei der Premierenfeier waren alle ruppig bis eisig, keiner sprach mit Carlos oder Augusto Fernandes und Goetz Loepelmann auch nur ein Wort.

Am nächsten Tag stand in der Zeitung: »Bühne unter Wasser, an keine Absprache gehalten. Aber das Publikum merkte nichts! Es lachte, als Marie-Luise Marjan dem wasserschlachtsüchtigen Trafic an die Kehle sprang und zudrückte, und man lachte, als Carlos Trafic beim Schlussapplaus Prügel vom Ensemble bekam …« Ein namentlich nicht genannter Schauspieler wurde mit den Worten zitiert: »Das Unverschämteste, was jemals in Bochum stattgefunden hat. Wäre ich auf der Bühne gewesen, ich hätte ihn totgeschlagen!«

Es gab aber auch positive Stimmen. Ein Kritiker glaubte eine »Persiflage auf das geheimnisvolle Raunen der romantischen Literatur und die abgenutzten Praktiken des Horrorfilms« gesehen zu haben. Und ein anderer schrieb über Carlos Trafic: »Sein Glöckner von Notre-Dame ist ein Spaßvogel der Improvisation, der wie King-Kong über die Bühne wuchtet, ein moderner Tramp im abgeschlissenen Nadelstreifen-Dress, der sich seines Buckels entledigt, indem er einen Apfel aus dem Rückenfutteral zieht; der Spagetti verzehrt, wenn die Gefolterten stöhnen; der einen Kassettenrekorder am Seil schwingt, sollen die Glocken läuten. Erstaunlich, dass dabei das Doppelgesicht der Figur, die Verletzbarkeit einer empfindsamen Seele unter der Maske des Scheusals, nicht verloren geht.«

Möglicherweise waren es solche Stimmen, die uns dazu brachten, das Stück in der Manier von Carlos Trafic um- und auszubauen; nach der fünften Vorstellung funktionierte es tatsächlich. Von nun an kam der Ritter wegen seiner schweren Rüstung nicht mehr auf die Beine, da platzten wassergefüllte Ballons, da wurde ein Kampf mit den Waffen Fleischwurst und Banane ausgetragen, da kam Quasimodo nicht an den Pranger, sondern in eine riesige Eieruhr, in der Kunststoffbröckchen auf ihn herabrieselten.

Von da an waren die Vorstellungen ausverkauft.

Eine Erfahrung, die sich im weitesten Sinne mit dieser Inszenierung vergleichen lässt, hatte ich mit Werner Schroeter. Werner war ein Vertreter des »Jungen deutschen Films« und galt als »Visionär des schlechten wie des guten Geschmacks«. Er drehte vorwiegend auf 8 Millimeter, dem Amateurformat; wenn es hoch kam, auf 16 Millimeter, fürs Fernsehen. Damals war er ein schlaksiger junger Mann um die dreißig und bekennender Homosexueller. Er wollte eigentlich Opernregisseur werden, begann aber mit Filmen über Opern, nicht eigentlich Opernverfilmungen, sondern Abfolgen von Szenen, die extrem stilisiert waren und vornehmlich in ihrer individuellen Schönheit gesehen und bewertet werden wollten. Elvis Presley stand bei ihm gleichberechtigt neben Richard Wagner, Maria Callas neben Caterina Valente. Seine Filme waren so unkonventionell – und auch so unkommerziell –, dass sie nur im Fernsehen und gelegentlich in Programmkinos zu sehen waren.

In Bochum inszenierte er eine Oper ohne Musik: »Lucrezia Borgia«, ein Melodram, ebenfalls nach einem Roman von Victor Hugo. Werner Schroeter fühlte sich vermutlich von der Amoralität der Hauptfigur angezogen. Lucrezia Borgia, Gattin des Herzogs Alfonso d'Este von Ferrara und natürliche Tochter des Papstes Alexander VI., hatte alle ihr unliebsamen Geschöpfe mit Hilfe von Gift aus dem Weg geräumt, in der Wirklichkeit und in der Literatur. Schroeters Ästhetik und der abseitige Dramenstoff gingen gut zusammen. Schon Victor Hugo hatte Mutterliebe und megärenhafte Grausamkeit merkwürdig gemischt, und Werner machte daraus einen schaurigen Spaß.

Ich erinnere mich noch mit Schrecken an mein gewaltiges Kostüm, in das ich fast nackt mit Hilfe von drei Garderobieren einsteigen musste. Mir wurde ein Melkschemel zwischen die Beine geschnallt, auf dem ich mich nachher niederlassen musste, um eine Arie zu singen. Der Auftritt war eindrucksvoll – ich schwebte wie eine überlebensgroße Puppe auf die Bühne.

Die Titelrolle, die blutschänderische Herzogin, spielte übrigens Magdalena Montezuma, die auch in vielen Filmen von Werner Schroeter zu sehen war.

Hure, Bäuerin, Krankenschwester

Als eines der nächsten Stücke stand »Mädchen in Uniform« auf dem Spielplan, inszeniert von Hartmut Gerke, zwölf Bilder über Preußentum und Herzensenge in einem Pensionat. Das Stück war 1958 bereits zum zweiten Mal verfilmt worden, diesmal mit Lilli Palmer und Romy Schneider. Auch unsere Aufführung wurde 1974 für das ZDF aufgezeichnet. Eine Besonderheit war, dass alle Bochumer Schauspielerinnen mitwirkten, von A wie Liesel Alex bis Z wie Rosel Zech. Ich spielte das Fräulein von Kesten, eine engstirnige Lehrerin, zugeknöpft, altjüngferlich, mit randloser Brille und Stehkragen.

So kannte mich das Bochumer Publikum nicht.

Meistens zeigte ich Dekolleté und Bein. In der Revue »Kleiner Mann, was nun?«, die Peter Zadek nach dem Roman von Hans Fallada inszenierte, hatte ich gleich sieben Rollen, fünf Huren, eine Krankenschwester und eine Bäuerin. Die Bäuerin und die Krankenschwester waren noch relativ leicht anzulegen, doch wie sollte ich die fünf Huren voneinander unterscheidbar machen? Es gelang mir – mit sehr unterschiedlichen Färbungen und sehr unterschiedlicher Garberobe. Bei der Gelegenheit lernte ich, wie es Models bei einer Modenschau zu Mute sein muss – Auftritt, rasch hinter der Bühne umziehen, im Schweinsgalopp wieder auf die Bühne.

»Mädchen in Uniform«. Schauspielhaus Bochum, 1973/74.

»Kleiner Mann, was nun?«, eine Revue mit viel Kabarett, Songs und Girls, wurde zu unserer erfolgreichsten Produktion dieser Jahre. Neben Heinrich Giskes in der Titelrolle und Hannelore Hoger als Lämmchen wirkten viele Kollegen mit, die durch das Fernsehen bereits bundesweit bekannt waren, unter anderem Brigitte Mira, Klaus Höhne und Karl-Heinz Vosgerau, der später mein Mecki Messer in der »Dreigroschenoper« wurde.

Wir wurden nach London eingeladen und eröffneten mit unserer Inszenierung im Alwich Theatre im Westend die »Londoner Welttheatersaison«. Auch hier waren sämtliche Vorstellungen ausverkauft. Man erinnerte sich noch an Zadek – und darüber hinaus

»Kleiner Mann, was nun«: eine von fünf Huren. Bochum, 1972.

»Kleiner Mann, was nun«: Bäuerin.

waren die Parallelen zwischen den im Stück geschilderten Verhältnissen zur Zeit der Weimarer Republik mit der damaligen wirtschaftlichen und moralischen Situation Großbritanniens offensichtlich.

Umso überraschter waren wir, dass bei der Premiere so gut wie keine Resonanz des Publikums zu spüren war. Waren wir zu teutonisch? Oder war das Stück einfach zu lang? Daran konnte es eigentlich nicht liegen, denn Peter Zadek hatte die vierstündige Bochumer Fassung um eine Stunde gekürzt.

Es stellte sich heraus, es lag schlicht am Übersetzer. Damit die Zuschauer verstanden, um was es ging, hatte man ihnen Kopfhörer über die Ohren gestülpt und lieferte ihnen eine Simultanübersetzung – korrekt und trocken wie bei einer Konferenz. Nach der dritten Vorstellung wurde eine pointierte Zusammenfassung der Dialoge und Songs gegeben; sofort stellten sich die Lacher und der Beifall wieder ein.

Bei einem Empfang in der deutschen Botschaft erschienen der damalige britische Premierminister Edward Heath und viel Prominenz – darunter auch Peter Ustinov, den ich noch heute manchmal bei UNICEF-Veranstaltungen treffe.

Später wurde die Bochumer Version von »Kleiner Mann, was nun?« auch für das Fernsehen aufgezeichnet, in den WDR-Studios in Köln. »Mädchen in Uniform« war noch direkt im Schauspielhaus gefilmt worden, zum Teil mit Publikum.

Eine der nächsten Inszenierungen, an denen ich mitwirkte, war »Schatten eines Rebellen« von Sean O'Casey. In diesem Stück verliebte ich mich in den Dichter Dovoren, der nirgends ein Plätzchen zum Schlafen und nirgends Ruhe zum Schreiben findet. Zu meiner Rolle gehörte, dass ich blass aussehen sollte. Der Regisseur Guido Huonder war mit meinem Teint unzufrieden: »Marie-

Mit Peter Ustinov bei einer UNICEF-Veranstaltung in Kiel. 1992.

Luise«, sagte er murrend, »du bist zu frisch. Ich glaube, ich muss dich mal vier Wochen in den Keller sperren, dass du kein Tageslicht siehst ... Damit du mal so richtig blass wirst ...«

Ich habe die fehlende Blässe dann gespielt, und das war viel besser.

Danach spielte ich zusammen mit Karl-Heinz Vosgerau, Elisabeth Stepanek, Marie-Luise Etzel und Günther Lamprecht in »Pygmalion« von George Bernard Shaw. Lamprecht brillierte als Elizas Vater, ich war die Mrs. Pears.

Es folgten Auftritte in »Party für eine Leiche«, einem Stück, das Alfred Hitchcock mit James Stewart in der Hauptrolle verfilmt hatte, sowie in »Theater im Hotel«, einer simplen, aber gut gebauten amerikanischen Komödie.

Besonders in Erinnerung geblieben ist mir Sartres Einakter »Geschlossene Gesellschaft«, den Hans Schalla als Gast an seinem

»Theater im Hotel«. Bochum, 1972/73.

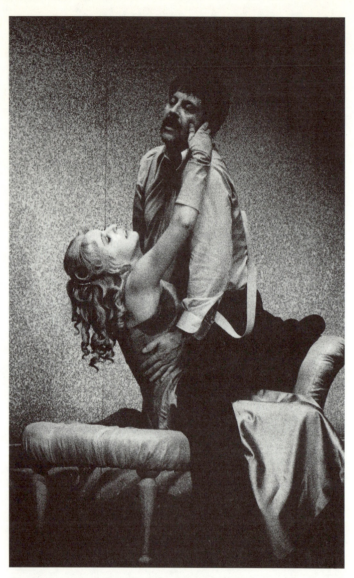

Mit Günther Lamprecht in »Geschlossene Gesellschaft«.

einstigen Haus inszenierte. In diesem Stück gibt es nur drei Personen: den Schriftsteller Garçin, gespielt von Günther Lamprecht, die lesbische Postangestellte Ines Serrano, interpretiert von Marie-Luise Etzel, und das »Püppchen« Estelle, meine Rolle. Aus diesem Spiel über die Hölle auf Erden ist vor allem der Satz »Die Hölle, das sind die anderen« längst zum geflügelten Wort geworden.

Bislang war das Stück meist mit einem fast religiösen Ernst interpretiert worden. Schalla verlieh ihm elegante Ironie, es gab ganz leichte, wie darüber hinweggespielte Passagen, und dennoch wurde das tödliche Grauen vor der ewigen Einsamkeit, von dem »Geschlossene Gesellschaft« handelt, deutlich vermittelt.

»Vom Libanon wirst du kommen mit mir ...«

Während meiner Bochumer Jahre wohnte ich in der Königsallee, sehr nahe am Theater, in einem Haus, das der Stadt gehörte; zuerst zu ebener Erde, später in einer gemütlicheren Wohnung unter dem Dach. Es existierte ein ungeschriebenes Gesetz, dass man die Wohnungen dieses Hauses zunächst den Schauspielern des Theaters anbot. Daher wohnten außer mir noch andere Künstler im Haus. Deren Schicksale erlebte ich gleich doppelt, auf den Proben und zu Hause. Meistens ging es um kleine Liebesdramen, kaum der Rede wert, aber in dem Moment, in dem man sie erlebt, sind sie von existentieller Bedeutung. Später lacht man über seine eigene Verzweiflung.

Mein eigenes Leben verlief, von meinem Beruf abgesehen, lange Zeit ziemlich ereignislos. Premiere folgte auf Premiere, alles lief gut – und doch spürte ich seit der Trennung von Wilm eine unterschwellige Sehnsucht nach Liebe. Ein Jahr lang hatte er mich noch regelmäßig in Bochum besucht oder ich war zu ihm nach Bonn gereist. Aber das war auf Dauer kein Zustand. Es gab nur zwei Möglichkeiten – entweder hätte er sein Leben nach mir richten oder ich hätte auf das Theater verzichten müssen. Beides wollten wir nicht. Wir gingen in aller Freundschaft auseinander – und welch ein Wink des Schicksals: Erst vor wenigen Wochen haben wir uns zum ersten Mal nach fast dreißig Jahren wiedergesehen; und konnten uns offen und fröhlich in die Augen schauen.

Alois blieb mir weiterhin »treu«. Ab und an erhielt ich Postkarten von ihm, die verrieten, dass er meine Karriere aufmerksam verfolgte. Er wusste immer, in welchen Stücken ich gerade auftrat – wahrscheinlich hatte er meinetwegen sogar Fachzeitschriften wie »Theater heute« abonniert. Meistens endeten seine Nachrichten mit Sätzen wie: »Ich drücke Ihnen die Daumen!« Oder: »Ich freue mich für Ihren schönen Erfolg!«

Es gab jedoch auch »Verehrer«, die alles andere als harmlos waren. Über einige Zeit hin belästigte mich am Telefon eine männliche Stimme: »Hier ist der Kurt aus Düsseldorf! Ach, was hast du für einen herrlichen A...«

Auf Anraten der Polizei legte ich mir eine Geheimnummer zu. Eine Weile hatte ich Ruhe, dann meldete er sich wieder: »Hier ist der Kurt ... Hast du mich vermisst?«

Viele allein stehende Frauen kennen solche Spinner. Manche empfinden solche Anrufe als Terror, und tatsächlich können sie den Betroffenen im schlimmsten Fall das ganze Leben vergiften. Ich versuchte, locker damit umzugehen, irgendwann würde er schon aufgeben.

Und so kam es schließlich auch. Eine kleine Peinlichkeit blieb mir jedoch nicht erspart. Einmal hatte ich meine Wohnung arglos einer Kollegin überlassen, die ein Gastspiel in Bochum gab, während ich einige Tage verreist war.

Als ich zurückkam, druckste sie: »Dein Freund hat ein paar Mal angerufen. Ich soll dir sagen ...«

»Ja?«

»Tut mir Leid, es ist ein bisschen ... na ja, ein bisschen zu glitschig ... zu intim ...«

Ich war baff. Einen »intimen« Freund hatte ich zu der Zeit nicht. »Welcher Freund denn?«

»Kurt ... aus Düsseldorf ...«

Als ich vier Jahre zum Bochumer Ensemble gehörte, lernte ich bei einem internationalen Theatertreffen in Essen Jalal Khouri kennen, den »Président Centre Libanais de L'Institut international du Théâtre, Beyrouth«, wie es auf seiner Visitenkarte hieß. Wir kamen ins Gespräch, und er erzählte, dass er vor zehn Jahren im Libanon die erste Theatertruppe des Landes gegründet habe, das »Théâtre de Baalbek«.

Das Besondere dieser Gruppe war, dass alle Mitwirkenden voll im Berufsleben steckten und doch mehr boten als Amateurtheater. Die Mitglieder waren Ärzte, Apotheker, Maler, Kaufleute, Studenten. Sie kamen aus der gehobenen bürgerlichen Schicht des Landes und führten in ihrer Freizeit Stücke der Weltliteratur auf – »Richard III.« von Shakespeare, »Die Bluthochzeit« von Federico García Lorca, »Volpone« von Goldoni, »Das letzte Band« von Samuel Beckett und den »Zerbrochenen Krug« – alles auf Arabisch und alle Stücke in eigener Bearbeitung. Jalals besonderes Interesse galt Bert Brecht, dem er vor Jahren eine Weile am Berliner Theater am Schiffbauerdamm assistiert hatte.

Jalal war mit seinen beiden engsten Mitarbeitern nach Deutschland gekommen. Ich erzählte begeistert von meiner Arbeit am Schauspielhaus und lud ihn und seine Kollegen in meine laufende Vorstellung des »Raubs der Sabinerinnen« ein. Ob die Gäste aus dem Nahen Osten den sächsischen Theaterdonner von Direktor Striese, unnachahmlich gespielt von Claus Clausen, verstanden haben, blieb mir verschlossen. Aber sie waren begeistert und luden mich spontan in den Libanon ein, um mir zu zeigen, wie sie arbeiteten.

Mit Jalal Khouri in der Königsallee. Bochum, 1972.

Jalal war Christ und stammte aus einer der ersten Familien Beiruts. Er war ein großer, schlanker Mann mit Glutaugen und sehr intelligent. Ich fand ihn außergewöhnlich und wollte seine Einladung unbedingt annehmen.

»Um Gottes willen«, warnten mich die Kollegen. »Wie kannst du da hinfliegen, mitten in einen Bürgerkrieg!«

Tatsächlich klangen die Zeitungsmeldungen bedrohlich. Die Rede war von großen inneren Spannungen, die den Libanon zu zerreißen drohten. An der Südgrenze des Landes gab es zudem ständig Gefechte mit Israel.

Je näher die Reise kam, desto gefährlicher klangen die Nachrichten. Aber ich ließ mich nicht aufhalten. Der Vorsicht halber erkundigte ich mich bei der deutschen Botschaft in Beirut. Der Botschafter beruhigte mich: »Halten Sie nur immer Kontakt mit uns und lassen Sie uns wissen, wo Sie sich aufhalten. Sollte sich die Lage zuspitzen, geben wir Ihnen Bescheid.«

Beim Start in Frankfurt waren noch alle hundertzwanzig Plätze der Maschine besetzt. Schon in Wien, unserer ersten Zwischenstation, lichteten sich die Reihen merklich. Ab Athen waren nur noch höchstens dreißig Passagiere an Bord, die meisten von ihnen Libanesen, teils in europäischer, teils in arabischer Kleidung.

Bei der Landung in Beirut sah ich Soldaten auf dem Flugplatz. Sie saßen in offenen Jeeps und hielten die Gewehre im Anschlag. Die Stimmung im Land war sehr angespannt.

Jalal holte mich in Begleitung eines jungen, kräftigen Mannes ab, der hinkte. Wenn man ihn anblickte, grinste er freundlich, ansonsten jedoch wirkte er misstrauisch und beobachtete aufmerksam, was um uns herum vor sich ging. Jalal teilte ihn mir sozusagen als Begleiter und Leibwächter zu. Von der ersten Minute an bis zu meiner Abreise war er ständig in meiner Nähe, selbst wenn Jalal und ich unterwegs waren, ging er ein paar Schritte hinter uns. Er stand vor meinem Hotel, wenn Jalal mich morgens abholte; und er stand spät abends Wache, noch lange nachdem mein Gastgeber mich dorthin zurückgebracht hatte. Ich war also in bester Obhut, rund um die Uhr.

Jalal bereitete eine mehrwöchige Theaterreise durch den Libanon vor und war sehr beschäftigt. Dennoch nahm er sich, wann immer es ihm möglich war, Zeit, um mir Beirut zu zeigen, das »Herz des Nahen Ostens«, wie die Stadt damals genannt wurde. Sie war wunderschön gelegen an einer endlos lang gestreckten Bucht mit Ausblick auf die schneebedeckten Berge des Libanon-Gebirges im Hintergrund. Später habe ich in Erinnerung an die Zeit in Beirut und im Libanon oft im Hohen Lied Salomos gelesen, um die Stimmung dieser Wochen in mir zurückzurufen: »Vom Libanon wirst du kommen zu mir …«

Damals strahlte die Stadt noch in vollem Glanz. Die unermesslich reichen Bewohner der Öl-Sultanate kamen hierher, um ihr Geld anzulegen und sich zu amüsieren; das Spielcasino von Beirut war mindestens so beliebt wie das von Monte Carlo. Aber unter der Oberfläche gärte es. Die verschiedenen Volksgruppen misstrauten einander, und die Weltmächte hatten ebenfalls überall ihre Finger im Spiel.

Der Libanon war erst seit 1941 unabhängig, davor hatten Engländer und Franzosen hier geherrscht, und diese waren darum bemüht, ihren früheren Einfluss zurückzugewinnen. Vor den Küsten des Landes kreuzten zudem Kriegsschiffe der US-Flotte. Als Ausländer merkte man wenig von den Spannungen, die in den Zeitungen beschrieben wurden. Allerdings waren die Panzer vor dem Radiogebäude und den großen Banken nicht zu übersehen.

Jalal glaubte nicht an einen Bürgerkrieg. Einige Jahre später war er jedoch nicht mehr zu verhindern, und die Kämpfe zerstörten schließlich die ganze Herrlichkeit Beiruts. Nach und nach wurden all die stattlichen Gebäude, die ich gekannt hatte, zu Ruinen. Wenn ich im Fernsehen die Skelette sah, die von den luxuriösen Gebäuden übrig geblieben waren, fragte ich mich, ob meine Freunde noch am Leben waren. Einen Trost gab es: Die Stadt hatte vor Urzeiten schon existiert und viele Katastrophen überstanden, sie würde auch diese überstehen.

Mein Gastgeber machte mich mit seinen Freunden, den Schauspielern, bekannt. Zu diesem Kreis gehörte auch der Maler Paul Guiragossian, einer der bedeutendsten Künstler des Nahen Ostens, der schon in Rom, Paris und New York ausgestellt hatte.

Ich lernte Jalals Eltern und seine drei Schwestern kennen. Sie wohnten außerhalb der Stadt in einem schönen Haus am Hang und nahmen mich ausgesprochen herzlich auf. Der Vater war ein vermögender Geschäftsmann, Araber und Christ, wie die Hälfte der libanesischen Bevölkerung; die andere Hälfte bestand aus moslemischen Arabern sowie Drusen. Jalals Schwestern hatten studiert, zwei in Paris und eine in Amerika; für Frauen aus dem Orient war dies ein Privileg.

Bevor Jalal Khouri und seine Freunde ihre Truppe gründeten, hatte es im Libanon keine nennenswerte Theatertradition gegeben. Die Vorstellungen in den Ruinen von Baalbek waren lange Zeit nicht mehr gewesen als bunte Illuminationen der majestätischen Säulen; Musik und Sprache kamen vom Tonband, allenfalls gab es noch Kurzfassungen der »Aida«. Seit 1955 waren auch einige europäische Theatertruppen zu Aufführungen eingeladen worden.

Natürlich kamen wir auf unserer Rundreise auch hierher. Der Tempel und das Theater von Baalbek waren nur noch in – allerdings gewaltigen – Fragmenten erhalten und dennoch beeindruckend. Wie mussten diese Wunderwerke bei ihrer Errichtung vor 2000 Jahren ausgesehen haben? Man mochte es kaum glauben, aber die Säulen, Kapitele und alles übrige waren ausnahmslos in Rom gefertigt und dann auf Schiffen in den Libanon gebracht worden.

Für gewöhnlich spielte die Truppe am Rande von Dörfern oder auf den Plätzen kleiner Städte. Auch in so genannten Social Camps trat sie auf, Lager für Jugendliche aus aller Welt, die im Sommer kamen, um im Libanon Straßen zu bauen oder Bewässerungsanlagen einzurichten. Ein solches Lager hatte viel Ähnlichkeit mit einem Kibbuz in Israel, und hier herrschte auch derselbe Glaube an eine bessere Zukunft.

In diesem Jahr spielte man »Herr Puntila und sein Knecht Matti« von Brecht. Das Stück war ins Arabische übersetzt und an hiesige Verhältnisse angepasst worden. Was im Original in Finnland spielt, geschah hier gewissermaßen an Ort und Stelle. Die Figuren – der Gutsbesitzer, der im Suff verspricht, was er nüchtern niemals halten wird, und sein Knecht, der irgendwie durchzukommen sucht – brauchten nicht verändert zu werden. Die versteht jeder, auf der ganzen Welt.

Es war interessant, die Leute auf dem Land zu beobachten, die noch niemals in ihrem Leben ein Theaterstück gesehen hatten. Wenn wir mit unserem Bus und dem Lastwagen mit den Kulissen und Scheinwerfern ankamen, verhielten sie sich vorsichtig abwartend. Sie sahen zu, wie wir arbeiteten, ohne eine Hand zu rühren.

Waren die Bretter aufgebaut und die Projektoren installiert, lockte eine arabische Melodie aus Lautsprechern die Bauern von ihren Feldern, die Frauen aus ihren Häusern. Zunächst saßen sie dann ungläubig lächelnd auf Stühlen oder auf dem nackten Erdboden, nicht eigentlich gespannt, eher skeptisch, und warteten, was sich tun würde. Beim Spiel jedoch war die Begeisterung groß, fast jedes Wort wurde als wahrste Wahrheit aufgenommen.

Porträt. Bochum. Anfang der siebziger Jahre.

Insgesamt waren wir fast sieben Wochen unterwegs. Als wir nach Beirut zurückkehrten, kannte ich jeden Winkel dieses wunderschönen Landes: die fruchtbare Beka'a-Ebene, das Hamas-Gebirge, die Häfen Tripolis und Saida, die Zitadelle von Byblos. Wir hatten Oliven vom Baum gepflückt, Wein direkt bei Winzern getrunken, frisch gefangene Fische probiert, und ich hatte nicht genug bekommen können von den übersüßen Nachspeisen und auch mal an der Wasserpfeife gezogen. Wir waren über halsbrecherische Straßen gerumpelt und in Ecken gewesen, wohin sich nie ein Tourist verirrte. Ich hatte die Reste der ehemals so stolzen Zedernwälder gesehen, die weiten Olivenplantagen und die Felder, auf denen Tabak angebaut wurde.

Auf unserer Reise sprachen wir viel über Brecht und seine Bedeutung für das gegenwärtige und künftige Theater. Außerdem lernte ich einige arabische Floskeln, von »Sabah el cheir« (»Guten Morgen«) und »Massa el cheir« (»Guten Abend«) bis hin zu »Choucran lil zouhour« (»Danke für die Blumen«). Auch prägte ich mir die Worte »Habibi« und »Hassisi« ein: »Liebster« und »Liebste«.

Jalal brachte mir auch die arabische Fassung von »Au claire de la lune« bei. Immer wieder wollte er die stimmungsvollen Worte hören, und die ersten Zeilen des Gedichts kenne ich noch heute: »Fi dau el kamar, ja sadiki Pierrot, eirni alamak, iftahli babac, men alj hob alah« (Beim Scheine des Mondes, lieber Freund Pierrot, leih mir deine Feder, mach mir deine Türe auf, bei der Liebe Gottes).

Bis zur Abreise begleitete mich mein humpelnder Wächter. Jalal zeigte sich als Sohn seiner Klasse. Er war bis zuletzt sehr stolz darauf, mit einer Europäerin befreundet zu sein. Aber es war überdeutlich, dass eine engere Verbindung für ihn ausgeschlossen war.

Umso schockierter war ich, als er mir auf dem Flugplatz eröffnete, er habe eine Braut in Ost-Berlin. Sechs Jahre später bekam ich einen Brief von dort. Jalal schrieb mir, möglicherweise werde demnächst ein Stück von ihm am Brecht-Theater aufgeführt. Und inzwischen habe er so viel Deutsch gelernt, um mir sagen zu können: »Ich liebe dich.«

Ob Jalal und seine Familie, seine Freunde noch leben? Ob sie den Bürgerkrieg überstanden haben? Wie oft habe ich mir diese Frage gestellt in all den Jahren, die seitdem vergangen sind.

Ob ich ihn jemals wiedersehen werde?

Eine Schauspielerin muss alles spielen

Für Professor Schalla war Fernsehen schlicht »dummes Zeug«, ernst zu nehmende Schauspieler hatten damit nichts zu schaffen. Und damit basta!

Diese Einstellung änderte sich naturgemäß, als Peter Zadek nach Bochum kam. Er hatte schon in England fürs Fernsehen gearbeitet und eine Zeit lang für die BBC ein Stück pro Woche inszeniert. In Deutschland hatte er bei Spiel- und Fernsehfilmen Regie geführt und Arbeiten abgeliefert, die völlig abseits des damals wie heute Gängigen lagen, »Der Pott« etwa oder »Rotmord«. Für »Ich bin ein Elefant, Madame« war er 1969 auf den Berliner Filmfestspielen mit dem Goldenen Bären ausgezeichnet worden.

Zadek ermunterte uns, den Kontakt mit dem Fernsehen zu suchen, und legte uns nie Knüppel in den Weg, wenn eine Anfrage kam. Selbstverständlich ging das Theater immer vor, doch mit gutem Willen lässt sich vieles einrichten.

Meine erste Fernsehrolle seit dem »Untergang der Freiheit« war wieder eine junge Mutter – eine Arbeiterfrau, deren Kind am Krupp-Syndrom stirbt. Das Fernsehspiel, in dem ich diesen Part hatte, ist bis heute nicht vergessen: »Smog«, geschrieben von Wolfgang Menge und inszeniert von dem jungen Wolfgang Petersen, der heute in Hollywood lebt und arbeitet.

»Smog« wurde 1972 ausgestrahlt und war ein »Straßenfeger« wie zuvor nur die Krimis von Francis Durbridge. Die Einschaltquote erreichte Werte, die heute unvorstellbar sind.

Das Neue an diesem Fernsehspiel war, dass der Zuschauer den Eindruck vermittelt bekam, er sei Zeuge einer Live-Sendung aus dem Ruhrpott, in der von einer großen Katastrophe berichtet wurde, die sich in diesen Minuten ereignete. Es gab ein »Sondersendungs«-Studio, von dem aus wild hin und her geschaltet wurde. Aufgeregte Reporter berichteten, wie die Luft vor Ort schlechter und schlechter werde und der Himmel dunkler und dunkler.

So etwas hatte schon einmal funktioniert. Mit einer Radio-Inszenierung von »Krieg der Welten« hatte Orson Welles 1938 ganz Amerika mit dem Bericht über angebliche Angriffe von Marsmenschen geschockt. In »Smog« wurde nun ein Thema aufgegriffen, das real und aktuell war: die Zerstörung der Umwelt und die Gefahren, die damit verbunden sind. Heute ist das Ruhrgebiet dank strikter Umweltauflagen eine grüne Lunge. Aber damals hatten wir, die wir hier lebten, die Gefahren, von denen »Smog« handelte, täglich vor Augen. Es genügte, ein weißes Handtuch im Garten zum Trocknen aufzuhängen – es blieb mit Sicherheit nicht lange weiß. In einem Dialogsatz wurde gesagt: »Die Luft zerfrisst die Nylons ...« Dagegen kam nicht ein einziges Wort des Protestes.

Aber alles der Reihe nach. Der WDR rief mich an und erkundigte sich, ob ich den Ruhrdialekt spräche und eine Ruhrgebietsmutter spielen könne.

Ich weiß nicht, warum die Fernsehmenschen in mir von Anfang an eine Mutter sehen wollten. Auf der Bühne hatte ich tragische und komische Rollen gespielt, verrückte und klassische, hatte gesungen und getanzt. Doch im Fernsehen dachte man jetzt und in Zukunft vor allem dann an mich, wenn eine Mutterrolle zu besetzen war. Im Laufe der Zeit habe ich 26 verschiedene Fernseh-Mütter gespielt, und im Nachhinein kommt es mir vor, als seien sie Vorbereitungen für Mutter Beimer gewesen.

Was »Smog« anging, waren Wolfgang Petersen und ich uns von der ersten Minute an einig. Ich erinnere mich noch gut, wie ich in sein Büro kam. Er sah mich aufmerksam an, während ich auf ihn zuging. Wir hatten uns noch nicht die Hand gegeben, da war ich sicher: Ich bekomme den Job. Er bat mich Platz zu nehmen und erklärte mir die Rolle. Zwischendurch fragte er, ob ich auch ruhrdeutsch spräche, und schaute mich erwartungsvoll an: »Trauen Sie sich das zu?«

Ich nickte. Ja, sicher.

»Gut, dann spielen Sie die Elvira Rykalla.«

»Aber Sie haben mich noch nicht spielen sehen!«

»Was spielen Sie im Moment?«

»Die Isabel in ›Dame Kobold‹ von Calderón, heute Abend habe ich Vorstellung in Bochum.«

»Prima, dann fahren wir doch dahin.«

Auf der Fahrt nach Bochum sprachen wir über unseren Werdegang. Petersen war in einer Kleinstadt in Norddeutschland aufgewachsen, hatte in Hamburg und Berlin Theaterwissenschaften studiert, war Regie-Assistent am Ernst Deutsch Theater gewesen und hatte ursprünglich das Fernsehen nicht weniger verachtet als Schalla, jedoch aus einem gänzlich anderen Grund. Er wollte große Filme drehen, nicht fürs »Heimkino« produzieren. Noch auf der Filmakademie hatte er mit einer gewissen Überheblichkeit behauptet: »*Ich* werde niemals Fernsehen machen!«

Nun machte er es doch, und es sollte noch eine ganze Weile dauern, bis er Spielfilme inszenieren konnte; und noch eine längere Weile, bis er nach Hollywood kam und mit Topschauspielern wie Dustin Hoffman in »Outbreak«, Harrison Ford in »Air Force One« oder Clint Eastwood in »In the Line of Fire« arbeitete. Heute ist er ein Weltstar.

Bei den Dreharbeiten zu »Smog« lernte Petersen übrigens auch seine spätere Ehefrau Maria kennen. Damals war sie Script-Girl und danach seine Assistentin. Die beiden sind noch heute ein glückliches Ehepaar.

In meiner Erinnerung sind die Dreharbeiten zu »Smog« vor allem mit viel Rauch und Nebel verbunden. Da es darum ging zu zeigen, wie verpestet die Luft an der Ruhr war, hatte die Produktion riesige Nebelkanonen beschafft, die größten, die im WDR aufzutreiben waren. Die sorgten tatsächlich für Dunst und Nebel, und es war nie vorherzusagen, wann und wohin die Schwaden abziehen würden.

Bei seiner Erstausstrahlung wurde das Fernsehspiel zu einem Ereignis. Besorgte Zuschauer riefen beim Sender an und blockierten die Leitungen; noch in den folgenden Wochen wurde das Thema heftig diskutiert. Die Reaktion der Lokalpolitiker war ausgesprochen hysterisch. *So* wollten sie ihre Städte und Gemeinden nicht dargestellt sehen; sie beschwerten sich über die »Verdrehung aller Tatsachen«, sprachen von »Verleumdung« und drohten mit Schadenersatz- und sonstigen Klagen. Aber diese Klagen wurden nie eingereicht – aus gutem Grund!

Fernsehauftritte gehörten fortan zu meinem Arbeitsalltag. 1973 war ich in der »Tatort«-Folge »Der Mann aus Zimmer 22« zu sehen, 1974 in »Treffpunkt Friedhof«; im selben Jahr spielte ich in einer Episode von Wolfgang Menges Kultserie »Ein Herz und eine Seele« mit. Im Jahr darauf war ich wieder mehrfach »Mutter«, in dem Fernsehspiel »Kinder brauchen Märchen« sowie in den Serien »Aktion Grün« und »Freizeitheim«. Ich habe mich um keine dieser Rollen bemüht, aber auch keine von ihnen ausgeschlagen, es sei denn aus Zeitgründen. Mein Prinzip hieß: Spiel, was man dir anbietet. Kleine Rollen müssen sein, damit größere nachfolgen können.

Eine Produktion des Westdeutschen Rundfunks aus dem Jahr 1975 veränderte mein Privatleben: »Zündschnüre«, ein Film, dessen Drehbuch Burkhard Driest verfasst hatte, nach einer Romanvorlage von Franz-Josef Degenhardt. Darin spielte ich eine junge Frau, die während des Zweiten Weltkriegs einen abgeschossenen englischen Flieger versorgt und sich in ihn verliebt. Gedreht wurde im Ennepe-Ruhr-Kreis, gewissermaßen vor unserer Haustür. Regie führte Reinhard Hauff, damals einer der viel versprechendsten Regisseure des deutschen Films, der mit Filmen wie »Matthias Kneissl« und »Die Verrohung des Franz Blum«, letzterer nach einem autobiografisch gefärbten Roman von Burkhard Driest, schon mehrfach Aufsehen erregt hatte.

Das Drehbuch sah vor, dass ich in einer Tropfsteinhöhle, in der Kinder den abgeschossenen Flieger versteckt hatten, eine Liebesszene mit Fred Ilgner, unserem Produktionsleiter, spielen sollte. Fred war der englische Offizier, er hatte keinen Text, musste nur agieren. In dieser Szene ging es um den erotischen Höhepunkt zwischen dem langsam genesenden Flieger und der jungen Polin Anna Kusnewski.

Anfangs sollte auf dem Bildschirm nicht mehr zu sehen sein, als dass Anna ihre Bluse zuknöpfte. Wie es im Film seit Jahrzehnten gängig war, lag das eigentliche Geschehen also hinter den Liebenden. Reinhard Hauff hielt diese Regel, die Handlung nur anzudeuten, für altmodisch. Er wollte was sehen, und die Zuschauer sollten auch was sehen.

Also wies er Fred an, sich auf dem Boden auszustrecken. Ich sollte auf und über ihm knien, dabei nur ein Hemdchen, Höschen,

Mit Reinhard und Eberhard Hauff bei einem Münchner Filmfestival in den achtziger Jahren.

Socken und Schuhe tragen und ihn vor laufender Kamera leidenschaftlich lieben.

Ich war geniert und versuchte mich herauszureden: »Also, ich kann das nicht ...«

Reinhard blickte mich erstaunt an: »Was kannst du nicht?«

Er schien wirklich nicht zu verstehen, weshalb ich zögerte. Und plötzlich fühlte ich mich herausgefordert: Du bist eine Schauspielerin, dachte ich. Und eine Schauspielerin muss alles spielen! Ich durfte nicht kneifen.

Ich nickte, und der Regisseur rief laut: »Wer nichts in der Szene zu tun hat, bitte hinter die Felsvorsprünge!«

Bislang waren Fred und ich freundlich miteinander umgegangen, uns aber nie näher gekommen als auf einen Meter Abstand. Und nun lag er, wie aus heiterem Himmel, unter mir, steif wie ein Brett. Je leidenschaftlicher ich wurde, desto verkrampfter reagierte er. Wenn er doch nur »Anna« flüstern würde, schoss es mir durch den Kopf. Aber mein englischer Leutnant blieb völlig reglos. Wir drehten die Szene achtmal, bis Reinhard Hauff endlich zufrieden war; ich hatte später zwei Tage Muskelkater im Schritt.

Im Fernsehen sah man nachher nur mich in Großaufnahme; was wir trieben, spielte sich im Dunkel ab. Das Publikum musste immer noch seine Fantasie zu Hilfe nehmen.

Den ganzen Nachmittag wurde wegen dieser Szene gejuxt, und am Abend beschlossen die Kollegen, »Verlobung« zu feiern. Ein großes Fest wurde arrangiert, das ganze Team hatte seinen Spaß, und Fred und ich wurden beklatscht und gefeiert.

Aber es verging fast noch ein Jahr, bis wir *wirklich* ein Paar wurden.

»Ich mochte die Cliffs von Anfang an nicht ...«

Der Anfang unserer Liebesgeschichte war geprägt von gegenseitiger Neugier aufeinander. Wann immer wir Zeit hatten, besuchte ich Fred in seiner Wohnung in Köln oder er kam zu mir nach Bochum. Vieles verband uns – der Beruf, die Begeisterung für das Theater, für Literatur.

Fred liebte Bücher, ich liebte Bücher. Er ist nicht der Schnäppchenjäger, der jedes Antiquariat und jeden Dachboden durchstöbert, aber er hatte schon damals eine glückliche Hand für bibliophile Kostbarkeiten. Heute besitzt er eine Bibliothek mit Tausenden von Bänden und kann sich noch immer über die naive Frage amüsieren: »Haben Sie die Bücher alle gelesen?«

Fred war und ist ein exzellenter Koch. Damals war Kochen noch kein anerkanntes Männer-Hobby. Hätte es schon Talkshows gegeben, es wäre kaum ein Mann aufgetreten und hätte verkündet: »Sonntags gehört die Küche mir!« Und schon gar nicht zählte es zum Grundwissen, dass die Zutaten das A und O guten Essens sind. Aber Fred trieb sich gerne auf Märkten und in Markthallen herum, prüfte, verwarf, wählte mit Sorgfalt aus. Durch ihn habe ich zum ersten Mal vom »Bresse«-Huhn gehört, das nachher in Deutschland populär wurde.

Ich mochte es, ihm zuzusehen, wie er sorgsam vorbereitete,

schnitzelte, einlegte, vorsichtig würzte. Er liebte die leichte Küche – Fisch, der gedünstet wird, knackig angeröstetes Gemüse. Wenn Fred kochte, durfte ich höchstens etwas anreichen, ihm zusehen und von meiner Arbeit erzählen, vom Theater und den Dreharbeiten. Nebenbei kosteten wir ein wenig von dem Wein, den er zum Kochen verwendete. Das war nie »Kochwein«, immer ausgesuchte Qualität.

»Was soll schon dabei rauskommen, wenn man keine guten Zutaten verwendet?«, betonte er immer wieder.

Manche seiner Handgriffe habe ich mir abgesehen, manche seiner Rezepte koche ich heute noch nach.

Fred hatte in Köln Theaterwissenschaft, Germanistik und Anglistik studiert und dann beim WDR als Aufnahmeleiter begonnen. Seit 1971 war er dort Produktionsleiter. Fernsehen war seit meiner ersten Begegnung mit dem Medium im Jahr 1959 eine Macht geworden und der WDR sogar eine Großmacht. Seine Spitzenproduktionen wurden auf der ganzen Welt beachtet. Hier Produktionsleiter zu sein bedeutete mithin einiges.

Neben dem Regisseur ist der Produktionsleiter der entscheidende Mann bei einer Fernsehproduktion. Während der Regisseur für die künstlerische Seite eines Fernsehspiels, einer Serie oder welcher Programmform auch immer zuständig ist, ist der Produktionsleiter für die wirtschaftliche und organisatorische Seite verantwortlich. Bei großen Spielfilmen wirken gelegentlich bekannte Regisseure als Produzenten im Hintergrund mit. Im Grunde sind die Dinge auch nicht gänzlich voneinander zu trennen. Stimmen die wirtschaftlichen und organisatorischen Voraussetzungen nicht, kann sich auch die künstlerische Höchstleistung nicht einstellen. Es ist wie beim Kochen: Sind die Zutaten mittelmäßig, wird das Gericht mittelmäßig.

Das Komplizierte beim Film und Fernsehen ist, dass man für jeden Handgriff Spezialisten braucht und dass jeder Einzelne die Arbeit aller anderen in Frage stellen kann. Ich kann mich an eine Nachtaufnahme erinnern, die einfach nicht gelingen wollte. Es war eine sehr lange, sehr kalte und windige Nacht und sie wurde immer länger. Nach jeder Aufnahme hieß es: »Es stimmt was nicht mit der Kamera! Bitte auf Anfang!« Mit jeder Wiederholung fiel es schwerer, die ursprüngliche Stimmung wieder herbeizuzaubern.

Zu guter Letzt fiel einem aufmerksamen Tonmenschen auf, dass einer der Kabelträger hin und wieder aus Nervosität an einem Kabel zog, das der Kamera ihren Saft gab. Jedenfalls, bei jeder Bewegung des Mannes bewegte sich die Kamera kaum merklich, aber immerhin so stark, dass der Kameramann das Bild nicht akzeptieren wollte.

Wenn Fred von seinen schwarzen Erfahrungen erzählte, war es, als würde man von allen nur denkbaren Katastrophen erfahren, die beim Film möglich sind: Material landete in den falschen Weltgegenden, Flugzeuge kamen zu spät oder gar nicht, entsprechend kamen auch die Stars zu spät oder fehlten, Schecks verschwanden und tauchten an einem Ort wieder auf, wo niemand sie vermutet hätte und so weiter. Manchmal war es so, als würde man ein Album der großen Fernsehproduktionen aufschlagen und erfahren, wie sie »trotzdem« gelangen.

Im Lauf der Zeit betreute Fred viele Großproduktionen in Europa, Asien, Afrika und den USA. Dabei arbeitete er mit zahlreichen Künstlern zusammen, die in den letzten Jahrzehnten Fernsehgeschichte geschrieben haben: mit Peter Zadek und Wolfgang Petersen, mit Rainer Werner Fassbinder, Michael Ballhaus, Rolf Hädrich, Peter Beauvais, Dieter Wedel, Ilse Hofmann, Heinrich Breloer, Jürgen Flimm, Rolf von Sydow und vielen, vielen ande-

Mit Fred Ilgner bei den Dreharbeiten zu »Zündschnüre«. 1975.

ren. Die Namen Hans W. Geißendörfer und George Moorse sind auf dieser Liste unterstrichen, denn seit 1990 betreut Fred auch die »Lindenstraße«.

Fred liebt wie ich das Reisen. Wenn wir uns heute begegnen, lautet die erste Frage meistens: »In welchem Land machst du denn diesmal Ferien?« In den Jahren, die wir zusammen waren – insgesamt acht schöne Jahre –, haben wir wunderbare Ferienreisen unternommen. An unsere Fahrt durch Irland 1976 denke ich besonders gern.

Irland war damals weit mehr Mysterium als heute. Heinrich Böll und das Kino – »Ryans Töchter« war noch in aller Munde – hatten an der Legende gestrickt, Irland sei die Insel der Seligen und der Heiligen, das Tor, durch das man direkt in ein anderes Zeitalter gehe. Die irischen Dichter, deren Stücke ich gespielt hatte, hatten an meiner Begeisterung auch ihren Anteil: Synge, O'Casey und Edna O'Brien. Heute kann man sich vorstellen, dass es auch in Irland Pizzerien und McDonalds gibt; damals war das schier undenkbar.

Vieles war anders als im übrigen Europa. Die Ruhe der irischen Landschaft war unvergleichlich, selbst in den Städten schien der Puls wesentlich langsamer zu schlagen. An einem Samstagmorgen wanderten wir durch Dublin und sahen keinen Menschen. Die Geschäfte waren geöffnet, die Busse fuhren, nur zu sehen war niemand. Dann öffneten sich gegen elf Uhr die Kirchentüren, die Menschen strömten heraus und nun konnte der Alltag beginnen.

Wir mieteten ein Auto und machten uns auf eine Rundreise durch Irland. Ich fuhr und gewöhnte mich nur langsam an den Linksverkehr. So lange ein Auto hinter dem anderen herfuhr, machte das Fahren auf der linken Straßenseite keine Schwierigkeiten. Gefährlich wurde die Sache erst, wenn man nachts aus dem Pub kam. Man war mutterseelenallein auf der Straße, bis eben doch das *eine* Auto auftauchte, das es im Dorf gab, genau vor einem, auf der »falschen« Seite.

Wir wohnten teils in alten Herrensitzen, die zu Hotels und Pensionen hergerichtet waren, teils in Privathäusern, die »Bed and breakfast« und nette Gespräche boten. Aber wo wir auch waren, überall bekamen wir das herzhafte irische Frühstück. Die Küche war feiner, als wir erwartet hatten. Das Fleisch war schmackhaft und der Fisch immer frisch. Einmal gab es nur Pellkartoffeln mit gesalzener Butter. Fred verputzte mit leuchtenden Augen eine ganze Schale davon. Hinterher sagte er zufrieden: »Das waren die besten Kartoffeln und die beste Butter meines Lebens!«

Die Gastfreundschaft der Iren und ihre Freundlichkeit waren geradezu sprichwörtlich. Wenn wir abends in einen der

Pubs gingen, wurden wir im Handumdrehen Freund mit allen. Unsere neuen Freunde spendierten uns ein Pint of Guinness oder Kilkenny und anschließend wir ihnen, und es dauerte nie lange, bis wir gemeinsam »Sweet Molly Malone« sangen. Erst vor kurzem haben es Bill Mockridge und ich es wieder gesungen – als wir von einem Irland-Urlaub in die »Lindenstraße« zurückkehrten.

Irland ist eine Insel, dementsprechend oft waren wir am Meer. Fred hielt sich dem Wasser allerdings nach Möglichkeit fern. Ich sehe ihn noch heute, wie er im weißen Sommeranzug, seinen Hut auf dem Kopf, am Strand sitzt und ein Buch liest – ein Anblick, wie von Tschechow beschrieben.

Die irische Sommerlandschaft mit ihren unvergesslichen grünen Hügeln und Mooren war faszinierend. Die Dörfer waren so malerisch, wie wir sie aus dem Kino und der Literatur kannten, mit riesigen leuchtenden Rhododendren-Büschen in Gärten und Vorgärten. Uralte Abteien, mittelalterliche Klosteranlagen, Schlösser, Burgruinen erzählten von vergangenen, wildbewegten Zeiten.

Wir besuchten natürlich auch die Grafschaft Mayo, die Heimat von Pegeen Mike und Christopher Mahon. Hier wurde noch Gälisch gesprochen, auch auf den Ortstafeln standen die alten, endlos langen Namen. Sie sind unter anderem deshalb so lang, weil das Gälische nur 16 Buchstaben kennt und diese wenigen entsprechend oft benutzt werden müssen.

Die Cliffs of Moher, gigantische Felsen, die steil aus dem Atlantik aufsteigen, beeindruckten uns sehr. Hier hätte Fred beinahe seine geliebte Dole, seinen praktischen irischen Hut, verloren; um ein Haar wäre sogar Schreckliches geschehen. Wir standen am Rand der Steilküste, blickten auf die schäumenden Wasser unter uns und zu den Aran-Inseln hinüber, als ihm eine Windböe den Hut vom Kopf riss.

Instinktiv wollte Fred hinterher. »Halt! Halt! Lass den Hut!«, schrie ich aufgeregt und hielt ihn zurück. Fred atmete einmal tief durch, sichtlich bekümmert über den Verlust. Auf einmal, wir trauten unseren Augen nicht, kam die verloren geglaubte Dole wieder ins Blickfeld zurück, schwebte über unseren Köpfen und landete sanft auf einer Kuhweide.

Ich sprang mit einem Schrei des Entzückens über einen Steinwall auf die Wiese und rettete das geliebte Stück. Er presste sie an sein Herz, atmete noch einmal durch und bemerkte dann lakonisch: »Siehste, ich mochte die Cliffs von Anfang an nicht!«

Schwarzer Jahrmarkt

In Lübeck sah ich zum ersten Mal meinem Namen im Programmheft mit dem Zusatz versehen: »Als Gast: Marie-Luise Marjan«. Das war und ist etwas Besonderes: Gäste werden überall auf der Welt anders behandelt als die Lieben, die man täglich um sich hat. Am Theater ist das nicht anders. Für den Gast ist die Garderobe etwas größer und der Ton ein wenig respektvoller. Schließlich erwartet man von Gastschauspielern, dass sie Zuschauer ins Haus locken, die ausschließlich ihretwegen kommten.

In Lübeck war ich erstmals zur Eröffnung der Spielzeit 1971/72. Olaf Tschierschke inszenierte als Gastregisseur »Die herrschende Klasse« von Peter Barnes, eine bitterböse Abrechnung mit dem englischen Hochadel.

Olaf kannte ich bereits aus Bonner Zeiten, er gehörte zu den Regisseuren, mit denen ich im Laufe der Jahre regelmäßig wieder zusammenarbeitete. In der Hansestadt hatte er schon öfter gearbeitet, aber dieses Stück war eines der schwierigeren. Im Mittelpunkt stehen der 13. und 14. Earl of Gurney, einer so meschugge wie der andere. Sein Darsteller musste ein gütiger Herr und im nächsten Moment ein messerzückender Jack the Ripper sein.

Meine Rolle war die Grace Shelley, eine Ex-Hure und Ex-Schauspielerin, die dafür sorgen sollte, dass das Geschlecht derer von Gurney nicht ausstarb. Das war nicht ganz einfach, da sich der 13. Earl aus Versehen am Kronleuchter erhängte und der 14. stockschwul war. Die einzige Frau, die er glaubte lieben zu können, war Margarete Gounot, also musste Grace ihn in deren Gestalt verführen. Als auch das nicht klappen wollte, musste sie sich in einen Vogel verwandeln und um ihn balzen. Die beiden feierten eine Vogelhochzeit, die endlich auch den ersehnten Erfolg brachte.

So grotesk sich der Inhalt auch anhört, so poetisch waren doch manche Passagen, und die Rolle der Grace war eine spannende Aufgabe für mich.

Karl Vibach, den vitalen Intendanten des Lübecker Hauses, kannte ich bereits seit meiner Schauspielschulzeit. Damals war er Assistent von Gustaf Gründgens gewesen und hatte es dann im Alter von nur 27 Jahren zum jüngsten Theaterintendanten Schleswig-Holsteins gebracht.

Im Jahr 1975 kam Vibach als Gastregisseur nach Bochum, um dort »Schwarzer Jahrmarkt« einzustudieren. Diese Inszenierung war so erfolgreich, dass sie später von mehreren Bühnen übernommen wurde. Man lud mich öfter ein, und so wurden Gastauftritte für mich allmählich selbstverständlich. In »Schwarzer Jahrmarkt« war ich in den nächsten Jahren in Berlin, Hamburg, in Münster und am eigenen Haus in Bochum zu sehen; allein 1977 trat ich 133 Mal im »Jahrmarkt« auf, neben den anderen Rollen, die in dieser Spielzeit anstanden.

»Schwarzer Jahrmarkt« ist eine Revue über den Schwarzmarkt und entstand unmittelbar nach dem Krieg. Die Texte von Günther Neumann, dem Gründer des Kabaretts »Die Insulaner«, drückten das Grundgefühl jener Jahre aus, die Stimmung des »Wir sind noch mal davongekommen«. Mitte der siebziger Jahre blickte

»Schwarzer Jahrmarkt«. Münster, 1975.

man bereits mit einer gewissen Nostalgie auf die Trümmerfelder und Lebensmittelkarten zurück, auf die Hamsterfahrten und den Kohlenklau, dachte man mit einem gewissen Amüsement an die Jagd nach Ami-Zigaretten und die ersten Versuche in Richtung Wiederaufbau. Lange schon galt das Motto: »Wir sind wieder wer!«

Die Erinnerung an die Schwarzmarktzeit begann jeweils schon im Foyer. Schauspieler gingen in den »Kostümen« von ehemals umher, etwa in umgefärbten Wehrmachtsuniformen, und boten im charakteristischen Flüsterton der »Schieber« an: »Wolln'Se Zigaretten, frischen Fusel? Armband gefällig, Klopapier? Interzonenpass, Schokolade? Alles für Reichsmark!«

An den Wänden und Tafeln waren Aufrufe, Bekanntmachungen, Warnungen und Verbote zu lesen. In einem Glaskasten war eine typische »Tagesration« der Jahre nach 1945 ausgestellt, 41,2 Gramm irgendwie Essbares. Und im Programmheft klebten Lebensmittelmarken, die zum Bezug von Zucker berechtigten. Man konnte ihn sich gleich an Ort und Stelle abholen, umkreist von englischer MP und neidischen Hungerleidern.

Es war interessant zu beobachten, dass das, was einmal Zeitsatire gewesen war, nun von allen älteren Deutschen mit einer gewissen Rührung betrachtet wurde. Trümmerfrauen, heimkehrende Soldaten ohne Arbeit, Beruf und Hoffnung, vor allem aber der Lebenswille und die Anpassungsfähigkeit der Davongekommenen schienen dem Publikum zu versichern: Das Leben ist ein Rummelplatz, aber wenn man es geschickt anfängt, amüsiert man sich, und wenn nicht, wird einem schwindelig. Im schlimmsten Fall fällt man vom Karussell und bricht sich das Bein.

In Karl Vibachs Inszenierung spielte ich neben fünf anderen Rollen eine Sängerin in einem amerikanischen Nachtclub, im hungernden Nachkriegsdeutschland ein sehr begehrter Job. Diese

Die Nachtclubsängerin im »Schwarzen Jahrmarkt«. Zwischen 1976 und 1980.

Rolle war reizvoll, denn die Sängerin hatte effektvolle Songs, »bombige« Nummern im wahrsten Sinne des Wortes. In Bochum kam das Stück besonders gut an, passte es doch so recht in Zadeks Konzept eines unterhaltsamen Volkstheaters. In gewisser Weise war »Schwarzer Jahrmarkt« sogar die Fortsetzung von »Kleiner Mann, was nun?« – hier wie da schlich sich in das Schmunzeln über den Spuk ein Schauder, der das Lachen gefrieren ließ. Als der Vorhang fiel, gab es länger als eine halbe Stunde tosenden Beifall. Wir mussten Zugabe um Zugabe geben.

Für mich gab es schon vor Bochum eine Premiere. Karl Vibach hatte das Stück auch für das Berliner Hebbel-Theater in Szene gesetzt. Der »Jahrmarkt« lief dort bereits über ein Jahr, da wurde Beate Hasenau krank. Vibach bat mich, für sie einzuspringen. Deswegen unterbrach ich die Proben in Bochum und fuhr über die holprige Transit-Autobahn nach Berlin, mein Kostüm und meine Perücken im Gepäck.

Ohne jede Probe ging es gleich in die Vorstellung. Das war nur möglich, weil die Bochumer und die Berliner Inszenierung fast identisch waren. Aber eben nur fast. Alles war wie bei den Proben in Bochum, dieselben Songs, dieselben Dialoge, die gleichen Gänge. Und doch war alles um eine Nuance anders. Ich machte meine Schritte, und plötzlich lag die Hand meines Partners, der hinter mir stand, nicht wie eingeübt auf der Taille, sondern auf der Schulter.

Diesen Partner lernte ich wie alle anderen Mitwirkenden erst nach der Vorstellung kennen. Wir freuten uns, dass alles gut gelaufen war. Die erfrischend natürliche Angelika Milster nahm mich in den Arm: »Toll, wie du die Nachtclubsängerin hingelegt hast …«

»Deine ›Yankee Noodle‹ ist aber auch ein Hit …«

Spätestens Mitte der siebziger Jahre begann das Leben aus dem Koffer, dieses »Heute hier einen Drehtag, morgen dort drei Tage Probe und zwischendrin Auftritte im Bochumer Schauspielhaus«. Ich war weiterhin im Ensemble in Bochum, machte mehr und mehr »Abstecher« und spielte in Fernsehproduktionen mit. Ich lernte die anonymen Hotelzimmer kennen, das Warten auf Anschlusszüge, die Beklemmung, wenn man irgendwo in den Stau geriet oder bei der Autofahrt nach Berlin aus unerfindlichem Grund in Helmstedt stundenlang auf die »Abfertigung« wartete.

Dabei war niemand da, der für mich plante und organisierte; jeden Zug musste ich mir selber raussuchen, die Abrechnung der Fahrkarten machen, Blusen waschen, Kleider in die Reinigung bringen ... Und wenn man am Drehort einen neuen Text bekam mit der Bemerkung, man habe noch etwas daran gefeilt, dann musste man den auf die Schnelle auch noch üben.

Neben diesem beruflichen Stress gab es irgendwie auch noch ein Privatleben. Aus meinem Kalender ersehe ich zum Beispiel, dass am 22. Dezember 1976 Premiere in Münster war und »Schwarzer Jahrmarkt« auch an den Weihnachtstagen auf dem Spielplan stand. Ein 22. Dezember ist nicht gerade der ideale Zeitpunkt für eine Premiere, wenn man frisch verliebt ist und eigentlich vor hatte, Weihnachten gemeinsam zu verbringen. Wer will ausgerechnet dann in einem Hotel in Münster sitzen?

Das Weihnachtsfest in einem Münsteraner Hotel blieb mir zum Glück erspart.

Durch schieren Zufall hatte ich einige Monate vorher Heinz und Renate Hollekamp aus Aarhaus in der Nähe von Münster kennen gelernt. Heinz war Westfale und leitete eine Kalkfabrik. Seine Frau erzog die drei Kinder und hatte ansonsten mit dem Haushalt mehr als genug zu tun.

In Lauf der Zeit entwickelte sich eine Freundschaft. Die Hollekamps kamen zu Vorstellungen nach Bochum und umgekehrt freute ich mich, an einigen Wochenenden in ihrem Haus im Münsterland zu Gast zu sein. Dann kam die Einladung, Weihnachten mit ihnen zu feiern und auch Fred mitzubringen.

Unsere Freundschaft hielt über Jahrzehnte an. Einmal kauften die Hollekamps für Freunde und Bekannte eine ganze Vorstellung des »Schwarzen Jahrmarkt« auf. Nach der Aufführung wurde im Haus und auf dem weitläufigen Anwesen Geburtstag gefeiert, 250 Gäste und das ganze Ensemble. Es herrschte eine tolle Stimmung, noch Jahre danach redeten die Freunde von diesem Abend. Wann immer ich in der Nähe war, meldete ich mich bei Hollekamps. Wir fuhren im Münsterland Rad oder wanderten. Jedenfalls blieben wir immer in Verbindung.

Eines Tages rief ich Renate an, um sie und Heinz zu einer WDR-Sendung einzuladen. Es sollte über das Thema Freundschaft gesprochen werden. Renate freute sich: »Klar, wir kommen ... Marie, willst du auch mit Heinz sprechen?«

Sicher wollte ich.

Wir unterhielten uns über Freundschaft im Allgemeinen und darüber, wie wir uns kennen gelernt hatten. Auf einmal sagte Heinz: »Marie, mir ist ganz komisch ... Mir wird schlecht ... Entschuldige ...«

Er legte auf. Zwanzig Minuten später klingelte bei mir das Telefon. Seine älteste Tochter sagte unter Tränen: »Papa ist tot ...«

Heinz Hollekamp hatte einen Herzinfarkt erlitten.

Der Tod ist nie sehr weit entfernt von mir gewesen, von Kindheit an. Die Kriegstoten auf dem Bürgersteig, die vielen Onkel und Tanten, die Kollegen am Theater und jetzt in der »Lindenstraße« – Frau Josten, die ein Zimmer weiter gestorben war. Der größte Schock von allen war der Tod von Mutter. Tagelang habe ich danach stumm Bilder gemalt, um den Schmerz und das Verlustgefühl zu verarbeiten. Später Vaters Tod und jetzt Heinz.

Da war wieder der Schock, der das Herz gefrieren lässt, wieder dieses Unbegreifliche, dass ein Mensch, mit dem man gerade noch gesprochen und gelacht hat, nicht mehr da sein soll.

Die Trösterin Consolazione

Günther Neumanns Schwarzmarktballade trug mir noch eine andere Freundschaft ein, über die ich sehr glücklich bin. Bei den Proben am Ernst Deutsch Theater in Hamburg lernte ich Sylvia Anders kennen, heute eine erfolgreiche Chansonsängerin. Sylvia war mir vom ersten Augenblick an sympathisch; ich mochte ihre offene, fröhliche Art, ihren Witz und ihre Intelligenz. Und das Schöne ist, dass unsere Freundschaft bis heute andauert.

Freundschaften unter Schauspielern haben selten Bestand, das liegt an unserem Beruf. Wenn ein Stück abgesetzt wird oder eine Produktion abgedreht ist, sieht man sich seltener oder verliert sich für längere Zeit aus den Augen. Man geht herzlich auseinander, tauscht Telefonnummern aus, verspricht sich, Kontakt zu halten – und dann hört man frühestens wieder etwas voneinander, wenn die nächste gemeinsame Arbeit ansteht. Schade, aber die Erklärung liegt auf der Hand: dem anderen fehlt es genauso an der Zeit wie einem selbst.

Mit Sylvia war das von Anfang an anders. Wir schrieben uns auch nach Ende des Engagements; wir telefonierten miteinander, halfen uns mit Ratschlägen und Tipps weiter und standen uns in schwierigen Situationen bei. Das hat sich nie geändert. Wann immer sich die Gelegenheit ergibt, besuchen wir gemeinsam ge-

Mit Sylvia Anders. Um 1975.

sellschaftliche Ereignisse. Oder wir treffen uns privat. Wir wohnen beide in Hamburg, und so sehen wir uns, wann immer ich dort bin, und tauschen unsere Gedanken und Erfahrungen aus.

Gerade in einem Beruf, in dem man ständig ringen muss – um das Engagement, um den Erfolg –, ist sichere, verlässliche Freundschaft ungeheuer wichtig, trägt enorm zur seelischen Ausgeglichenheit bei. Neue Menschen und ihre Geschichten faszinieren uns und bereichern unser Leben; doch Freunde, die einen ein Leben lang begleiten, können sie nicht ersetzen.

Sylvia und ich sahen uns bald nach unserem Engagement am Ernst Deutsch Theater wieder. Karl Vibach holte das italienische Musical »Viva Amigo« nach Lübeck und nannte es dort »Himmel, Arche und Wolkenbruch«. Die Handlung ist den »Don Camillo und Peppone«-Geschichten nachempfunden. Auch hier gibt es einen Dorfpfarrer, der den direkten Draht zum lieben Gott hat, und einen sturen kommunistischen Bürgermeister, der dem Pfarrer nicht gewachsen ist. Der Weltuntergang steht kurz bevor, und Gott befiehlt dem Dorfpfarrer – dem einzig Gerechten weit und breit –, so schnell wie möglich eine Arche zu bauen.

Den Pfarrer spielte Freddy Quinn, und Sylvia war die Tochter des Bürgermeisters, die den Geistlichen anhimmelt. Ihr erstes Lied begann mit den Zeilen: »Nur noch du fällst mir ein, was ich tu, das darf nicht sein …« Meine Rolle war die der großen »Trösterin«, der Hure Consolazione, dazu ausersehen, die Sünde ins Dorf zu bringen; aber sie endet als brave Ehefrau im hochgeschlossenen Brautkleid.

Bis dahin war das Stück erst einmal im deutschsprachigen Raum gespielt worden, in Wien, mit Lieselotte Pulver als Consolazione. Karl Vibach inszenierte das Musical als naives und buntes Märchen, mit viel Urlaubsromantik, bis hin zum Postkartenkitsch, jedoch immer mit einem ironischen Augenzwinkern.

Die Trösterin Consolazione.

Die große Attraktion der Lübecker Aufführung war Freddy Quinn, der mit Seemannsliedern wie »Junge, komm bald wieder« berühmt geworden war. Hier wollte er zeigen, dass er auch im Schauspiel brillieren konnte. Karl Vibach hatte unermüdlich mit ihm geprobt, und bei der Aufführung war das Lübecker Publikum hingerissen.

Nach der Vorstellung gab Freddy Quinn stundenlang Autogramme – Fan für Fan bekam seine Unterschrift, immer verbunden mit einem freundlichen Wort. Für Freddy war das keine Arbeit, sondern eine Selbstverständlichkeit. Als später, vor allem natürlich zu »Lindenstraßen«-Zeiten, die Fans von mir Autogramme und Zuwendung erwarteten, hielt ich mich an sein Vorbild. Ich hoffe, ich bringe beim Autogrammegeben dieselbe Geduld und Freundlichkeit auf wie er.

Eine besondere Freude war es, bei dieser Gelegenheit meinen alten Lehrer, Professor Eduard Marks, wieder zu sehen. Eigentlich war er nach Lübeck gekommen, um das fantasievolle Bühnenbild seines Sohnes Malte Marks zu bewundern; dass er mit Sylvia und mir auch zwei ehemalige Schülerinnen in dieser Inszenierung sah, erfreute ihn sehr.

Zum Schluss noch eine kleine Pointe zum Thema Freundschaft und zum Kapitel Lübeck: In Karlsruhe hatte ich mit Helga Häussermann Freundschaft geschlossen, die mir während meines Krankenhausaufenthalts so treu zur Seite gestanden hatte; auch zu ihr und ihrem Mann ist der Kontakt seit unserer Karlsruher Zeit nie abgerissen.

Helga und ihr Mann, Klaus von Schmeling, hatten sich in München zum ersten Mal gesehen – auf der Schauspielschule. Klaus war dann nach Lübeck gegangen, Helga nach Karlsruhe; schließlich fanden die beiden wieder zusammen und heirateten.

Mit Sylvia Anders, Professor Eduard Marks und Karl Vibach. Lübeck, 1975.

Klaus gab später die Schauspielerei auf, ging in die Industrie und brachte es bis in den Vorstand der Firma Tetra-Pak.

Im vergangenen Jahr war ich mal wieder Gast bei ihnen, und natürlich kramten wir in Erinnerungen und kamen auch auf Lübeck zu sprechen. Klaus zeigte mir ein neu erschienenes Werk über die Geschichte des Lübecker Theaters und sagte anklagend: »Marie-Luise, ich habe drei Jahre in Lübeck gespielt und nur große Rollen – den Andri in ›Andorra‹, den Grafen Orlando in ›Wie es Euch gefällt‹ und das ›Tapfere Schneiderlein‹ im Weihnachtsmärchen. Und was passiert? Du hast da zweimal *gastiert* und stehst hier drin. Mir sind die Kinder nachgelaufen und haben sich gefreut, das ›Schneiderlein‹ leibhaftig zu sehen! Aber keine Silbe über mich!«

Ja, gerecht ist es wirklich nicht.

Der Bankier der Mafia

Meine Lebensgeschichte ist zum großen Teil von den Rollen geprägt, die ich gespielt habe. In gewisser Weise *sind* meine Rollen mein Leben.

Jeder Schauspieler erzählt jeden Abend auf der Bühne eine Geschichte, mit der er die Zuschauer erregen, erfreuen oder zum Nachdenken anregen will. Unsere Arbeit und unsere Kunst besteht darin, einen geschriebenen Text zum Leben zu erwecken. Das verlangt weit mehr, als eine Rolle zu lernen, seinen Text aufzusagen und dabei auf der Bühne umherzugehen. Wir müssen und wollen das Publikum in unseren Bann ziehen, und das geht nur, wenn wir unsere Rollen »leben«, in ihnen aufgehen.

Wie es einem Darsteller gelingt, das Publikum so zu bannen, lässt sich kaum erklären. Jeder von uns muss versuchen, auf der Bühne etwas Besonderes auszustrahlen. Nur wenn wir unsere Rollen mit unseren eigenen Lebenserfahrungen anreichern und in der Lage sind, das anderen zu vermitteln, können die Zuschauer über uns lachen, weinen oder staunen. Selbst wenn wir alles, was man lernen kann, alle Tricks und Techniken, gekonnt einsetzten, bliebe da immer noch etwas Unerklärliches. Möglicherweise markiert dieses Unerklärliche die Differenz zwischen guten Schauspielern und Genies – verbunden mit der Gefahr, dass Letztere nicht nur in ihren Rollen aufgehen, sondern mit ihnen verschmelzen. Der Mephisto war für Gustaf Gründgens eine Gratwanderung: War Gustaf Gründgens Mephisto oder war Mephisto Gründgens. Diese Frage stellt sich jeder, der Gründgens auf der Bühne erlebt. Da war das Unerklärliche.

Wenn ein Schauspieler seine Zuschauer überzeugen will, muss er sein ganzes Leben nach den Erfordernissen seines Berufs ausrichten. Was er isst, wann und wie viel er schläft, was er liest oder im Kino sieht, mit welchen Menschen er sich umgibt – er darf nichts dem Zufall überlassen, er muss jeden Tag von neuem prüfen und entscheiden, was er an sich heranlässt und was er in sich aufnimmt.

Das sind Einschränkungen, die man nicht in jedem Beruf auf sich nehmen muss. Umgekehrt ist es ein großes Geschenk, Begabung für diese Kunst zu haben. Die Schauspielerei nimmt nicht nur Kraft, sie gibt sie auch zurück.

Wie sehr unser Beruf mit dem Unerklärlichen zu tun hat, wurde mir erst voll bewusst, als der weltberühmte Schauspiellehrer Lee Strasberg zu einem zweiwöchigen Seminar für Schauspieler und Regisseure nach Bochum kam und uns mit den Grundlagen seiner Methode vertraut machte.

Lee Strasberg war der Lehrer vieler Hollywood-Größen. Seine Lehre, die auf den russischen Theaterregisseur und -theoretiker Konstantin Stanislawski zurückgeht, war in den siebziger Jahren weltberühmt und ist es noch heute; Lee Strasberg gilt zu Recht als der wichtigste Schauspiellehrer nach dem Zweiten Weltkrieg.

Merkwürdigerweise gab Strasberg, der so viele Hollywood-Größen im »Acting« unterwiesen hatte und selbst ein ausgezeichneter Schauspieler war, erst mit 73 Jahren sein Kinodebüt: In »Der Pate. Teil II« von Francis Ford Coppola spielte er den Hyman Roth, den jüdischen »Bankier« der Mafia, der bei seiner Rückkehr aus Havanna in die USA ermordet wird. Auftraggeber dieser Racheaktion war sein ehemaliger Schüler Al Pacino alias Michael Corleone; Michael Corleones Vater wurde im »Paten« von den beiden vielleicht berühmtesten Strasberg-Schülern verkörpert: Marlon Brando und Robert De Niro. So schloss sich der Kreis!

Augusto Fernandes und Lew Bogdan hatten Lee Strasberg 1978, vier Jahre vor seinem Tode, nach Bochum eingeladen. Zu seinem Seminar fanden sich rund zweihundertfünfzig Schauspieler, Regisseure und Dramaturgen aus ganz Deutschland, Österreich und der Schweiz ein. Die Bühne der Kammerspiele Bochum gehörte nun ihm, die Schauspieler saßen im Parkett.

Damals war Strasberg bereits 77 Jahre alt, ein kleiner, sehr ernsthafter, eindringlicher Mann. Er war zierlich, drahtig, zäh und unverkennbar von einer Aura umgeben. Zur Begrüßung erklärte er, er sei nach Deutschland gekommen, weil er vom Ruhm des Schauspielhauses Bochum gehört habe, aber auch, weil er glaube, dass die Schauspielerei in Deutschland in einer Krise stecke. Den Grund für die Diskussionen über den angeblichen Niedergang des deutschen Theaters vermutete er in zu viel Theorie und zu wenig Praxis.

Lee war in Begleitung seiner dritten Ehefrau nach Bochum gekommen, die ebenfalls Schauspielerin war. Anfangs war Anna Strasberg so etwas wie sein Medium; sie saß mit geschlossenen Augen mitten auf der Bühne und entspannte sich auf Lees Kommando, um sich den Prozessen zu öffnen, die in ihrem Inneren abliefen.

»Worauf konzentrierst du dich?«, wollte Strasberg wissen.

Anna antwortete, sie habe versucht, sich einen ganz bestimmten Ort vorzustellen, den er auch kenne, sie sei bereits dort.

Nun forderte Lee sie auf zu sagen, was sie an diesem Ort sehe, höre, rieche, empfinde. Sie sagte, sie sei an einem heißen Fleckchen Erde. Nach und nach spiegelten sich auf ihrem Gesicht Freude, Ärger, Angst, Glück. Sie erinnerte sich an Zeilen eines Gedichtes, an Lektionen in einem Schulbuch, an Musik. Anna sang, schrie, lachte, weinte, stampfte ungeduldig mit den Füßen. Die verschiedenen Emotionen wurden im raschen Wechsel angeschlagen wie die Tasten eines Klaviers; Zeit und Raum schienen vergessen.

Das war eine eindrucksvolle Vorführung, aber noch lange nicht das, was »the method« ausmachte.

Strasberg unterschied drei Formen des Gedächtnisses: das mentale, das physische und das emotionale Gedächtnis. Mit dem mentalen Gedächtnis können wir uns Telefonnummern, schöne Briefzeilen und wir Schauspieler unseren Rollentext merken. Das physische Gedächtnis befähigt uns, unsere Schuhe zu binden, die Jacke anzuziehen, Löffel, Messer, Gabel zu benutzen. Das emotionale Gedächtnis ist das unerschöpfliche Reservoir für unsere Fantasie und unsere Empfindungskraft. In ihm werden die Gefühlserlebnisse eines Lebens gespeichert: die Trauer am Grab und die Seligkeit des ersten Kusses, die Empörung über eine ungerechte Schulnote und die Scham, wenn man bei Verbotenem erwischt wurde. Fehlt das emotionale Gedächtnis, bleiben Menschen gefühlskalt; Schauspieler bleiben ohne emotionales Gedächtnis reine Imitatoren von Körper- und Gefühlsbewegungen.

Daher war für Strasberg das Training des emotionalen Gedächtnisses der zentrale Punkt seiner Methode. Er war der Ansicht, es müsse zum Programm jedes Schauspielers gehören, wie ein Pianist seine täglichen Fingerübungen macht. In unseren Übungen mussten wir uns in Erinnerung rufen, wie die Wände eines Zimmers gestrichen waren, das in unserer Kindheit Bedeutung hatte; wie sich die Tischdecke anfühlte; ob es harte Küchen-

Lee Strasberg in Bochum, 1978.

hocker waren, auf denen wir gesessen hatten, oder gepolsterte Wohnzimmerstühle; ob die Stimmen, mit denen die Erwachsenen sprachen, leise, laut oder einschmeichelnd gewesen waren.

All unsere Erinnerungen und Gefühle sollten wir dann für die Rolle einsetzen. Strasberg wollte nicht, dass wir unsere Empfindungen schilderten wie ein Romanautor, sondern dass wir lernten, sie sichtbar zu machen. Würde es uns durch diszipliniertes Training gelingen, Gefühlswerte des emotionalen Gedächtnisses zu aktivieren, so verfügten wir über die ganze Wirklichkeit unseres Lebens.

Was sich hier so theoretisch, vielleicht sogar blutleer anhört, war in der Wirklichkeit sehr aufregend, lud uns Strasberg doch zu einer abenteuerlichen Reise in unser eigenes Selbst ein! Mich elektrisierten seine Vorschläge und Gedanken, seine Anregungen und

Vorführungen. Ich meldete mich, wenn Freiwillige gesucht wurden, spielte zum Beispiel eine Szene aus »Dantons Tod« vor, hörte mir seine Anmerkungen mit großem Interesse an und wünschte mir, man könne alles fortsetzen und vertiefen.

Nicht lange nach Strasbergs Abreise erhielt jedes Ensemble-Mitglied ein Rundschreiben des Bochumer Direktoriums. Darin wurden Interessenten für ein zweites Seminar gesucht, das während der Theaterferien in Hollywood stattfinden und voraussichtlich 4000 DM kosten sollte, Flug und Übernachtungskosten eingeschlossen.

Wie zirka zwanzig Kollegen und Kolleginnen, darunter Hannelore Hoger, die in jenem Jahr von »Theater heute« zur Schauspielerin des Jahres gewählt worden war, meldete auch ich mich an. Allerdings reisten wir nicht zusammen. Ich war noch nie in Amerika gewesen und wollte vor Beginn des Seminars unbedingt mehr sehen von der Neuen Welt!

Residenz zu vermieten

Das Seminar sollte in Los Angeles stattfinden, also flog ich dorthin, um zunächst den Südwesten der USA kennen zu lernen. Ich buchte eine Busreise, die bis tief in den Süden Kaliforniens führte, nach San Diego, mit über zwei Millionen Menschen eine der größten Städte der USA und eine der sonnigsten dazu. Hier scheint die Sonne an dreihundert Tagen im Jahr.

Die Reise führte mich durch die unendlichen Weiten des amerikanischen Westens, die noch imposanter wirkten als in den Western von John Ford – der Grand Canyon war majestätischer, die Sonne flirrender, der Staub staubiger als auf der Kinoleinwand. Im Death Valley, 96 Meter unter dem Meeresspiegel, herrschte eine tödliche Hitze; wer hier ohne Wasser liegen blieb, war verloren. Unser Bus hielt auch in Tucson und Tombstone, den berühmten Goldgräber-Städten; pünktlich auf die Minute rauschte die Postkutsche heran und wurde programmgemäß von todesmutigen Revolverhelden überfallen. Dieses Schauspiel für Touristen lief ab wie großes Kino in Original-Dekorationen.

Insgesamt legten wir in vierzehn Tagen einige Tausend Kilometer zurück; manchmal fuhr der Bus von morgens bis abends durch, mit kurzen Rasten an einsamen Tankstellen und menschenleeren Burger-Stationen.

Mit der Zeit entwickelte sogar das Busfahren als solches einen Reiz. Anfangs kannte keiner der Mitreisenden den anderen. Aber schon die Art, wie die Einzelnen ihre Plätze einnahmen, verriet viel über die Charaktere.

Nach und nach lernte man sich kennen. Zur Gruppe gehörten zwei Chinesen unbestimmten Alters, Männer, die sich an der Hand hielten, sobald sie den Bus verlassen hatten. Außer ein paar Brocken Englisch sprachen sie nur Chinesisch, lächelten zu allem und waren einander sehr zugetan. Anfangs dachten wir, sie seien ein Liebespaar. Erst gegen Ende der Reise stellte sich heraus, dass es sich um Vater und Sohn handelte. Sie stammten aus Taiwan, der Vater war krebskrank und sein Sohn hatte ihm diese gemeinsame Reise geschenkt, zum Abschiednehmen von dieser Welt.

Ein italienisches Paar wirkte auf mich, als sei es direkt aus einem Film von Michelangelo Antonioni zu uns gestoßen – er gelangweilter Geschäftsmann, sie genervte Salondame, die nicht so recht wusste, was sie im elegantesten Florentiner Chic hier sollte. Nach einer Weile zelebrierte sie eine Migräne. An der Art, wie er seine Verachtung dafür ausdrückte, musste seine Familie mehrere Jahrhunderte gearbeitet haben: winzige Bewegungen der Mundwinkel, der Augenbrauen, der Fingerspitzen und doch unübersehbar.

Als Kontrastprogramm gab es ein zweites italienisches Pärchen auf Hochzeitsreise: vierzehn Tage und dreizehn Nächte Geschnurre und Geturtel. Der einzige Wermutstropfen war, dass die beiden morgens nicht aus den Betten kamen und uns regelmäßig warten ließen. Vier junge moslemische Damen, zwei von ihnen tief verschleiert, die anderen westlich gekleidet, beobachteten das turtelnde Paar verstohlen aus den Augenwinkeln.

Zur Reisegruppe gehörte des Weiteren ein freundlicher jüngerer Mann aus Deutschland, mit dem man über alles reden konnte, nur nicht über seinen Beruf. Wann immer das heitere Berufe-Raten einsetzte, entzog er sich, und als er der Frage partout nicht mehr ausweichen konnte, wurde er knallrot und gestand: »Metzgergeselle!« Ein Apotheker aus Würselen bei Aachen, der mit Gattin unterwegs war, machte alles noch schlimmer, indem er gönnerhaft sagte: »Das ist doch ein ehrenwertes Handwerk! Wir können ja nicht alle studieren ...«

Nach der Rundreise übernachtete ich zunächst in Beverly Hills, im Haus des deutschen Generalkonsuls. Reinhard Bettzuege, ein Freund aus dem Auswärtigen Amt, hatte den Kontakt vermittelt. Herr und Frau Lorenz empfingen mich herzlich: »Wir haben Platz und freuen uns immer über Gäste!«

Der Konsul wohnte mit seiner Familie, wie man in Beverly Hills eben wohnt – in einer Residenz mit Swimmingpool, mexikanischen Hausmädchen und chinesischen Gärtnern. Rundum standen die überirdisch schönen Häuser der Filmstars, viele von ihnen verlassen und zu vermieten. Die Zeitungen waren voll mit Anzeigen wie diesen: »Residenz zu vermieten, früherer Wohnsitz von Ava Gardner ...«

Es gab Häuser in allen Stilrichtungen, vom Bungalow bis zur Ritterburg, und fast alle waren groß wie Schlösser. Die meisten der Häuser suchten sich irgendwie zu verstecken. Doch die Zäune und eindrucksvollen Oleanderhecken konnten gar nicht so hoch sein, als dass die neugierigen Touristen in ihren klimatisierten Bussen nicht doch einen Blick auf Rasen und Fassaden hätten werfen können.

Meine Unterkunft war herrlich, doch aus praktischen Gründen nahm ich mir bald ein Hotelzimmer in der Nähe des Hollywood Boulevard; denn wenn ich von Beverly Hills aus zum Seminar wollte und abends wieder zurück, musste immer ein Fahrer in Bewegung gesetzt werden.

Der Kontrast war gewaltig, fast ein Unterschied wie zwischen Traum und Realität. Strasbergs »Actor's Studio« hatte seinen eigentlichen Sitz in New York. Die Dependance in Hollywood war für die Schauspieler der Filmindustrie gedacht und diente ausschließlich der Fortbildung; entsprechend hieß es nie, man sei Schüler oder Student bei Strasberg, sondern man war einfach »Mitglied des Studios«. Der Unterricht fand in einem ganz normalen Mietshaus direkt am Hollywood Boulevard statt.

Das Hollywood, das ich im Kopf hatte, bestand aus Bildern: Da waren der brüllende Löwe von Metro Goldwyn Mayer, das weltberühmte Chinese Theatre, die Eleganz eines Cary Grant, das Verschwörerlächeln von Clark Gable und eine Marilyn Monroe, die »Happy birthday, Mr. President« ins Mikrofon haucht, dass den Männern abwechselnd heiß und kalt wird.

Das wirkliche Hollywood sah anders aus, auf den ersten Blick war die Realität für mich ernüchternd. Los Angeles sah aus wie jede beliebige Stadt im Westen der USA am Ende der siebziger Jahre, einer Zeit, in der die amerikanische Nation für einen kurzen Moment den unerschütterlichen Glauben an sich selbst verloren hatte. Hollywood erschien mir als eine Ansammlung von niedrigen Häusern mit vernagelten Fensterscheiben. Das Einzige, was so war, wie man es aus dem Film kannte, war der übergroße, an einem Berghang angebrachte weiße Schriftzug HOLLYWOOD. Ihn konnte man beinahe aus jeder Perspektive und jeder Entfernung sehen.

Die größte Enttäuschung war der Hollywood Boulevard selbst. Statt eleganter Geschäfte und mondäner Restaurants sah ich 1978 dort Drogensüchtige, Peep-Shows und Prostituierte in sehr heißen Höschen. Und überall war es entsetzlich schmutzig.

Das sollte der legendäre Hollywood Boulevard sein? Nein, dagegen wirkte selbst die Reeperbahn bürgerlich normal.

Für einen Moment dachte ich, man sollte Träume besser nicht besuchen. Aber ich war ja auch nicht hier, um zu träumen, sondern um mich in meinem Beruf weiterzubilden.

Die Tage im »Actor's Lab« waren nicht weniger aufregend als das Seminar in Bochum. Was wir hier erlebten, war weit mehr als Unterricht und Training, es war Beschäftigung mit sich selbst unter der Anleitung aufmerksamer und kluger Dozenten. Entweder arbeitete Lee Strasberg mit uns oder Lehrer, die er ausgebildet hatte, in der Hauptsache Walter Lott und Domenic de Fazio. Walter war Schwarzer beziehungsweise Afro-Amerikaner, wie es jetzt hieß, Domenic gebürtiger Italiener. Die Theorie stand im Hintergrund, in der Hauptsache beschäftigten wir uns mit praktischen Übungen, die für Strasbergs Methode charakteristisch waren.

Um unsere Sensibilität zu schulen und zu stärken, wurde das emotionale Gedächtnis trainiert, wurden immer neue Exercises in effective memory durchgeführt. Über Beschreibungen von Gegenständen und Situationen, die in unserem Leben Gewicht gehabt hatten, sollten wir die Gefühle in uns wachrufen, die sich damit verbanden. Man musste schildern, wie ein bestimmter Gegenstand ausgesehen hatte, wie er gerochen, wie er sich angefühlt hatte. Dann musste man die Situation beschreiben, in der man ihn bekommen und in der Hand gehalten hatte. Kurz, es ging darum, eine längst vergangene Situation faktisch und gefühlsmäßig wiederherzustellen. Ich höre Strasberg noch immer sagen: »A slice of an apple can be more than the whole apple!«

Als ich an der Reihe war, mir ein solches »personal object« zu erschaffen, dachte ich an eine Kette aus Jasmin, die mir Jalal um den Hals gelegt hatte, wenn wir im Libanon ausgingen. Das

*Bei Strasbergs im Garten: mit Hannelore Hoger und Anna Strasberg.
Los Angeles, 1978.*

war eine wunderschöne Sitte des Landes: Die Kavaliere schenkten ihren Mädchen Kränze aus duftenden Blüten. Diese Kränze legte man neben das Bett, wenn man nach Hause kam. In der Nacht öffneten sich die Blüten weit; erwachte man am nächsten Morgen, waren sie verwelkt. In das Gefühl und die Erinnerung von Glück mischten sich Trauer und das Bewusstsein der Vergänglichkeit alles Schönen.

Ich dachte mir nun, wenn ich einen solchen Kranz genau und einfühlsam beschriebe, kämen auch die Gedanken an Jalal zurück und die Gefühle, die ich damals für ihn gehegt hatte. So exakt, wie es mir nur möglich war, beschrieb ich meinen Blütenkranz. Zu meiner Überraschung, auch zu meiner Enttäuschung, stellten sich aber keine Sinnesreize ein. Ich blieb nüchtern, auf Distanz.

Darauf sagte Strasberg trocken: »Wenn die Kette keine Gefühle auslöst, dann ist sie auch kein ›personal object‹!«

Konnte man noch knapper und klarer sagen, dass alle Emotionen in dieser Richtung aufgebraucht waren?

Übrigens war es kein Zufall, dass ich in Hollywood und bei Strasberg öfter an Jalal Khouri dachte. Wir hatten viel über Brecht und dessen Episches Theater gesprochen; Brechts Auffassungen unterschieden sich sehr von Strasbergs Lehren. Während es Strasberg darum ging, das komplizierte Innenleben eines Menschen glaubhaft und realistisch darzustellen, verlangte Brecht von seinen Schauspielern, dem Zuschauer die Rolle eher reflektierend und kritisch-distanziert darzulegen.

Ich habe bei Strasberg elementare Dinge gelernt, die für meine weitere Arbeit wichtig wurden. Er zeigte mir, wie ich mich aus den gefährlichsten Fesseln befreien kann, die ein Schauspieler kennt: die Angst vor dem Auftritt. Ich lernte, mich wirklich zu entspannen. Das ging bis in die Sitzhaltungen. Vor Strasbergs Seminaren war ich nach vier Stunden im Parkett erschöpft, als hätte ich selbst auf der Bühne gestanden. Seither kann mich nichts so leicht erschöpfen.

Auch bei der praktischen Arbeit nutzten mir die Techniken, die ich bei Strasberg lernte. Seitdem habe ich eine andere Einstellung zum eigenen Körper, ein anderes Gefühl für die eigene Haut, für Distanzen auf der Bühne und Bewegungen vor der Kamera. Wenn ich heute beispielsweise in einer Szene weinen muss, rufe ich in mir das Gefühl von Verlassenheit wach, das ich nach Mutters Tod empfunden habe. Oder ich taste mich mit Hilfe von »personal objects« an Szenen heran, die erfüllt sind von unglaublicher Zärtlichkeit. Schließlich bin ich davon so gerührt, dass ich weinen muss, gleich, welcher Trubel im Fernsehstudio sein mag.

Walter Lott und Mitglieder des »Lindenstraßen«-Ensembles bei einem Seminar in Köln: Knut Hinz, Christian Kahrmann, Marie-Luise Marjan, Manfred Schwabe, Walter Lott, Willi Herren, Marianne Rogée, Franz Rampelmann, Ute Mora (v. l. n. r.).

Die Seminare in Bochum und in Hollywood gaben mir so viel, dass ich sie noch dreimal wiederholte, einmal in Köln – da war es ein verlängertes Wochenende mit Walter Lott und dem »Lindenstraßen«-Ensemble –, einmal in Hamburg und dann in Paris. Der letzte Kurs mit Domenic de Fazio dauerte fast drei Wochen. Ich spürte, wie dabei die Sensibilität für Geräusche, Gerüche und Bewegungen immer mehr vertieft und verstärkt wurde.

Am Ende erschien mir Paris unerträglich laut und unerträglich hektisch, etwas, was ich zuvor so nie empfunden hatte …

»Was man vor zwölf nicht erlebt ...«

Es gibt Jahre, in denen fließt das Leben wie ein langer, ruhiger Fluss; doch dann beschleunigt sich das Tempo, und plötzlich fühlt man sich wie in einem Boot in wildem Wasser.

Ende der Siebziger kündigte sich ein Intendantenwechsel in Bochum an. Eine Weile wusste man nur, dass Peter Zadek gehen wollte, aber nicht, wer statt seiner kommen würde. Das sorgte für Gerüchte und Unruhe, die nicht einmal dann endeten, als bekannt wurde, dass Claus Peymann ihm nachfolgen würde – ein Theatermann, dem ein großer Ruf vorauseilte; er bestätigte ihn in Bochum und später am Wiener Burgtheater eindrucksvoll.

Der Wechsel an der Spitze des Schauspielhauses brachte erneut die fiebrige Beunruhigung, die ich schon kannte. Jeder Künstler des Hauses musste um seinen Vertrag fürchten; die Unsitte, dass ein neuer Mann gleich sein ganzes Ensemble mitbrachte, riss immer weiter ein. Peymann versetzte nachher geradezu das gesamte Stuttgarter Schauspielhaus nach Bochum.

Als Peymann sein Amt antrat, hatten wir ein langes Gespräch. Er hatte mich als Jenny in der »Dreigroschenoper« gesehen und mir deswegen einen Lobesbrief geschrieben, den ich mir heute noch übers Bett hängen kann. Im Grunde war die Situation ähnlich wie beim Wechsel von Professor Schalla zu Peter Zadek.

Zadek hatte ich mit meiner Leistung im »Coup von Trafalgar« überzeugt, Peymann als Jenny, die auf ein Schiff mit acht Segeln und fünfzig Kanonen an Bord wartet und dabei singt: »Und ich mache das Bett für jeden. Und Sie geben mir einen Penny und ich bedanke mich schnell ...« Peymann war vor allem von meinem Song im zweiten Dreigroschenfinale beeindruckt: »Wie ihr es immer dreht und wie ihr's immer schiebt/Erst kommt das Fressen, dann kommt die Moral.« Und die Moral hieß bei Brecht, wie Jenny in der nächsten Zeile verkündete: »Nur dadurch lebt der Mensch, dass er so gründlich/Vergessen kann, dass er ein Mensch doch ist!«

Nun ging es also darum, wie wir es miteinander halten sollten. Claus Peymann sagte: »Frau Marjan, ich möchte Sie wirklich gerne behalten, aber ich kann Ihnen nicht sagen, wann Sie was spielen ... Ich bringe fünf fertige Produktionen mit und mein ganzes Ensemble ...«

»Herr Peymann, ich habe zwölf Jahre am Schauspielhaus Bochum gespielt. Wenn Sie Ihr Ensemble und fünf voll besetzte Stücke mitbringen, heißt das doch, dass ich entweder ein halbes Jahr spazieren gehe oder hin und wieder ein Tablett über die Bühne trage. Wollen Sie mir das zumuten?«

»Ich will Ihnen auf keinen Fall kündigen«, versicherte er.

»Na, dann überlegen Sie doch mal, was wir in diesem Fall tun können ...«

Im Grunde war es wie in einem Western – wer zuerst Nerven zeigte, hatte verloren. Kündigte man aus freien Stücken, war das Haus von allen finanziellen Verpflichtungen befreit. Wurde einem gekündigt, war eine Abfindung fällig. Gewöhnlich appellieren die Intendanten bei diesem Geschacher an die Ehre und das Selbstgefühl des Einzelnen: »*Sie* können doch unbesorgt kündigen! *Sie* kriegen doch überall ein neues Engagement ...« Wer die schönen Worte für bare Münze nimmt, steht am Ende mit leeren Händen da.

Die Verhandlungen mit Claus Peymann konnte ich sehr gelassen führen, weil ich spürte, dass der Zeitpunkt für eine Veränderung ohnehin gekommen war. Ich stand ständig unter Termindruck: Entweder spielte ich Theater oder ich hatte Fernsehtermine; und meine Bühnenauftritte fanden immer öfter an verschiedenen Orten statt, in Bochum, in Hamburg oder in Berlin; und das beinahe gleichzeitig.

An einem Ostersamstag war ich vormittags beim ersten Durchlauf von »Kabale und Liebe« in Berlin, am Abend spielte ich in Bochum die Jenny. Ostersonntag trat ich nachmittags erneut im Bochumer Großen Haus in der »Dreigroschenoper« auf und abends in den Kammerspielen in »Bezahlt wird nicht«, einer Satire von Dario Fo. Dann ging es sofort nach Berlin und am nächsten Tag wieder zurück. Zwei Tage später war an der Freien Volksbühne die Premiere von »Kabale und Liebe«, inszeniert von Winfried Minks, dem Zadek-Partner aus Bremer Zeiten.

Unmittelbar danach stand die Endfertigung des ZDF-Fernsehspiels »Einzelzimmer« auf meinem Plan. Unter der Regie von Wolfgang Panzer spielte ich in diesem Stück mit Rudolf Platte, Gunnar Möller, Brigitte Horney und Tilli Breidenbach, später unsere Lydia Nolte in der »Lindenstraße«.

Nicht nur beruflich, auch privat zeichnete sich eine Zäsur ab. Mit Fred war ich noch immer zusammen, doch unsere Liebe lebte nach wie vor aus dem Koffer. Wir sahen uns regelmäßig und arbeiteten verschiedentlich auch zusammen, zum Beispiel bei der Serie »Tour de Ruhr«, die Fred als Produktionsleiter betreute. Es war angenehm, ihn bei der Arbeit zu erleben. Fred ruhte in sich selbst, und das merkte man auch in der Hektik einer solchen Produktion.

Er war jederzeit für alle da, verstand sich immer als Teil eines Ganzen.

Von mir aus hätte es mehr gemeinsame Produktionen geben können. Doch Fred hielt Arbeit und Privatleben sorgfältig getrennt; ich glaube nicht, dass ich auch nur einen einzigen Drehtag unserer Verbindung verdanke. Wenn Regisseure mich wollten, war er einverstanden, aber das war auch alles. Von heute aus betrachtet, hatte er sicher Recht. Damals gefiel mir das weniger.

Wir fuhren weiterhin gemeinsam in Urlaub und erlebten immer schöne Wochen wie beim ersten Mal in Irland, aber ein Zusammenleben in einer Stadt und einer Wohnung kam nicht zustande. Die Entscheidung fiel, ohne dass wir etwas dazu taten. Freds Mutter starb, und er wollte allein sein mit seiner Trauer und für einige Zeit nach Indien reisen. Ich akzeptierte das, aber gleichzeitig war mir klar, dass dies mehr war als eine Trennung auf Zeit. Wenn er in dieser Situation allein sein wollte, würde er auch in Zukunft seinen Weg allein gehen wollen.

Schon während meiner Zeit in Karlsruhe hatte ich darüber nachgedacht, wie Männer und Frauen jeweils Beruf und Privatleben unter einen Hut bringen. Bei Zahnärzten und Juristen mochte es anders sein, bei Schauspielern und Schauspielerinnen gab es jedoch ein eindeutiges Schema: Männern gelang es fast immer, Frauen so gut wie nie. Wenn Schauspielerinnen heirateten, sah man sie bald darauf nicht mehr auf der Bühne. Manche hörten sofort auf, andere einige Jahre danach – aber die meisten beendeten ihre Karriere. Denn auf Dauer wurde es ihnen zu viel, zwei Berufe auf einmal auszuüben. Noch heute habe ich die Stimme einer Kollegin im Ohr, die bei der Probe auf die Uhr schaute und aufgeregt stammelte: »Mein Gott, ich muss nach Hause. Mein Mann kommt gleich, ich muss die Kartoffeln aufsetzen ...« Damals dachte ich:

Das ist doch keine Schauspielerin! Eine Schauspielerin ist einzig und allein für die Kunst da! Entweder – oder!

Alles rief also nach einem Neuanfang, aber wie sollte der aussehen? Und wohin sollte ich mich verändern? Ich ging auf die vierzig zu und musste mich zum ersten Mal wirklich bewusst für oder gegen etwas entscheiden. Bis jetzt hatte jede Arbeit fast automatisch die nächste nach sich gezogen, ich konnte auf Erfolge verweisen und verfügte über Kontakte. Sollte ich nicht mein Glück auf dem freien Markt versuchen?

Gut! Aber wo? Damals gab es eigentlich nur drei Städte, in denen man sowohl fürs Fernsehen als auch fürs Theater arbeiten konnte – Hamburg, Berlin und München. Da mir Hamburg seit meiner Schauspielschulzeit ans Herz gewachsen war, musste ich nicht lange nachdenken. Ich liebte die Stadt – und ich mochte die Einstellung ihrer Bewohner gegenüber Künstlern. Professor Marks hatte den Unterschied zwischen Hamburg und München einmal so beschrieben: »Wenn du als Schauspieler keine Arbeit hast, bist du in Hamburg ein freischaffender Künstler. Wenn du dagegen in München kein Engagement hast, dann heißt es: Du bist ein arbeitsloser Schauspieler ...«

Ob die Bemerkung meines Lehrers in Bezug auf die Münchener zutrifft, weiß ich nicht; die Hamburger hat Eduard Marks damit gewiss treffend charakterisiert. Ich jedenfalls habe meine Entscheidung für Hamburg nicht einen Tag bereut – die Stadt ist ein wichtiger Teil meines Lebens, und ich möchte keinen Tag missen, den ich hier verbracht habe.

Missen möchte ich allerdings auch keinen meiner Bochumer Tage, denn die zwölf Jahre hier waren aufregend und intensiv – besonders die Zeit mit Peter Zadek, die unser aller Leben auch jenseits der Arbeit bereicherte. Ich genoss es, wenn ich zu Festen in seine

Peter Zadek (rechts) mit Tankred Dorst und O. E. Hasse (Mitte). Bochum. Um 1973.

große Wohnung eingeladen wurde. Allerdings gab es fast jedes Mal den Kampf um meinen angeblich immer zu frühen Aufbruch: »Du gehst doch jetzt noch nicht nach Hause ... du bist doch nicht müde ...«

»Doch, Peter, ich bin müde; und außerdem habe ich morgen um neun Probe ...«

Er quengelte weiter, bis ich einmal erwiderte: »Peter, was man vor zwölf nicht erlebt, erlebt man auch nicht nach zwölf.«

Überzeugt hat ihn dieses Argument sicher nicht, aber wenigstens quengelte er nachher nicht mehr.

Umgekehrt lud ich auch selbst sehr gern Kollegen zu mir nach Hause ein. Wenn am Tisch nicht genug Platz für alle war, wurden Tücher auf dem Boden ausgebreitet und Kissen verteilt, und dann lagerten wir in altrömischer Art und aßen und tranken. Früher oder später saß immer jemand am Klavier und spielte. Und dann wurde es sehr spät!

Die Jahre in Bochum waren voller Vitalität gewesen, voller Lebensfreude und Zukunftshoffnungen und voller Erfolge. Mit einem Wort: sehr gute Jahre!

Zum Abschied aus Bochum druckte die Lokalzeitung ein Bild mit folgendem Text: »Als Abschiedsgeschenk ans Publikum versteht Regisseur Gerlach Fiedler dieses Familienfoto. Ehe sie (fast) alle Bochum verlassen, vereinte er noch einmal beliebte Stars des Ensembles zur ›Dreigroschenoper‹. Hier Fiedler (Mitte) zwischen Marie-Luise Marjan und Petra-Maria Grühn, flankiert (von links) von Peter Wagenbreth, Tana Schanzara, Joachim Luger und Karl-Heinz Vosgerau, Roland Reber, Ullrich Haupt und Conny Diem.«

Damals ahnten weder Joachim Luger noch ich, welch eine »gemeinsame Zukunft« uns bevorstand!

Das galante Kätzchen

In Hamburg hatte ich nun also den Status einer »freien Schauspielerin«, doch mein Arbeitsalltag unterschied sich kaum von den letzten Bochumer Jahren. Weiterhin arbeitete ich parallel fürs Theater, zunächst als Gast am Thalia Theater, und fürs Fernsehen.

Das hört sich selbstverständlicher an, als es in Wahrheit ist. Denn eigentlich handelt es sich um zwei grundverschiedene Berufe, auf der Bühne gehorcht man als Schauspieler völlig anderen Gesetzen als vor der Kamera. Der Regisseur Günter Gräwert, der selbst regelmäßig für beide Medien arbeitete, machte mir das einmal mit einer eher beiläufigen Bemerkung deutlich: »Marie-Luise«, sagte er, »du kannst spielen wie die Duse, wenn ich dich nicht ins Bild bringe, sieht es kein Mensch.«

Damit wollte er sagen, dass ein Filmregisseur sein Produkt, an dem viele Künstler beteiligt sind, noch am Schneidetisch beliebig verändern kann. Mit wenigen Handgriffen kann er eine Hauptrolle in eine Nebenrolle verwandeln und umgekehrt. Und er kann durch den Schnitt ein und derselben Szene völlig unterschiedliche Bedeutungen verleihen. Alfred Hitchcock hat dies an einem Beispiel auf den Punkt gebracht: Ich filme einen lächelnden Star, Cary Grant oder James Stewart. Wenn ich im nächsten Schnitt ein kleines Kind zeige, ist mein Star ein gütiger älterer Herr; zeige ich stattdessen ein attraktives, aber für meinen Star viel zu junges Mädchen, ist er mit demselben Lächeln ein »dirty old man«.

So etwas ist auf der Bühne undenkbar.

Die Technik und die Schauspieler – das ist überhaupt ein Kapitel für sich. Wenn alles gut läuft, gehen die Dinge Hand in Hand. Ist Sand im Getriebe, gibt es Probleme; im schlimmsten Fall geht gar nichts mehr. Alles muss zusammenpassen, jeder muss sein Teil zum Gelingen des Ganzen beitragen, vom Beleuchter bis zum Script-Girl. Und jeder muss proben und wiederholen und proben und wiederholen, bis endlich alles passt.

Die Motivation, etwas wieder und wieder und immer besser zu machen, ist jedoch nur schwer aufzubringen, wenn man spürt, dass andere in ihrer Arbeit nachlässig sind. Dann meldet sich der innere Schweinehund und schimpft: »Mist! Jetzt sollst du dir noch mal die Seele aus dem Leib spielen, nur weil dieser Idiot sein Mikro ins Bild hängen lässt!«

Jeder Schauspieler glaubt, die Technik müsste wie von selbst funktionieren. Umgekehrt erwartet der Techniker vom Darsteller, dass er seinen Job auf Knopfdruck erledigt. Beide haben Recht – doch beide müssen zugleich auch lernen, dass sie nur zusammen Erfolg haben können. Nur mit gegenseitigem Respekt und gegenseitiger Rücksichtnahme gelangen sie zu ihrem gemeinsamen Ziel.

Doch bei allen Problemen, die einem die Technik bereiten kann – die Arbeit für Film und Fernsehen ist spannend und jedes Mal eine neue Herausforderung.

Nach meinem Abschied von Bochum verschoben sich die Gewichte, ich stand immer häufiger vor der Kamera und immer seltener auf der Bühne. Zwischen 1979 und 1985 wirkte ich in zwei Kinofilmen von Werner Schroeter mit: »Palermo oder Wolfsburg« und »Tag der Idioten«. Letzterer wurde 1982 auf den Film-

Cannes 1982: Ingrid Caven, Werner Schröter, Carole Bouquet, Ida di Benedetto und Marie-Luise Marjan.

festspielen in Cannes präsentiert; gemeinsam mit Carole Bouquet, Ida de Benedetto, Ingrid Caven und einigen anderen aus dem Team begleitete auch ich den Regisseur zu diesem Festival, das seit mehr als fünfzig Jahren zu den absoluten Höhepunkten eines jeden Kinojahres zählt.

Hauptsächlich arbeitete ich allerdings fürs Fernsehen. Immer wieder spielte ich Mütter, und immer öfter wurde ich für Serien engagiert. In Rainer Werner Fassbinders Aufsehen erregender Verfilmung von Alfred Döblins »Berlin Alexanderplatz« hatte ich nur eine kleinere Rolle; dennoch war es interessant, diesen lange Zeit umstrittenen Regisseur, der heute zu Recht als einer der wichtigsten Filmemacher nach dem Zweiten Weltkrieg gilt, bei der Arbeit zu erleben.

Im selben Jahr 1979 drehten wir in der damaligen ČSSR die siebenteilige Serie »Johannes«. Bei dieser Produktion unter der

Regie von Ilse Hofmann und Hajo Gies sah ich, wie schon erwähnt, Rüdiger Vogler wieder, meinen »Schüler« aus Karlsruher Zeiten.

Weitere Mehrteiler waren 1980 sechs Folgen »Tour de Ruhr«, 1981 acht Folgen »Christian und Christiane« und in den Jahren 1983 bis 1985 insgesamt 24 Folgen »Eigener Herd ist Goldes wert«. In dieser NDR-Serie hieß mein Rollenname Helga Berger; es war sicher ein Zufall, aber selbst der Name war nicht mehr weit von der »Lindenstraße« entfernt.

Völlig vom Theater verabschieden wollte ich mich jedoch nicht, auch wenn sich die Anfragen von Produktionsfirmen häuften. In der Spielzeit 1981/82 spielte ich als Gast am Hamburger Thalia Theater in der Farce »Floh im Ohr« von Georges Feydeau die Madame Olympe, die Chefin des Hôtel du Minet Galant. In der Übersetzung wird der Charakter dieses Hauses deutlicher: Das Hotel »Zum galanten Kätzchen« ist ein elegantes Freudenhaus für die vornehme Welt.

Peter Striebeck, der Intendant des Thalia, hatte mit diesem Stück einen guten Griff getan – das Haus war ständig ausverkauft. Seit Mitte der sechziger Jahre war Feydeau wieder en vogue, nachdem er lange Zeit als »abgespielt« galt. Tatsächlich sind die Stücke dieses Autors komisch, haben jedoch unter der Oberfläche von Jux und Verrücktheit eine verborgene Ebene, die den Zuschauer erschreckt, wenn sie plötzlich und völlig unerwartet freigelegt wird. Sie gehorchen einer ausgeklügelten Mechanik, die Menschen wie Marionetten vorführt. Manchmal hat es den Anschein, sie und ihre Handlungen seien von einem sadistischen Uhrmacher erfunden, so präzise greifen die Rädchen ineinander.

Als Anna in der »Johannes«-Serie. 1979.

In der Aufführung des Thalia Theaters stimmte alles, die Besetzung, die Dekoration, das Kostüm. So etwas ist nie das Ergebnis glücklicher Zufälle; perfekte Inszenierungen kommen nur zustande, wenn jeder seinen Teil dazu beiträgt.

Susanne Thaler, die Bühnenbildnerin, hatte eine wunderschöne Dekoration entworfen: Palmen, rote Sofas um Säulen, herrlich leuchtende Glasfenster im Art-deco-Stil und vor allem eine sehr wirkungsvolle Treppe. Mein Auftritt fand auf der Empore dieser Treppe statt, ich kam aus der Dekoration, trat ans Geländer, beugte mich vor, um zu sehen, was sich unten in der Empfangshalle tat, schritt langsam die geschwungene Treppe hinab, grüßte die Anwesenden diskret und hob mit spitzen Fingern Liebeswäsche auf, die im Eifer des Gefechts vergessen worden war.

Diese eine Handbewegung erzählte alles über die Chefin des »Galanten Kätzchens«. Es gab regelmäßig Auftrittsapplaus.

Zu diesem perfekten Auftritt trug auch mein Kostüm bei. Ursprünglich hatte mir Susanne ein Gewand entworfen, in dem ich ausgesehen hätte wie eine Dompteuse im Zirkus – knappe Jacke mit goldenen Litzen, schmaler, geschlitzter Rock, Stiefel. Ich diskutierte mit ihr darüber: »Entschuldige, ich glaube, das ist nicht Madame Olympe ...«

»Warum nicht?«, fragte Susanne.

»Im Text sagt Madame Olympe, der Höhepunkt ihrer Karriere sei gewesen, als sie nackt auf einem goldenen Tablett lag und so einem Grafen präsentiert wurde. Daraus geht hervor, die Frau schätzt Raffinesse, Grazie, Eleganz; in der Weise richtet sie ihr Haus ein und dementsprechend zieht sie sich auch an ...«

Susanne akzeptierte meinen Einwand und gemeinsam entwarfen wir ein freizügiges, apartes Kleid, das zum Charakter der Bordellchefin und eben zu ihrem ausgeklügelten ersten Auftritt passte.

Details waren für mich von Beginn an nicht Kleinigkeiten, die man vollständig anderen überließ. Schon in Karlsruhe und Bonn ging ich immer frühzeitig in die Kostümabteilung und erkundigte mich, welche Kleider für meine Rolle vorgesehen waren. Wenn man erst bei der Anprobe Einwände erhebt, ist es meistens zu spät.

Wenn es hieß: »Du trägst ein einfaches Küchenkleid, irgendwas Gemustertes ...«, habe ich mich erkundigt: »Welches Muster genau?« Und wenn man sagte: »Es kann was Geblümtes sein ...«, kam von mir die Frage: »Welche Blumen?«

Die Möglichkeiten, danebenzugreifen, sind auf der Bühne wie im Fernsehstudio schier unbegrenzt. Man muss versuchen, Fehler zu vermeiden, in jeder Hinsicht. Und zur Gestaltung einer

Rolle gehört eben nicht nur, dass man seinen Text lernt und ihn richtig interpretiert.

Bei allen Produktionen, in denen ich mitwirkte, habe ich meine Fantasie und meine Erfahrungen eingebracht. Was Helga Beimer in der »Lindenstraße« trägt, wie ihre Frisur ist und wie sie sich bewegt, das alles ist auch ein Spiegelbild ihrer gegenwärtigen Stimmung und Verfassung und daher keineswegs nebensächlich. Selbst eine Brosche oder ein kleines Tuch sind mehr als Accessoires. Diese winzigen Details machen eine Figur, einen Charakter greifbar. Und wer müsste darauf mehr achten als der Schauspieler, der diese Rolle verkörpert?

»Alle sagen, Sie sind Mutter Beimer ...«

Hans W. Geißendörfer, den Schöpfer der »Lindenstraße«, habe ich zum ersten Mal auf einem Flughafen gesehen. Es war im Winter, er trug einen weiten, wattierten Mantel, stand an einem Schalter und war mit seinem Flugticket beschäftigt. Schon damals, einige Jahre vor dem Start der Serie, war er ein bekannter Mann. Er hatte Spielfilme und Fernsehfilme gedreht, immer mit namhaften Schauspielern wie Gottfried John, Bernhard Wicki, Geraldine Chaplin, Katja Rupé, Bruno Ganz, Anne Bennent oder Helmut Griem. Es musste reizvoll sein, mit ihm zu arbeiten. Eine Sekunde lang war ich versucht, mich vorzustellen; aber hier, am Flughafen, war nicht der geeignete Ort. Außerdem erinnerte ich mich an einen Satz von Werner Hessenland: Was kommen soll, kommt, hatte er prophezeit.

Legendär war Geißendörfers mehrteilige Verfilmung von Thomas Manns Roman »Der Zauberberg«, in der neben dem blutjungen Christoph Eichhorn zahlreiche internationale Stars mitgewirkt hatten: Marie-France Pisier als Clawdia Chauchat, Charles Aznavour als Naphta, Rod Steiger als Mijnher Peeperkorn. Zu seinen bekanntesten Werken zählten außerdem die Ibsen-Verfilmung »Die Wildente«, »Die gläserne Zelle« nach einem Roman von Patricia Highsmith und »Sternsteinhof« nach Ludwig Anzengruber.

Noch bevor die erste Klappe zur »Lindenstraße« fiel, war er als Regisseur vier Mal mit dem »Bundesfilmpreis« ausgezeichnet sowie je einmal für den »Oscar« und den »Golden Globe« nominiert worden. Auch seine eigene Produktionsfirma, die »Geißendörfer Film- und Fernsehproduktion GmbH« (GFF) in München, existierte zu diesem Zeitpunkt bereits.

Hans W. (das »W« steht für Wilhelm) Geißendörfer war 1941 in Augsburg geboren und in Neustadt an der Aisch und im Pfarrwaisenhaus in Windsbach aufgewachsen; sein Vater, ein Militärgeistlicher, fiel im Zweiten Weltkrieg.

Nach dem Abitur studierte er in Marburg und Erlangen, in Wien und in Zürich, unter anderem afrikanische Sprachen. Nachdem er das Studium abgebrochen hatte, unternahm er lange Reisen durch Europa, Asien und Afrika und drehte dabei 16 mm-Dokumentar- und Experimentalfilme.

Seit 1968 lebte er in München. Als dort die »Hochschule für Film und Fernsehen« eröffnet wurde, bewarb er sich um einen Studienplatz, wurde jedoch abgelehnt. Einige Monate später drehte er seinen ersten Spielfilm: »Der Fall Lena Christ«. Heute gibt es an der Kölner Kunsthochschule für Medien einen »Hans-W.-Geißendörfer-Nachwuchs-Förderpreis«.

Geißendörfer war Gründungsmitglied und Gesellschafter des Filmverlags der Autoren, der ab den späten Sechzigern einige der bedeutendsten Nachkriegsproduktionen ermöglichte. Mit »Jonathan«, einem Horrorfilm in Dracula-Manier, erzielte er 1969 seinen ersten großen Erfolg und erhielt dafür den ersten seiner Bundesfilmpreise. In den Siebzigern und frühen Achtzigern folgten dann die Großproduktionen, durch die Hans auch international bekannt wurde.

Im Vorfeld der »Lindenstraße« ging ein großes Raunen durch Deutschland – eine endlos lang laufende Serie sollte entstehen, viele Leute würden gesucht. Angeblich wurden 2000 Videokassetten mit Probeaufnahmen gefüllt. Auch ich erhielt Anfragen. Mehrfach stellte man mir die Frage: »Der WDR plant eine große Sache. Würden Sie denn nach Köln umziehen, wenn ...?« Jedes Mal gab ich dieselbe Antwort: »Warum nicht? Ein Schauspieler muss dorthin gehen, wo die Arbeit ist ...«

Selbst Frau Hodermann, die Wirtin einer Pension, in der oft Schauspieler logierten, sprach mich an: »Frau Marjan«, sagte sie, »Frau Piazza hat sich bei mir erkundigt, wer denn eine Mutterrolle in der neuen Serie spielen könnte, eine Hausfrau mit drei Kindern und mit einer positiven Ausstrahlung. Ich habe gesagt, dafür kommen nur Sie in Frage!«

Barbara Piazza war eine der »Lindenstraßen«-Autorinnen und schrieb zusammen mit Hans W. Geißendörfer die ersten Folgen.

Dann kam ein Anruf: »Könnten Sie morgen nach München kommen? Herr Geißendörfer möchte Sie kennen lernen!«

Das ging nicht, denn ich drehte mit Franz Peter Wirth für die ZDF-Produktion »Lily Braun« und stand für den nächsten Tag auf dem Plan.

Pause.

»Und übermorgen?«

»Ja, da habe ich frei ...«

»Dann kommen Sie bitte übermorgen. Ihr Ticket hinterlegen wir am Flugschalter.«

Zwei Tage später war ich also in München. Als ich das Haus in der Lachnerstraße betrat, in dem wir verabredet waren, begegnete mir Ilse Hofmann, die in der »Johannes«-Serie und »Als Hitler das rosa Kaninchen stahl« meine Regisseurin gewesen war. Nachdem wir

Mit Hans W. Geißendörfer. Köln, 1999.

uns ausgiebig begrüßt hatten, erkundigte ich mich: »Was machst du hier?«

»Lindenstraße ...«

Daraus schloss ich, dass sich wohl auch Ilse für mich ausgesprochen hatte.

Hans W. Geißendörfer trat mir entgegen, mit Sandalen an den Füßen und einem Tüchlein um den Hals. Wir musterten uns kurz, dann gab es Kaffee, und er erklärte mir sein Konzept. Jeden Sonntag sollten fortan dreißig Minuten deutscher Alltag gezeigt werden, aufgeteilt in jeweils drei unterschiedlich lange Stränge. Alles sollte in einer ganz gewöhnlichen deutschen Durchschnittsstraße spielen, und die Mitwirkenden sollten Menschen sein, wie man sie in einer solchen Straße eben trifft, Menschen »wie du und ich«, keine Kinohelden.

Auch er stellte mir die Frage, ob ich im Fall der Fälle bereit sei, nach Köln umzuziehen. Natürlich war ich das, daran würde es nicht scheitern. Nun ging er ins Nebenzimmer und kam kurz darauf mit zwanzig Drehbüchern auf dem Arm zurück. »Alle sagen, Sie sind Mutter Beimer«, erklärte er. »Nun spielen Sie in Gottes Namen diese Rolle!«

Eigentlich hätte ich nur nicken müssen, aber ich sagte: »Entschuldigen Sie bitte, aber ich muss die Bücher lesen.«

»Dann lesen Sie!«

An diesem Tag beschäftigte ich mich zum ersten Mal mit der Mutter Beimer. Helga war Mitte vierzig, hatte einen drei Jahre jüngeren Mann, Hans, der beim Sozialamt beschäftigt war, eine sechzehnjährige Tochter sowie zwei Jungen, den vierzehnjährigen Benjamin, genannt Benny, und den siebenjährigen Klaus. Einen Hund gab es auch, einen Cockerspaniel, der einfach den Familiennamen Beimer trug.

Die ersten Folgen schlugen bereits den Ton an, der bis heute für die »Lindenstraße« charakteristisch geblieben ist. Gleich in der ersten Folge herrschte bei Beimers Aufregung: Klausi hatte Masern und wurde vom Hausarzt Dr. Dressler untersucht. Marion, seine Schwester, gab sich geheimnisvoll und sehr genervt; sie hatte einen neuen Freund, von dem die Eltern nichts wissen sollten. Die vorweihnachtliche Hausmusik, sonst immer stimmungsvoll, war in Gefahr, weil Benny nicht üben wollte. Dann kam Marion nicht nach Hause. Als sie endlich auftauchte, nach Mitternacht, war ihr Parka zerrissen und sie blutete. Aber es war nicht aus ihr herauszubekommen, was passiert war. Dafür bekam sie Hausarrest. Erst als die Polizei bei Beimers auftauchte, rückte Marion mit der Wahrheit raus: Sie war mit ihrem Freund in eine Schlägerei mit türkischen Jugendlichen geraten. Doch wer dieser Freund war, verriet sie immer noch nicht.

Klausi, nach wie vor krank, gewann bei einem Malwettbewerb der Sparkasse ein Fahrrad. Elfie und Siegfried, Nachbarn aus dem Haus, hatten Krach. Er war nervös wegen eines Verfahrens, das gegen ihn anhängig war, sie eifersüchtig auf seine Ex-Freundin. Elfie wollte weglaufen, vergaß aber, Geld mitzunehmen. Helga fand sie weinend in der Waschküche. Und das alles vor Weihnachten!

Der Wirbel ging in den nächsten Folgen weiter: Marion traf sich weiterhin mit ihrem geheimnisvollen Freund, bis Hans sie nachts auf der Straße erwischte – mit Vasily Sarikakis, einem jungen Griechen. Hans und Helga konnten nicht mal verhindern, dass ihre Tochter mit Vasily über Weihnachten nach Griechenland fuhr.

So begann die unendliche Geschichte …

Hans erwartete meine Zu- oder Absage: »Herr Geißendörfer, das Angebot ehrt mich, aber die Rolle ist ja Bayrisch geschrieben ... Jedes Wort von Frau Beimer ist im Dialekt ...«

Darauf sagte Hans den unvergesslichen Satz: »Machen Sie mit der Rolle, was Sie wollen, nur spielen Sie sie!«

Trotzdem erbat ich mir etwas Bedenkzeit. Mit Drehbüchern im Gepäck fuhr ich heim und überlegte die ganze Zeit, wie ich mich entscheiden sollte. Sollte ich zusagen? Ein ganzes Jahr immer dieselbe Rolle? Würde ich das durchhalten? Während meiner Theaterzeit hatte ich mich jede Spielzeit in zahllose, sehr unterschiedliche Gestalten verwandelt. Und jetzt ein ganzes Jahr lang nur Familienleben?

In Stuttgart, wo ich an einem Hörspiel mitwirkte, erreichte mich ein weiterer Anruf: »Kennen Sie Herrn Luger?«

»Achim Luger? Aber sicher kenne ich Achim, aus Bochum. Wir haben zuletzt in der ›Dreigroschenoper‹ zusammengespielt ...«

»Können Sie sich vorstellen, dass er Ihren Mann spielt?«

»Schon ... Aber hoffentlich wirkt er nicht wie mein Sohn.«

Das war sicher etwas übertrieben, aber ich hatte Achim einige Jahre nicht gesehen und ihn als äußerst schlank und jugendlich in Erinnerung. Als wir uns bei den Testaufnahmen wieder sahen, betrachteten wir uns, als würden wir uns das erste Mal sehen. Achim war noch immer rank und schlank, wirkte aber insgesamt erfahrener und reifer. Wir passten tatsächlich zusammen, als hätten wir uns vor zwanzig Jahren bei einem Betriebsausflug kennen gelernt und vor siebzehn Jahren geheiratet, wie das Drehbuch es vorsah. Wir lachten, umarmten uns und feixten: »Na, Mütterchen, na Väterchen! Dann wollen wir mal.«

Totgesagte leben länger

Mit der »Lindenstraße« hatte der WDR viel gewagt. Heute sind wir an die Daily Soaps gewöhnt, deren erfolgreichste schon über 2000 Folgen hinter sich hat. Doch 1985 war eine Serie, die ohne zeitliche Begrenzung jede Woche ausgestrahlt werden sollte, in Deutschland für viele unvorstellbar.

Im Kölner Stadtteil Bocklemünd, heute »Hollymünd« genannt, wurde eigens für die »Lindenstraße« ein neues Drehgelände eingerichtet. Die Straße sah tatsächlich so aus, dass sie in jedem beliebigen Münchener Stadtviertel hätte sein können – mit Kneipe, Blumenladen, Fahrradgeschäft, Café und so weiter. Die Dekoration war insgesamt 150 Meter lang, wetterfest und wie für die Ewigkeit gebaut. Autos und Busse konnten problemlos hier durchfahren.

Auch die Innendekoration war so realistisch wie möglich. In ihrer Küche konnte Helga jederzeit für eine ganze Gesellschaft kochen, der Herd war wirklich angeschlossen, das Wasser lief, der Kühlschrank war immer gut sortiert, selbst das Telefon funktionierte. Daran hat sich bis heute nichts geändert.

Das Vorbild für Hans W. Geißendörfers Alltags-Serie war die BBC-Produktion »Coronation Street«, die es seit 1960 gab und immer noch gibt. Hans' Ehefrau Jane war Engländerin und eine begeisterte Zuschauerin dieser Serie. Sie hatte ihm zugeredet, etwas Ähnliches in Deutschland zu versuchen.

Die Sache auf die Beine zu stellen bedeutete jedoch einen ungeheuren Kraftakt. Man musste schon die Überzeugungskraft und die besonderen Talente eines Hans W. Geißendörfer haben, um ein solches Unternehmen ans Laufen zu bringen. Jahr für Jahr gibt es in der »Lindenstraße« zirka vierzig Hauptrollen mit Exklusivvertrag, mehr als zwanzig kleinere Rollen und etwa 130 Gastauftritte über einen Zeitraum von wenigen Wochen. Hunderte von Komparsen haben Kurzeinsätze.

Schon im ersten Aufriss war von einer »Endlos-Serie« die Rede. In diesem Ur-Papier wurden auf über zweihundert Seiten jeder Rollencharakter und die kompletten Handlungsstränge für die ersten 26 Folgen detailliert festgelegt. Jedes Teammitglied wurde mit seinen speziellen Funktionen aufgeführt, und auch die technischen Voraussetzungen waren bis ins kleinste Detail hinein beschrieben.

Natürlich gab es auch über Helga Beimer ein ausführliches Rollenprofil. Trotzdem verfasste ich für mich zusätzlich ein dreißigseitiges Rollenpapier, in dem ich meine persönlichen Vorstellungen über Helga festhielt, von der Konzeption ihres Charakters bis hin zu den Fragen, welche Kleider sie tragen sollte und welche Frisur zu ihr passte.

Die Dreharbeiten begannen 1985. Bei den ersten dreißig Folgen führte Hans selbst Regie. Das Datum der ersten Ausstrahlung werden alle, die an der Produktion beteiligt waren, nie vergessen: Es war Sonntag, der 8. Dezember 1985, Punkt 18:40 Uhr!

Die Kritiken fielen herb aus. Vor allem wurde bemängelt, alles sei zu grau. Daran war insofern etwas Wahres, als Hans in seinem Bemühen um Realismus möglichst auf Schminke verzichtet

Das erste »Lindenstraßen«-Weihnachtsfest, 1985. Mit Ludwig Haas, Herrn Süßmeier (Aufnahmeleiter), Johanna Bassermann, Joachim Luger, Anke Becker (Dramaturgin) und Ute Mora.

hatte. Das änderte sich dann rasch, die Schminke kam und farbige Kleider auch. Die Bewohner der Straße sollten wie normale Menschen von 1985/86 aussehen.

Bald kam die Frage auf: Wird sich die Serie tatsächlich ein ganzes Jahr lang halten? Wollen die Zuschauer wirklich Sonntag für Sonntag die Probleme und Konflikte der Bewohner eines Mietshauses in einer Allerweltsstraße sehen? So manche Zeitung, so mancher Kritiker hörte bereits die Totenglocken läuten. Aber wie heißt es so schön: Totgesagte leben länger!

Es zeigte sich bald, dass die »Lindenstraße« etwas anderes war als eine der üblichen Vorabendserien. Hans wollte Themen, Geschichten und Ereignisse ins Fernsehen bringen, über die man nach dem Anschauen diskutierte. Von Beginn an war zu spüren, dass die Serie von einem überzeugten 68iger geprägt wurde und dass von ihren Machern Stellung bezogen wurde. Deswegen hatte

Marion einen Griechen zum Freund, und zwar keinen Griechen, der in Deutschland fest verwurzelt war, sondern einen jungen Mann, der mit einem Bein in der neuen und dem anderen in der alten Heimat lebte und die daraus erwachsenden Probleme irgendwie bewältigen musste.

Diese Philosophie wurde gegen oftmals erbitterte Widerstände verteidigt, bis heute. Nach und nach kamen in der »Lindenstraße« alle Themen zur Sprache, die unsere Gesellschaft bewegten – von Vergewaltigung in der Ehe bis zur Wiedervereinigung, von Aids bis hin zur Staatsverschuldung.

Dank Hans W. Geißendörfer wurden den Zuschauern jedoch nicht Thesen und bebilderte Pamphlete geboten, sondern lebensnahe Geschichten von Leuten, über die man sich freuen oder ärgern, mit denen man mitfühlen und mitleiden kann. Im Laufe der Jahre sind mir viele Menschen begegnet, die mir versicherten, sie hätten aus unseren Problemen und den Lösungen, die wir vorschlugen, sogar Hilfe für ihr eigenes Leben gezogen.

Eine deutsche Familie

Schon frühzeitig zeichnete sich ab, dass von den vielen Personen und Schicksalen, die in der »Lindenstraße« gezeigt wurden, das scheinbar so überaus alltägliche Familienleben der Beimers am meisten fesselte. Es gab wesentlich schrillere Figuren als die Beimers, doch gerade deren Normalität ermöglichte es den Zuschauern, sich mit ihnen zu identifizieren.

Im Laufe der Jahre wurden die »heile Welt« dieser Familie immer wieder gestört und schließlich zerstört. Der pubertierende Benny riss von zu Hause aus, Marion verliebte sich in einen katholischen Priester, Klausi bekam von Onkel Franz – gespielt von Martin Rickelt, meinem alten Freund und Kollegen aus Karlsruher Zeiten – ein Gewehr geschenkt und beraubte mit einem Schuss aus dieser Waffe versehentlich einen Nachbarn seines Augenlichts. Schließlich ging die Ehe der Beimers in die Brüche. Hans verliebte sich in Anna Ziegler. Helga versuchte ihre Ehe zu retten, doch als sie herausfand, dass ihr Hansemann der Vater von Annas Baby war, willigte sie widerstrebend in die Scheidung ein.

Nur langsam ließ sich Helga dann auf die Avancen von Erich Schiller ein, mit dem sie zusammen im Reisebüro arbeitete. Zwei Anläufe zur Hochzeit scheiterten in letzter Sekunde, der zweite durch einen tragischen Unfall, bei dem Benny Beimer ums Leben

Mit Joachim Luger bei der Prunksitzung »Rote Funken«, Köln.

kam. Schließlich gaben sich Helga und Erich doch das Jawort, aber ihre Ehe litt immer wieder unter kleinen Unaufrichtigkeiten und Seitensprüngen. Als Erich schließlich hinter ihrem Rücken in Irland ein Hotel errichten ließ, geriet ihr Vertrauen mächtig ins Wanken.

Oft hört man sagen, das Leben schreibe die besten Geschichten. Dieser Satz beschreibt vielleicht am treffendsten den Erfolg der »Lindenstraße«: Wären unsere Geschichten nicht so lebensnah und glaubhaft, wie sie sind, die Serie wäre vermutlich schon längst vom Bildschirm verschwunden.

Gelegentlich wird behauptet, Hans W. Geißendörfer liebe es finster, die »Lindenstraße« sei eine Ansammlung von Unglücken und Katastrophen. Da man alles wissenschaftlich untersuchen kann, wurde das auch hier getan. Irgendjemand machte sich die Mühe und errechnete systematisch das Verhältnis von Glück und Unglück in der »Lindenstraße«; und siehe da, das Angenehme, Positive überwiegt bei weitem. Vermutlich liegt die Fehleinschätzung darin begründet, dass die schrecklichen Dinge eher im Gedächtnis haften bleiben. Betrug, Entführung, Mord oder Selbstmord sind eben spektakulärer als die Tatsache, dass ein Verehrer Mutter Beimer Rosen schenkt oder dass sie ein paar Kilo abnimmt.

In all den Jahren, die ich mit Helga Beimer verbracht habe, war es mir ein Anliegen, meine Rolle mit meiner eigenen Lebenserfahrung und meiner eigenen Sicht der Dinge auszustatten. Das bedeutete manchmal, einen stillen Kampf mit einer Kostümbildnerin auszufechten, die Mutter Beimer zu bieder anziehen wollte; und manchmal musste ich auch mit Autoren ringen, die Helga Dinge tun und Worte sagen ließen, die meiner Ansicht nach nicht zu ihr passten.

Eine Alltagsfigur auszustatten ist sehr schwer. Man kann leicht einen Bettler oder einen König kostümieren, aber eine Frau aus dem Mittelstand richtig zu kleiden bedarf besonderer Aufmerksamkeit. Ein bisschen zu wenig, und die Kleidung ist vollkommen langweilig, ein bisschen zu viel, und man verlässt die soziale Schicht.

Die Autoren wiederum ließen Helga bisweilen auch dann noch deprimiert sein, wenn die Dinge zwar schwierig, aber nicht aussichtslos waren. Das akzeptierte ich nie, denn eigentlich ist Helga tatkräftig und optimistisch. Um das auszudrücken, musste man die Dialoge meistens gar nicht ändern, es genügte schon, sie anders zu sprechen als ursprünglich gedacht. Hatte Hans mir nicht freie Hand gegeben? »Machen Sie aus der Rolle, was Sie wollen! Aber spielen Sie sie!«

Im Lauf der Jahre hat sich die Rolle natürlich stark verändert. Anfangs war Helga vollkommen von ihrem Mann abhängig, war eine liebevolle Mutter und besorgte Ehefrau und sonst nichts. Das Publikum liebte Joachim und mich als »Taube« und »Hansemann«. Und auch mir sagte das zu, kam eine solche Bilderbuchbeziehung doch meinem Harmoniebedürfnis sehr entgegen. Ich weiß noch, welchen Schreck ich bekam, als in den Drehbüchern zu lesen war, Hans gehe fremd und die Ehe der Beimers drohe zu scheitern. Das kam wie aus heiterem Himmel, denn wir Schauspieler können die Schicksale der von uns verkörperten Figuren genauso wenig voraussehen wie die Zuschauer. Glück und Unglück treffen uns unvorbereitet, wie im richtigen Leben. Zweimal im Jahr ist Drehbuch-Ausgabe, dann erfährt man, was die nähere Zukunft bringt. Was in einem Jahr sein wird, ist nicht vorherzusagen – alles ist möglich.

Jedenfalls war die Eintracht zwischen Hans und Helga Beimer nach Folge 217 endgültig vorüber. Helga sollte in heftiger Erregung einen Schuh nach ihrem Ehemann werfen und dabei eine Scheibe zerstören. Als es so weit war, schleuderte ich den Schuh, Achim wich aus, aber die Scheibe blieb heil. Wieder und wieder warf ich, doch die Scheibe zerbrach nicht. Und als wir später das Büro des Scheidungsanwalts verließen, streikte die Kamera. Der Take musste wiederholt und wiederholt werden. Offenbar wollte die Technik die Scheidung von Hansemann und Taube unbedingt verhindern.

Bei allem Harmoniebedürfnis hatte ich schon vorher, als die Kinder sich erkennbar abnabeln wollten, mehrmals angeregt, dass auch Mutter Beimer sich entwickeln müsse, eine andere Dimension brauche. »Helga muss ein selbstbewusster Mensch werden, nicht mehr vollkommen abhängig von einem Mann, auch nicht von ihrem Hansemann«, sagte ich zum Produzenten. »Sie kann nicht immer dieses kleine Muttchen sein. Sie ist doch nicht zu alt und hat schließlich eine Ausbildung. Im Urtext steht, sie ist gelernte Bankkauffrau ...«

Natürlich durfte kein Bruch entstehen, aber dass ein Mensch sich entwickelt, gehört doch zum Leben. Und Veränderungen sind überall mit Überraschungen und Widerständen verbunden.

Spätestens nach den ersten hundert Folgen hatte sich die Serie zu einem Renner entwickelt. Ein »Lindenstraßen«-Fieber machte sich breit, die Einschaltquoten lagen zeitweise bei unglaublichen dreißig Prozent. Mit dem Aufkommen und Erstarken der privaten Sender waren solche Zahlen nicht mehr zu erreichen; doch selbst heute, nach fast 15 Jahren und mehr als 750 Folgen, gibt es keinen Sonntag, an dem nicht mehrere Millionen Menschen vor dem Fernseher sitzen, wenn die einprägsame Erkennungsmelodie unserer Serie erklingt.

Die Beimers wurden durch die »Lindenstraße« zu nationalen Figuren, und Mutter Beimer wurde bekannter als Mutter Teresa – »so bekannt wie Beckenbauer oder der Bundeskanzler«, wie Fritz Pleitgen, der WDR-Intendant, es einmal formulierte.

»Der zweite Mann«: mit Bill Mockride in der Lindenstraße.

Als es darum ging, mir einen neuen Partner an die Seite zu geben, räumte man mir ein Mitspracherecht bei der Auswahl ein. Horst Scheel, unser Besetzungschef, zeigte mir Videobänder mit verschiedenen Schauspielern, die seiner Ansicht nach in Frage kamen. Darunter war ein Kollege, von dem auch ich glaubte, er würde die Zuschauer als mein künftiger Ehemann überzeugen.

Doch dieser Kollege sagte ab, weil er nicht nach Köln ziehen wollte, und wir suchten in der näheren Umgebung weiter. Horst Scheel legte mir das Foto von Bill Mockridge vor, und ich stimmte zu, Bill zu Probeaufnahmen einzuladen. Zwar stellte sich heraus, dass wir ein Foto aus Bills jüngeren Jahren betrachtet hatten und seine Haare inzwischen deutlich grauer waren; aber er wirkte dadurch nicht weniger interessant. Nach den Aufnahmen wussten wir sofort: Er ist es.

Bill ist Kanadier, war 1970 ohne ein Wort Deutsch zu können nach Bonn gekommen und leitete, als wir uns kennen lernten, dort das »Haus der Springmaus«. Die Spezialität seines Improvisations-Theaters ist, dass die Zuschauer den Schauspielern Stichworte zurufen und diese daraus drollige Sketche oder, wenn ihnen danach ist, auch dramatische Szenen entwickeln. Auf Bills Programm steht heute eine sehr komische Nummer: »Vorsprechen mit Marie-Luise Marjan.« Unbedingt zu empfehlen!

Zusammen mit seiner Frau Margie Kinsky alias Gina Varese, einer gebürtigen Italienerin, hat Bill sechs Söhne. Die Kinder wachsen dreisprachig auf, wechseln nach Lust und Laune vom Deutschen ins Italienische oder Englische. Jeder redet in seiner Lieblingssprache – für Gäste in ihrem Hause ist das ein Sprachengewirr von babylonischen Ausmaßen.

*»Jetzt will ich Ihnen mal was sagen,
Frau ... Beimer!«*

Während meines gesamten Berufslebens habe ich immer in einem Ensemble gewirkt. Die »Lindenstraßen«-Produktion unterscheidet sich nur unwesentlich von der Arbeit an einem Staatstheater: Man hat seine festen Zeiten, kommt pünktlich, geht nicht ganz so pünktlich, hat seine festen Aufgaben und weiß, dass die wichtigsten Partner auch am Ende des Jahres noch da sind.

Auch die Alltagsprobleme ähneln sich sehr. Krankheiten sollte man besser auf die drehfreie Zeit verlegen! Und da das nun mal nicht geht, heißt es auch hier: Zähne zusammenbeißen! Einmal blieb Achim Luger die Stimme weg, er wollte sich entschuldigen. Wir übrigen ermunterten ihn: »Komm her, das schaffen wir schon. Du setzt dich aufs Sofa, den Rest machen wir.« Er kam wirklich, saß brav auf dem Sofa, und ich übernahm seinen Text. Das heißt, ich sagte: »Ich ahne schon, was du jetzt sagen willst, Hans ...« Er musste nur zu allem Ja und Amen sagen, und das ging auch, indem er in die Kamera nickte; wir wiederholten den Take ganze zweimal, dann saß die Szene und der Drehtag war gerettet.

Ganz automatisch stellten sich alle Tugenden der Ensemble-Arbeit wieder ein. Sowohl mit Achim wie später mit Bill probte ich unsere Szenen in der Garderobe, und wir halfen uns gegenseitig, wann immer es nötig war und so gut es ging. Das galt natürlich erst recht für die Arbeit mit den Kindern, mit Ina Bleiweiß und den Buben Christian Kahrmann, der mich in der Serie zur Großmutter gemacht hat, und Moritz Sachs, für mich nur Benny und Klausi.

Schon früher hatte ich oft mit Kindern zusammengearbeitet, doch macht es einen gewaltigen Unterschied, ob man einige Tage oder Wochen miteinander verbringt oder viele Jahre. Meinen drei Serienkindern vermittelte ich meine Erfahrungen, zeigte ihnen, was ich auf dem Theater, beim Drehen oder bei Lee Strasberg gelernt hatte. Ich machte ihnen an Beispielen klar, dass Spielen heißt zu wissen, was man tut. Dass man einen Apfel voller Wut essen kann, genüsslich, glücklich, verfressen, angewidert, ausgehungert. Dabei muss man aber immer wissen, warum etwas so ist und nicht anders. Keine Handlung, keine Geste darf beliebig sein.

Auch machte ich ihnen klar, dass es nicht auf die Länge eines Textes ankommt, ob man für die Zuschauer präsent ist, und dass selbst das stumme Spiel im Hintergrund für die Atmosphäre einer Szene ungeheuer wichtig ist. Ich erklärte ihnen, dass die Wirkung ein und desselben Satzes völlig unterschiedlich ausfallen kann, je nachdem, welche Betonung man ihm gibt.

»Moritz, sag das nicht so hart, so losgelöst von jeder menschlichen Beziehung – vergiss nicht, du bist mein Sohn!«, riet ich ihm beispielsweise.

Er widersprach: »So kann ich das nicht sagen!«

»Gut, dann sag's mit deinen eigenen Worten, ein Text darf nie nach Papier klingen!«

Manchmal bemerkte ich, dass ich auch in den Drehpausen in der Mutterrolle blieb. Wir arbeiteten so eng zusammen, da konnte es gar nicht ausbleiben, dass ich mit den Dreien umging, als wären sie wirklich meine Kinder. Wir unternahmen auch außerhalb der Drehzeiten einiges gemeinsam, gingen in den Zoo oder machten Radtouren.

Wie sehr ich mich in meine Rolle eingelebt hatte, wurde mir spätestens bei der »Bambi«-Verleihung in München klar. Bei der anschließenden Feier gab ich die komische Geschichte zum Besten, wie unser Hund Beimer einmal trotz aller Anstrengungen eine Schweinspfote nicht davontragen wollte. Als das Tier sich nach ewigem Warten endlich doch noch bequemte, vergaß der Kameramann, seine Kamera einzuschalten.

»Weißt du noch, Benny«, sagte ich, »da warst du noch so klein!«

Christian wurde wütend: »Erzähl das doch nicht immer, wie klein ich war!«

Ist eine normalere Szene zwischen Mutter und Sohn denkbar?

Seit nun schon fünfzehn Jahren wird mein Alltag maßgeblich durch die »Lindenstraße« geprägt. Die Arbeit beschränkt sich nicht nur auf das Lernen von Texten und das Agieren vor der Kamera, sondern dazu gehören auch Autogrammstunden und viele Pressetermine. Selbstverständlich ist ein langer Drehtag anstrengend und das Lernen verlangt Konzentration. Aber ich empfinde diese Arbeit nie als Strapaze, eher als eine besonders intensive Beschäftigung mit etwas, das mir Freude macht.

Gelegentlich suche ich zusätzliche Herausforderungen bei anderen Sendern. Für das ZDF drehte in insgesamt zwölf Folgen »Kein Rezept für die Liebe« und die Specials »Heiter bis wolkig«; für RTL das Fernsehspiel »Immer wenn sie Krimis liest« und für Pro 7 »Glückliche Reise«, wo mich die Dreharbeiten nach Australien führten.

Mit Dieter Zeisberg (Produzent) und Dieter Kehler (Regisseur von »Kein Rezept für die Liebe«). 1994.

Hin und wieder bitten mich Veranstalter, bei literarischen Abenden aufzutreten. Ich schreibe Kolumnen; eine Auswahl davon ist unter dem Titel »Was mein Herz bewegt ...« als Buch erschienen. Und außerdem habe ich einen Sammelband mit Weihnachtsgeschichten von Prominenten herausgegeben. Das Sammeln und Redigieren der Geschichten brachte sehr interessante Erfahrungen ... Diese Bücher zogen Signierstunden, weitere Auftritte in Talkshows und weitere Interviews nach sich.

Regelmäßig lädt man mich ein zu Geschäftseröffnungen, Vernissagen, Zirkuspremieren, Konzertabenden, politischen Kundgebungen und Benefizveranstaltungen. Würde ich alle Angebote annehmen, wären meine Tage und Abende vollkommen ausgefüllt. Manchmal kommt es auch vor, dass mich wildfremde Menschen zu sich nach Hause einladen – zum Geburtstag der Mutter, zur Hochzeit, zur Kindtaufe, sogar, wenn der Sohn Priesterweihe feiert.

Darüber hinaus bekomme ich viel Post, die beantwortet werden will. Die meisten Briefe erhalte ich von Frauen. Manche der Briefschreiberinnen unterscheiden zwischen »Mutter Beimer« und Marie-Luise Marjan, aber für viele besteht kein Unterschied zwischen der Rolle und der Schauspielerin, die sie verkörpert. Sie bitten mich um Ratschläge für ihre Töchter und Enkelinnen, die Schauspielerinnen werden wollen; im zweiten Anlauf schreiben die Mädchen und jungen Frauen dann oft selbst. Ich stelle ihnen dann einige Fragen, erkundige mich, was sie gelesen haben und ob sie schon irgendwo aufgetreten sind, und sei es auch nur bei einem Vereinsfest. Meist endet der Briefwechsel bald. Was ich schreibe, klingt offenbar zu sehr nach Anstrengung, und danach war ja nicht gefragt.

Mit der Zeit ist es selbstverständlich für mich geworden, dass mich Leute ansprechen, im Schwimmbad, in der Eisenbahn

Blumen für die Damen: mit Dagmar Hessenland, einer Unbekannten, Marianne Rogée, Annemarie Wendl und Ute Mora (v. l. n. r.). 1991.

oder wo auch immer, und Helgas Probleme mit mir diskutierten: »Was ist denn mit Ihrem Klaus? Wenn Sie da nicht aufpassen, driftet der Ihnen völlig ab! Dem hätte ich schon längst mal eins hinter die Löffel gegeben!« Als Hansemann fremdging, entrüstete sich ein Sicherheitsbeamter am Flughafen: »Wie kann Ihr Mann Sie nur verlassen, wo er so eine Perle zu Hause hat!« Und dabei machte er kopfschüttelnd seinen Körpercheck.

Bisweilen mischen sich andere Menschen in so ein Gespräch ein, die mir ebenso fremd sind, und geben mir Ratschläge: »Jetzt will ich Ihnen mal was sagen, Frau ... Beimer: Bleiben Sie hart! Kinder in die Welt setzen, die Frau betrügen, und dann wollen sie noch bemitleidet werden, die Männer. Das gibt's doch nicht! Suchen Sie sich einen Neuen! Sie sind doch noch attraktiv!«

Entsprechend sind die Reaktionen der Leute auf die Eskapaden meines zweiten Ehemanns: »Lassen Sie ihn laufen! Sie haben was Besseres verdient!«

Gelegentlich wird auch die Hoffnung ausgesprochen, Hans möge wieder zu mir zurückfinden. In diesem Punkt bin ich allerdings so ahnungslos wie jeder Zuschauer, das Drehbuch-Schicksal wird's fügen.

Was macht Mutter Beimer im tiefsten Westfalen?

Im April 2000 stehe ich als Sängerin Luisa Bari auf der Bühne des Theaters im westfälischen Minden und singe wohl zum zwanzigsten Mal die Arie der Großherzogin von Gerolstein. Das heißt, ich singe in meiner Stimmlage zu der Musik von Jacques Offenbach, und darüber hinaus »leiht« mir die Opernsängerin Maryline Horne ihre gewaltige Stimme – per Einspielung.

Wir sind mitten in den Dreharbeiten zu einem »Marie-Luise Marjan-Special«, das mir der WDR zu meinem 60. Geburtstag gewidmet hat. Wir arbeiten an zwei Geschichten: In »Die Prophezeiung« spiele ich eine Richterin und in »Die Verbündete« eben die Sängerin Luisa Bari.

So ein Special ist eine besondere Ehre. Entsprechend verbissen waren meine Vorbereitungen. In den Tagen zuvor lief ich oft stundenlang mit dem Walkman und der Originalpartitur am Rhein auf und ab und übte laut singend: »J'aime les militaires, j'aime les militaires ...« So mancher Spaziergänger, der mich sah, schüttelte den Kopf. Und ich maunzte vor mich hin: Wie kann er nur so eine komplizierte Arie aussuchen, die schon für jede Sängerin einen Kraftakt bedeutet? Aber ich musste da durch, es war ausgeschlossen zu sagen, ich kann das nicht. So etwas gibt es nicht für eine Schauspielerin. Also üben, üben, üben ...

Mit Kai Maertens, Rodrigo Shaw und Ben Hackländer beim Dreh zum »Marie-Luise-Marjan-Special«. 2000.

Take 11 (die achte). Patrick Winzewski, unser Regisseur, ist noch nicht zufrieden. »Mary-Lou, schau rechts an der Kamera vorbei, sonst gehst du mir über die Achse. Verdammte Hacke, was ist denn da auf der Hinterbühne für ein Lärm?« Dann fährt der Techniker auch noch das Band zu spät ab. Der Take muss wiederholt und wiederholt werden, und ich werde immer nervöser. Die Zeit läuft mir davon, ich muss schnell nach Köln zurück, dort warten meine »Lindenstraßen«-Fans auf mich.

Eben ist zum dritten Mal ein Konfettiregen auf mich niedergeprasselt, da ruft Patrick: »Wunderbar, das war's.« Ich hole tief Luft. Um mich herum lachende Gesichter. Drehschluss!

Während die Techniker mit dem Abbau beginnen, haste ich in die Garderobe, um mich schnell umzuziehen. Dann ins Taxi und zum Bahnhof. In letzter Sekunde erwische ich den Zug und bin gut zwei Stunden später in Köln, wo mein »Mutter-Beimer-Fanclub« mich erwartet. Heute, am Sonntag, den 16. April 2000, sind sechzehn Fanclubs aus der ganzen Bundesrepublik in den kleinen Sendesaal des WDR gekommen, um gemeinsam mit den Schauspielern die 750. Folge der »Lindenstraße« auf einer Großleinwand zu sehen und anschließend mit ihnen zu feiern.

Unsere Fanclubs sind ungeheuer treu und sehr aktiv, ihre Mitglieder versäumen keine Folge und kein Event. Sie wissen alles über ihre Lieblinge und fast alles über die Darsteller, die diese Rollen verkörpern. Zum zehnjährigen Bestehen der Serie drängten sich rund 100 000 Menschen dicht an dicht auf dem Gelände in Bocklemünd und harrten drei Tage dort aus, um ja nichts zu verpassen. Bei einer Wochenendveranstaltung in Nürnberg konnten die Fans in einer Schule alle Folgen auf Video sehen; drei Tage und drei Nächte kampierten sie in Schlafsäcken. Und in Husum liefen alle Folgen Non-stop auf einer Kinoleinwand; auch hier ging niemand schlafen.

So hektisch der Tag auch war, für mich ist es eine Selbstverständlichkeit, dass ich die Veranstaltung in Köln auf gar keinen Fall verpassen darf. Die Fans haben einen Recht darauf, dass wir alle dort erscheinen. Denn was wäre ein Schauspieler ohne sein Publikum?

Wie aufs Stichwort stehe ich um 22 Uhr in der Tür des Funkhauses in Köln am Wallrafplatz. Hansemann versteigert gerade mein Lieblingskochbuch für einen guten Zweck – für unser »Lindenstraßen«-Haus in Dresden, in dem obdachlose Straßenkinder und Jugendliche eine Anlaufstelle finden sollen. Im letzten Herbst haben wir dieses Haus eingeweiht und eine Linde davor gepflanzt.

Ein älterer Herr in der ersten Reihe erhält den Zuschlag. Ich überreiche ihm das Buch, beglückwünsche ihn und danke ihm vor allem für seine großzügige Spende.

Mit dem Schweizer Fanclub bei der Buchpräsentation der Kolumnensammlung »Was mein Herz bewegt«. Düsseldorf, 1998.

Der Schweizer Fanclub in der hintersten Reihe winkt mit ebenfalls ersteigerten »Lindenstraßen«-Trophäen.

»Ich habe zwei echte Jo Bollings ersteigert«, jubelt Barbara Knoch, die Präsidentin des Clubs.

»Und ich ein Ölgemälde von Ludwig Haas, das bekommt einen Ehrenplatz bei uns zu Hause, gell, Mutter«, freut sich der junge Markus Rickli.

Wir haben alles gesammelt, was es über die »Lindenstraße« gibt, natürlich auch das neue Buch »Lindenstraße 2000« mit allen Porträts der Schauspieler und einem großen Poster. In dieser Nacht signiere ich noch viele Bücher. Dann geht es zum Bahnhof, der »Mutter-Beimer-Fan-Club« reist zurück. Um sechs Uhr in der Früh sind alle in Zürich losgefahren, um Mitternacht geht es mit dem letzten Zug zurück. Was die Fans auf sich nehmen, um ihre Serie zu feiern, ist beeindruckend.

Die Rolle der Helga Beimer ist für mich ein Glücksfall, ihr verdanke ich jene Popularität, die beispielsweise in der Begeisterung unserer Fanclubs zum Ausdruck kommt. Aber Glück allein genügt nicht, Erfolg ist immer auch das Ergebnis harter und ehrlicher Arbeit. Seit Beginn der »Lindenstraße« gab es keinen Pressetermin, den ich ausgelassen hätte; und das war manchmal hart, denn in den ersten Monaten wurde kaum eines der vielen Fotos, die von uns geschossen wurden, anschließend auch gedruckt. Selbst private Kontakte, die ich mir im Laufe der Jahre erworben hatte, halfen da wenig.

Umso mehr kränkte es mich, wenn ich Neid oder Missgunst von Kollegen spürte, was in den ersten Jahren manchmal vorkam; heute ist das vergessen. Überhaupt ist Neid für mich das Überflüssigste von der Welt, weil er Kräfte raubt, die man besser einsetzen könnte. Besonders kränkend empfinde ich Neid jedoch, wenn er aus einem Anlass erwächst, für den der Betroffene überhaupt nicht verantwortlich ist.

Was war das für ein Wirbel, als Monika Paetow, die zuständige Redakteurin beim WDR, zum fünfjährigen Bestehen der »Lindenstraße« einen Zusammenschnitt aus alten Folgen in Auftrag gab. Schnell sprach sich herum, dass der Jubiläumsfilm »Die Beimer-Story« heißen und darin ausschließlich Freud und Leid der Familie Beimer gezeigt werden sollte. Die Nicht-Beimers schrieben Briefe an die Intendanz, die prompt an die Presse weitergeleitet wurden und dort für Schlagzeilen sorgten wie: »Dicke Luft in der Lindenstraße«.

Am Ende lief »Die Beimer-Story« trotzdem in der ARD, und im Nachhinein stellte sich heraus, dass der Aufruhr letztlich nur der Serie als Ganzes gedient hatte. Dennoch war viel Porzellan zerschlagen worden, völlig überflüssig.

In fünfzehn Jahren »Lindenstraße« wurde viel gelacht, viel geliebt und viel gestorben. Doch auch hinter den Kameras wurden wir regelmäßig hautnah mit Situationen konfrontiert, die denen glichen, die wir im Scheinwerferlicht spielten: Kolleginnen wurden schwanger, Kinder erkrankten, Kollegen starben. Der Tod holte, wen er wollte. Wolfgang Grönebaum, in der Serie der Hausmeister Egon Kling, starb völlig überraschend. Am Donnerstag hatte er noch gedreht, und am Montag traf uns bei einer Versammlung des Ensembles die Nachricht von seinem Tod wie ein Keulenschlag. Er hatte über Fieber geklagt und seine Frau vermutete eine Lungenentzündung. Weil sein Hausarzt einige Tage verreist war, versuchte er sich mit Hausmitteln zu kurieren. Falls übers Wochenende keine Besserung eintreten würde, wollte er am Montag einen anderen Arzt aufsuchen. Doch diesen Montag erlebte er nicht mehr.

Nicht geringer war der Schock über den Tod von George Moorse. Mein Lebensgefährte Bodo und ich kamen gerade von einer langen Ferienreise zurück, als uns eine Nachbarin, die während unserer Abwesenheit die Blumen gegossen hatte, mit dieser schrecklichen Nachricht begrüßte: George war einem Herzversagen erlegen. Wir setzten uns auf die Treppe, lasen in der Zeitung, was geschehen war, und verstanden es nicht.

Wir kannten George von privaten Treffen, ich hatte mehrere Jahre mit ihm gearbeitet, und nun sollte er nicht mehr sein? George Moorse war Amerikaner, Regisseur und Autor, lebte seit 1959 in Deutschland und hatte dem deutschen Film wichtige Impulse gegeben. Seine Verfilmung von Georg Büchners »Lenz«-Novelle gilt noch heute als Meilenstein in der Geschichte des deutschen Nachkriegskinos.

Mit Hans W. Geißendörfer war George in besonderer Weise verbunden, Hans war in seiner Anfangszeit Assistent bei ihm gewesen. Später hatte George, eine inspirierte Persönlichkeit mit verschmitztem Humor und immer hilfsbereit, für die »Lindenstraße« Drehbücher geschrieben und weit über hundert Folgen der Serie inszeniert. Uns Schauspieler hatte er stets angehalten, unsere Figuren menschlich zu gestalten. Das Team und das Ensemble schätzten ihn sehr.

Mir gefiel besonders seine stille Art der Inszenierung. Wenn ich mal wieder etwas zu expressiv war, ermahnte er mich: »Don't be a sailor.«

Bei Wolfgang wie bei George traf uns die Todesnachricht völlig überraschend; niemand hatte damit rechnen können. Aber es macht letztlich keinen Unterschied, ob man sich auf den Abschied von einem Kollegen vorbereiten kann oder nicht. Dass Inga Abel, unsere Eva Sperling, unheilbar an Krebs erkrankt war, wusste jeder, der an der »Lindenstraße« mitwirkte, schon seit längerem. Die Nachricht von ihrem Ableben Ende Mai machte niemanden von uns dadurch weniger betroffen.

Mutter der Nation

Durch die Rolle der Helga Beimer wurde ich populär, und damit änderte sich vieles für mich. Viele Türen gingen für mich auf, Menschen aus den unterschiedlichsten Lebenskreisen kamen auf mich zu. Die »Lindenstraße« eröffnete mir ein gesellschaftliches Leben, das ich vorher nicht hatte. Ich gewöhnte mich daran, dass ich regelmäßig zu Talk- und Unterhaltungsshows eingeladen wurde – von Dieter Thomas Heck, Mike Krüger, Karl Dall, Harald Schmidt oder Alfred Biolek. Roger Willemsen befragte mich, Thomas Koschwitz, Friedrich Küppersbusch und Bettina Böttinger. Bei Johann Lafer im »Fröhlichen Weinberg« kochte ich, bei Max Schautzer musste ich raten, Ilona Christen befragte mich zum »Mythos Mutter« und Johannes B. Kerner zu meinem Leben. Thomas Gottschalk lud mich zu »Wetten dass ...?« ein, der momentan erfolgreichsten Fernsehshow in ganz Europa.

Ebenso selbstverständlich wurde es bald für mich, zu Medientreffs, Galas, Preisverleihungen und großen Bällen eingeladen zu werden, zu Geschäftseröffnungen oder der Einweihung von neuen Studios. Das alles ist für mich jedoch keine Pflicht, sondern diese Auftritte machen mir Spaß.

Die »Lindenstraße« lief und läuft weiterhin Sonntag für Sonntag und wird während der Woche in den Dritten Programmen wiederholt. Je erfolgreicher die Serie wurde, desto populärer wurde auch Helga Beimer; immer häufiger tauchte in den Zeitungen in Verbindung mit ihr – und damit natürlich auch in Verbindung mit mir – die Bezeichnung »Mutter der Nation« auf.

Meinen fünfzigsten Geburtstag feierte ich auf einem Restaurant-Schiff am Kölner Rheinufer. Die »Lindenstraße« war noch keine fünf Jahre alt, doch mein Leben hatte sich bereits grundlegend verändert! Zu meinem Fest kamen Freunde aus Theaterzeiten und Kollegen aus der »Lindenstraße«; es kamen aber auch Friedrich Nowottny, der damalige Intendant des Westdeutschen Rundfunks, und Hans-Dietrich Genscher, der damalige Außenminister der Bundesrepublik Deutschland.

Diese Ehre verdankte ich Reinhard Bettzuege, der zu dieser Zeit Genschers Pressesprecher war und heute deutscher Botschafter bei der OECD in Wien ist, der Organisation für wirtschaftliche Zusammenarbeit, mithin der wichtigsten Welthandelsorganisation also. Er hatte zu Genscher gesagt: »Herr Minister, Sie sind der Vater der Nation … Sie sollten unbedingt die Mutter der Nation treffen …«

Mit Reinhard war ich damals bereits gut zwanzig Jahren befreundet, seit meiner Anfangszeit am Bochumer Schauspielhaus. Doris Gallert, eine Freundin aus Karlsruher Zeiten, hatte uns miteinander bekannt gemacht.

Doris' Vater war Jäger und hatte seine Tochter überredet, den Jägerball in Bad Münstereifel zu besuchen. Doris wollte nicht allein dorthin, und so begleitete ich sie. Ein Jägerball ist eine stimmungsvolle Angelegenheit, und das war in Bad Münstereifel nicht anders. Die Herren trugen den grünen Rock, die Damen lange, stark gebauschte Kleider und die Jagdhörner bliesen. Ein junger Mann forderte mich zum Tanzen auf; wir verstanden uns gut, und zum Abschied lud ich ihn ins Theater ein. Daraus wurde, was Reinhard »eine Studentenliebe« nennt.

Damals schwankte Reinhard noch, ob er Theaterregisseur oder Diplomat werden sollte. Er entschied sich für die zweite Möglichkeit und absolvierte die Diplomatenlaufbahn. Im Laufe der Jahre war er auf Posten in Portugal, London, bei der NATO in Brüssel und – zwischenzeitlich war er eben Hans-Dietrich Genschers Mann in Bonn.

Unsere Freundschaft ist bis heute nie abgerissen. Wenn ich mich bei meinen Reisen ins Ausland an eine deutsche Botschaft wandte, hatte er mir meist den entsprechenden Rat gegeben oder mich mit einem Telefonanruf dort angemeldet. Wir haben uns fest vorgenommen, bis ans Lebensende Freunde zu bleiben.

Was Hans-Dietrich Genscher angeht, so blieb es nicht bei dem einmaligen Sehen und Händeschütteln, er gehörte von diesem Tag an einfach zu meinen Bekannten; und Bekannte treffen sich für gewöhnlich immer wieder, bei Bällen, Preisverleihungen

Mit Klaus Bresser, Hans-Dietrich und Barbara Genscher beim »Ball der Liberalen« in Wuppertal.

und Talkshows oder zufällig in der VIP-Lounge irgendeines Flughafens. Und zu besonderen Anlässen auch privat.

Durch meine Präsenz in den Medien wurde ich bald für Wohltätigkeitsorganisationen interessant. 1990 traten UNICEF, Plan International und die »Lebensbrücke St. Petersburg« mit der Bitte an mich heran, sie zu unterstützen. Allen drei Organisationen sagte ich gerne zu.

UNICEF, das Welt-Kinderhilfswerk, ist nach dem Zweiten Weltkrieg gegründet worden, um den unterernährten und oft schwer kranken Kindern im zerstörten Europa zu helfen. Was ursprünglich als vorübergehende Aktion gedacht war, wurde zu einer dauerhaften Einrichtung, die auch heute noch für Millionen von Kindern überlebensnotwendig ist. Wie viele Kinder auf der Welt haben nicht einmal sauberes Trinkwasser. Zehnjährigen drückt man eine Maschinenpistole in die Hand und macht sie zu »Kindersoldaten«. Für die »Teppichkinder« in Nepal bringt jeder neue Tag nur neue grauenhafte Plackerei.

Das Kinderhilfswerk versucht, solche himmelschreienden Ungerechtigkeiten aus der Welt zu schaffen. Es sorgt dafür, dass alle Kinder wenigstens das Minimum bekommen, das ihnen zusteht: Ernährung, sauberes Trinkwasser, Gesundheit und Schulbildung. UNICEF finanziert und organisiert Hilfsprogramme in 160 Ländern und Regionen, vor allem durch den Verkauf von Grußkarten und Spenden von hilfsbereiten Menschen. Wo ich kann, trete ich als »UNICEF-Botschafterin« auf, im Fernsehen ebenso wie bei vielen kleineren Veranstaltungen, die im Verlauf eines jeden Jahres stattfinden – da ein Jazz-Frühstück, dort eine Buch-Vorstellung. Jeder Scheck, den ich für UNICEF in Empfang nehme, rettet Leben und gibt Kindern die Chance auf eine bessere Zukunft.

Die »Lebensbrücke St. Petersburg« – mittlerweile heißt sie

Botschafterin für UNICEF. Düsseldorf, 1993.

»Deutsche Lebensbrücke« – war 1989 spontan von Eduard von Anhalt gegründet worden, als in der Tagesschau beinahe täglich Bilder von dem Elend Russlands und des ehemals so stolzen St. Petersburg gezeigt wurden. Diese Not wollten nun viele Menschen lindern helfen. Wir besuchten mit den Helfern der Lebensbrücke in St. Petersburg eine Gehörlosenschule und das Krankenhaus Nr. 1, wohin ein Teil der Spenden geflossen war. Im 17. Stock des Krankenhauses wurden krebskranke Kinder behandelt. In ihren Betten sah man dem Tod geweihte Kinder mit riesigen Augen und Stoppelhaaren. Es war schwer, bei so viel Leid auch nur zu atmen. Und dennoch war es auch wieder beglückend, die Freude der Kinder über den Besuch und die Aufmerksamkeit, die ihnen zu Teil wurde, zu erleben.

Besonders ans Herz gewachsen ist mir Plan International. Für diese Organisation engagiere ich mich als Mitglied des Kuratoriums und habe bislang an drei großen Benefiz-Galas zu ihren Gunsten mitgewirkt; außerdem mache ich immer wieder bei Interviews für Funk und Fernsehen und mit Zeitungsreportern auf die Anliegen dieser Organisation aufmerksam.

Am wichtigsten sind für mich allerdings die Patenschaften von drei Kindern, die ich seit 1990 auf Vermittlung von Plan International übernommen habe; meine drei Patenkinder sind ein Mädchen aus Indien, ein Junge aus Sri Lanka und seit Mai 1999 ein kleines Mädchen aus Vietnam.

Plan International wurde 1937 von einem englischen Journalisten ins Leben gerufen. Er hatte als Berichterstatter im Spanischen Bürgerkrieg miterlebt, wie Flüchtlings- und Waisenkinder zwischen den Fronten umherirrten und daraufhin ein Heim für sie gegründet. Während des Zweiten Weltkriegs und danach erweiterten sich die Aufgaben von Plan, jetzt wurden Kriegskinder in ganz Europa unterstützt. In einem englischen Heim wurden zum Beispiel jüdische Kinder betreut, die dem Grauen ihrer Verfolgung in Deutschland entkommen waren. Nach Kriegsende half Plan dann auch deutschen Kindern.

Das Besondere am Konzept von Plan International sind die Patenschaften, die persönliche Beziehungen zwischen den Kindern und ihren Helfern herstellen sollen. Tatsächlich ist es ein gravierender Unterschied, ob jemand einer Organisation Geld zukommen lässt, das in allgemeine Projekte investiert wird, oder ob er einem bestimmten Kind kontinuierlich Hilfe leistet und an seinem Leben ein wenig Anteil nimmt.

Heute hilft Plan International vor allem Kindern und ihren Familien in der Dritten Welt – unabhängig von Religion, politischen Verhältnissen und Volkszugehörigkeit. Weltweit übernahm der ehemalige Bundespräsident Professor Dr. Dr. Roman Herzog die einmillionste Patenschaft; sein Nachfolger Johannes Rau setzt diese Tradition fort.

Eine persönliche Beziehung zu den Kindern herzustellen, ist für mich besonders wichtig. Deshalb habe ich meine Patenkinder in ihrer Heimat mehrmals besucht.

Sulochana, mein indisches Patenkind, lebt in Bhiwandi, sechzig Kilometer von Bombay entfernt. Bombay zu erleben war ein Schock für mich. Man kann noch so viele Bücher über die Armut und Überbevölkerung Indiens lesen, wenn man mit der Wirklichkeit konfrontiert wird, mag man sie nicht fassen. Es gibt Menschen, die ihr ganzes Leben auf einer Müllkippe verbringen. Andere vegetieren in einem Niemandsland zwischen den großen Ausfallstraßen und den Wohnvierteln, auf einem schmalen Streifen Lehmboden, den sie bettelnd auf- und abziehen. Nicht mal eine Hütte aus Blech oder Pappe gehört ihnen. In der Hierarchie

Mit meinem Patenkind Sulochana in Bhiwandi, Indien. 1996.

der Armut sind schon die höher gestellt, die wie Schwalben an Felswänden in dem Gespinst von Versorgungsleitungen und Brücken über den Autostraßen hausen.

Um nach Bhiwandi zu gelangen, muss man zunächst vierzig Kilometer Bombay überwinden, sich mit den schier endlosen Karawanen von Lastwagen und Personenautos vorwärtsquälen. In »meinem« Dorf, das vor Jahren nur ein Fleck Erde war, den man an die Ärmsten verteilte, erwartete uns freundlich und geduldig beinahe die gesamte Einwohnerschaft. Man begrüßte uns Abgesandte von Plan International mit langen Zeremonien und malte uns das Zeichen für Freundschaft auf die Stirn; erst dann konnte ich mein erwartungsvolles Patenkind begrüßen.

Das Patenkind steht stellvertretend für die ganze Dorfgemeinschaft. Sulochanas Familie ging es bei meinem zweiten Besuch sichtlich besser als beim ersten Mal, die Hilfsgelder hatten es ihr ermöglicht, ein kleines Haus zu bauen. Vor allem aber ging es dem ganzen Dorf besser. Jetzt gab es einen neuen Brunnen, eine Wasserleitung und einen Versammlungsraum für die Dorfbewohner.

In Sri Lanka wirkte die Armut poetisch. Die malerische Landschaft schien vollkommen intakt zu sein, die Frauen wuschen wie seit Urzeiten ihre Wäsche am Fluss, niemand schien zu frieren, niemand zu hungern. Und doch brauchen auch hier die Menschen dringend Hilfe.

Mein Patenjunge Sunil wuchs in einer Hütte auf, die regelmäßig vom Monsunregen und dem folgenden Hochwasser überflutet wurde. Bei meinem ersten Besuch zeigte er mir stolz Bilder und Briefe, die ich ihm geschickt hatte und die er sorgsam an der Wand befestigt hatte. Bei unserem Wiedersehen existierten die Briefe und Bilder noch immer, nur hatten sie jetzt Wasserränder und -flecken. Beim letzten Hochwasser wären sie beinahe weggeschwemmt worden, der Junge hatte sie gerettet.

Mit Sunil 1998 in Sri Lanka.

Wie es in Bhiwandi die Wasserleitung war, so war es hier eine von Plan gestiftete Brücke, die das Leben des Dorfes vollkommen verwandelt hatte. Die Schulkinder mussten nun während der Regenzeit nicht mehr einen Umweg von zwanzig Kilometern in Kauf nehmen, um zur Schule zu gelangen, und die Bauern konnten ihre Früchte und das Gemüse schneller zum Markt bringen.

In Vietnam konnte die junge Familie der kleinen, dreijährigen Yen mit Plans Hilfe ein eigenes Steinhäuschen bauen. Die Vietnamesen sind bienenfleißig und lassen sich nicht unterkriegen. Sie haben es geschafft, ihr völlig zerstörtes Land in kurzer Zeit wieder aufzubauen. Dennoch benötigen sie weiterhin Hilfe.

Wo auch immer ich die Armut erlebte, bei allen Kindern spürte ich einen Optimismus und eine unbändige Lebensfreude, die mich stark beeindruckten.

Mit der dreijährigen Chen in der Tien-Luc-Kommune, Vietnam. 1999.

Mit Marianne M. Raven von Plan Deutschland bei einem offiziellen Empfang in Bombay.

Während meines ersten Aufenthaltes in Bombay wurden wir Abgesandten von Plan Deutschland, die Geschäftsführerin Marianne M. Raven und ich, zusammen mit Vertretern von CASP, der indischen Schwesterorganisation, vom Stadtkomitee empfangen. Marianne stellte mich in einer kleinen Rede als Schauspielerin vor und benutzte auch die Bezeichnung »Mutter der Nation«.

Schon bei dem Wort Schauspielerin war ein Raunen durch den Saal gegangen, genießen doch indische Filmschauspieler hohe Achtung. Nun auch noch zu hören, ich sei »Mutter der Nation«, das erforderte ihren ganzen Respekt. Alle anwesenden Männer erhoben sich von ihren Stühlen und verbeugten sich tief und ehrfürchtig in meine Richtung.

Morgenröte der Freude

Fernsehpreise sind so etwas wie Beifall aus Fachkreisen, sehr begehrt und erwünscht.

Der Theaterschauspieler holt sich jeden Abend beim Publikum sein Dankeschön ab. Film- und Fernsehschaffende agieren zunächst nur für die Crew, allein der Regisseur gibt ihnen ein Feedback, ob sie gut waren oder schlecht. Durch die Preisverleihung wird die Leistung öffentlich gefeiert und mit hörbarem Applaus bedacht.

Dreimal war ich als Helga Beimer für den Telestar nominiert. Jedes Mal brachte der Postbote eine Urkunde, eine schriftliche Nominierung, die man sich wohlgerahmt an die Wand hängen konnte. Aber das war nur ein Stück ehrenwertes Papier, vom eigentlichen Preis war man noch weit entfernt. Aber man durfte auf die nächste Chance hoffen.

Im Jahr 1994 wurde ich gleich für zwei Rollen nominiert – für Helga Beimer und die Apothekerin Lisa Kern in der ZDF-Produktion »Kein Rezept für die Liebe«. »Jetzt«, raunte man mir zu, »jetzt muss es klappen.«

Und es klappte tatsächlich. Mein Produzent und Mentor Hans W. Geißendörfer begleitete mich offiziell zur Preisverleihung, und mit ihm viele Kollegen aus der »Lindenstraße«. Die

Mit meinem Lebensgefährten Bodo Bressler in Malaysia. 1989.

Laudatio hielt eines meiner neununddreißig Fernsehkinder, die ich in all den Mütterrollen im deutschen Fernsehen gespielt hatte. Helmut Zierl war in der Serie »Eigener Herd ist Goldes wert« mein Sohn gewesen.

Es war ein seltsames Gefühl, da oben zu stehen – meine Lindensträßler im Parkett, der Produzent, der mir applaudierte, und mein Filmsohn, der mich lobte, neben mir auf der Bühne.

In meiner Dankesrede lobte ich die Treue und das Durchstehvermögen der öffentlich-rechtlichen Sender – und dabei dachte ich an unsere Anfangsschwierigkeiten und wie der damalige Intendant Friedrich Nowottny die »Lindenstraße« durchgeboxt hatte.

Vier Jahre später erhielt die »Lindenstraße« in der Kategorie »Erfolgreichste deutsche TV-Serie« die »Goldene Kamera«. Das ZDF übertrug die Preisverleihung im Konzerthaus am Berliner Gendarmenmarkt als große Show, Thomas Gottschalk führte glanzvoll durch den Abend.

Kevin Costner bekam die »Goldene Kamera« für seinen Film »Postman« und bedankte sich auf deutsch: »Es ist mir eine Ehre.« Dann steckte er aus Versehen den Umschlag mit der Laudatio für Meret und Ben Becker ein, weil er dachte, es sei seine Urkunde.

Die beiden französischen Weltstars Alain Delon und Jean-Paul Belmondo wurden für ihr Lebenswerk ausgezeichnet; die Illustrierten brachten viele Bilder, auf denen ich zwischen den beiden zu sehen war. Unter einem dieser Fotos stand: »Da riskieren die beiden französischen Haudegen gerne einen tiefen Blick: Bei der Verleihung der ›Goldenen Kamera‹ bezauberte Marie-Luise Marjans Lächeln die beiden großen Männer des französischen Films.«

Ausgezeichnet wurde auch Til Schweiger, der im Jahr zuvor mit »Knockin' on Heaven's Door« den erfolgreichsten deutschen Kinofilm produziert hatte. Wir freuten uns mit ihm, hatte er doch seinen ersten Ruhm in unserer Serie erworben – als Jo Zenker, der sich in seine schöne Stiefmutter verliebte und deshalb aus der »Lindenstraße« floh.

In Wahrheit hatte natürlich der Darsteller des Jo andere Pläne, und sein späterer Erfolg gab ihm Recht. Vor der Frage, wie lange man in einer Endlosserie spielen kann, steht sicher irgendwann jeder Schauspieler einmal. In der »Lindenstraße« liegt der Reiz darin, dass man sich mit seiner Rolle entwickeln und verändern kann. Man darf älter werden und trotzdem immer noch die gleiche Rolle spielen.

Über Jahre mit einer Rolle zu leben und mehr oder weniger an einen Ort gebunden zu sein, hat auch Auswirkungen auf das Privatleben. Die Situation, einen Partner zu haben und dennoch an vielen Abenden im Jahr allein zu sein, kenne ich nur zu gut. Bodo Bressler, seit nunmehr achtzehn Jahren mein Lebensgefährte, arbeitet am Thalia Theater in Hamburg. Die meiste Zeit bin ich bei Dreharbeiten in Köln, so dass wir uns oft mehrere Wochen lang nicht sehen.

Umso mehr bedeuten uns die gemeinsamen Ferien, die gemeinsamen Reisen.

Mein Geburtstag, der 9. August, fällt immer in die Ferien. Das war früher am Theater so und ist bei der »Lindenstraßen«-Produktion nicht anders. In gewisser Weise könnte ich mein Leben anhand meiner Geburtstagsfeiern erzählen, die fast immer mit einer Reise und einer Geschichte verbunden sind. Man müsste sehr weit ausholen um zu schildern, warum Bodo und ich 1987 bei den Filmfestspielen in Locarno, im nächsten Jahr in Thailand und 1989 auf einer malaiischen Insel Geburtstag feierten, wer jeweils unsere Gäste waren und wie wir sie kennen gelernt haben.

Im Juli 1990 war ich in Indien, um mein Patenkind Sulochana zu besuchen. Im Anschluss daran unternahmen wir eine Safari im Masai Mara Park in Kenia; am 9. August feierten wir mit Dr. Meister, dem Besitzer der Leisure Lodge bei Mombasa, und seinen Freunden.

In einem anderen Jahr unternahmen Bodo und ich eine Rundreise durch Thailand, die uns auch zum »Goldenen Dreieck« im Norden des Landes führte, dem Grenzgebiet zu Laos und Burma, in dem seit langem illegal Opium angebaut wird. Die Landschaft um Chiang Rai ist wunderschön. Wir bewunderten die Zeugnisse einer großen Kultur, zum Beispiel die Altstadt von Sukhothai, was wörtlich übersetzt die »Morgenröte der Freude«

Im Masai-Mara-Park, Kenia. 1990.

heißt. In ihrer Blütezeit war Sukhothai die Hauptstadt eines Königreiches, das um einiges größer war als das heutige Thailand. Die Ruinen der Königspaläste, der gewaltige buddhistische Tempel, die Reste der Stadttore, Mauern, Teiche und Kanäle der alten Stadt und ihrer Umgebung sind heute von der UNESCO geschütztes Weltkulturerbe.

Je weiter wir nach Norden kamen, desto abenteuerlicher wurde die Landschaft. Mit unseren Jeeps durchquerten wir gebirgigen Dschungel, fruchtbare Täler und Hochebenen mit wildromantischen Flüssen. Die Menschen der Bergstämme, die selten Kontakt mit Touristen aus Europa haben, staunten über Bodo – einen so großen, stattlichen weißen Mann hatten sie offenbar noch nie gesehen. Die Mädchen kicherten, und einige versuchten ihn zu berühren.

In Yucatán, Mexico. 1994.

Auf Bali, Indonesien.

Zu meinen schönsten Reiseerinnerungen gehört unser Aufenthalt in Sri Lanka, wo wir unter anderem Minthale, eine der Kultstätten des Buddhismus, besuchten. Der Buddhismus ist eine friedfertige Religion, die alles Leben respektiert. Diese Haltung des Buddhismus habe ich mir zu eigen gemacht. Regelmäßig mache ich Ayurveda-Kuren und meditiere; die Momente der Meditation sind für mich wie Inseln der Ruhe in einem meist sehr hektischen Alltag.

Unverständlich ist für mich, dass selbst in dieses Reich des Friedens Gewalt eindringen konnte. In Anuradhnapura, nicht weit von uns entfernt, schossen Terroristen – Freiheitskämpfer, wie sie sich nannten – auf Menschen, die ins Gebet vertieft waren.

Weiterhin waren Bodo und ich gemeinsam auf den Niederländischen Antillen, in Kanada und in Mexiko, wo wir in Yucatán die Zeugnisse der Maya-Kultur bewunderten. Oft verbrachten wir die Sommerferien in Europa, zum Beispiel am Luganer See, in der

Türkei, in Spanien und in der Toskana, wo wir für einige Wochen eine Wohnung mitten in den Weinbergen mieteten.

Als ich in Disneyworld in Orlando einen Filmbeitrag drehte, nutzten Bodo und ich die Gelegenheit, die Keys in Florida zu bereisen. In Ernest Hemingways Haus hielten wir in der größten Mittagshitze auf seiner Terrasse im Schatten Siesta.

Eine weitere Dokumentation brachte uns nach Burkina Faso, in die Savannen des schwärzesten Afrika. Jede dieser Reisen war ein unvergessliches Erlebnis und bereicherte unsere Beziehung.

Celebes, Indonesien, Bodo und Marie-Luise mit der traditionellen Kopfbekleidung. 1988.

Schloss Bellevue

Bei aller Popularität muss man sich immer die Frage stellen, wie man wie man damit umgeht. Genießt man sie still für sich? Oder versucht man sie zu nutzen, indem man sich für etwas einsetzt, das man für wichtig und sinnvoll hält.

Mein Herz hat immer für die Kinder dieser Welt geschlagen. So war es selbstverständlich für mich, sofort zuzusagen, als das Kinderhilfswerk der Vereinten Nationen (UNICEF) und Plan International mich um meine Mitarbeit baten. Diese Hilfe für Kinder hat mir 1998 eine hohe Ehre eingetragen: das Verdienstkreuz 1. Klasse, eine der höchsten Auszeichnungen, die unser Staat zu vergeben hat.

Angekündigt wurde mir die Ehrung durch einen Brief des Bundespräsidialamtes, der mit folgenden Worten begann:»Sehr geehrte Frau Marjan, der Herr Bundespräsident zeichnet aus Anlass des Tages der Deutschen Einheit einige Bürgerinnen und Bürger für besondere Verdienste um das Gemeinwohl mit dem Verdienstorden der Bundesrepublik Deutschland aus. Ich freue mich, Ihnen mitteilen zu können, dass Sie zu diesen Persönlichkeiten zählen und der Herr Bundespräsident Ihnen diese Auszeichnung gerne persönlich überreichen möchte. Als Termin ist Donnerstag, der 8. Oktober 1998, 15.00 Uhr in Schloss Bellevue,

Die »Mutter der Nation« in Bhiwandi, Indien.

Spreeweg 1 in Berlin vorgesehen. Ich wäre für eine möglichst umgehende Mitteilung dankbar, ob Sie bereit sind, den Orden anzunehmen.«

Natürlich war ich bereit, und mit Glück und Geschick ließ es sich auch einrichten, dass ich trotz eines engen Drehplans am 8. Oktober nach Berlin fliegen konnte. Aber was zieht man zu einer Ordensverleihung im Schloss Bellevue, dem Amtssitz des Bundespräsidenten, an? Ich ließ mir von meiner Designerin Marie-Luise Schulte-Kitzing ein helles Kleid nähen, dazu eine dreiviertellange Jacke, dunkelblau paspeliert.

Kerstin Greve vom Ullstein-Verlag holte mich am Flughafen ab; sie war nervös, weil wir spät dran waren.

Ich hatte ein anderes Problem: Im Flugzeug hatte ich bemerkt, dass sich der Saum des Kleides gelöst hatte.

»Kerstin«, sagte ich, »mein Saum ist los ... Was machen wir jetzt? Hast du zufällig Nadel und Faden dabei?

Kerstin kramte in ihrer Handtasche und zuckte die Schultern. »Nichts ... leider!«

Was nun? Wir hatten Glück. Auf dem Weg zum Schloss kamen wir an einem Brautmoden-Geschäft vorbei. Wir hatten beide den gleichen Gedanken. Kerstin trat auf die Bremse, und ich stürzte ins Geschäft.

»Können Sie mir bitte schnell den Saum festheften?«, sagte ich zu einer Verkäuferin. »Wir müssen zum Bundespräsidenten ins Schloss Bellevue ...«

In der nächsten Sekunde stand ich im Unterrock da, das Kleid umspielte meine Fesseln.

Die Verkäuferin rief aufgeregt nach der Schneiderin: »Es handelt sich um einen ein Notfall, bitte kommen Sie sofort.«

Und im Nu war der Saum genäht.

Korrekt gekleidet betrat ich nun mit Kerstin den Saal, in dem die Ehrung stattfand. Wir kamen in letzter Sekunde, die Musiker stimmten schon ihre Instrumente. Erleichtert suchten wir uns einen Platz in der letzten Reihe.

An diesem Tag wurden insgesamt fünfzig Bürger und Bürgerinnen für ihr soziales Engagement ausgezeichnet, unter anderen Uschi Glas und Peter Ustinov, Sonia Mikisch, die frühere ARD-Korrespondentin in Moskau, und Wolfgang Niedecken, der Chef der Kölner Band BAP.

»Sie haben sich um Mitmenschen gekümmert. Sie haben uneigennützig geholfen«, sagte Bundespräsident Roman Herzog in seiner Ansprache. »Der eine oder andere wird vielleicht aus innerer Überzeugung oder aus Prinzip, aber auch aus Bescheidenheit zurückhaltend gegenüber Orden sein, und das, weil mancher

Bundespräsident Prof. Dr. Dr. Roman Herzog überreicht den Orden.
08. Oktober 1998.

glaubt, nur das Selbstverständliche getan zu haben, nichts Besonderes also. Aber gerade diese Selbstverständlichkeit ist es, die Sie auszeichnet und andere hat aufmerksam werden lassen; sonst wären Sie ja nicht vorgeschlagen worden.«

Friedrich Nowottny, der frühere WDR-Intendant, stellte später die Ordensträger und ihre Leistungen etwas näher vor. Als ich an der Reihe war, sagte er: »Neben ihrem bühnen-künstlerischen Wirken hat sich Frau Marjan durch ihre schauspielerischen Leistungen zu einer Identifikationsfigur des öffentlich-rechtlichen Fernsehens entwickelt, die es verstand, ihre Popularität mit menschlicher Wärme und moralischem Anstand zu verbinden.«

Es waren wohl die Worte »moralischer Anstand« und »menschliche Wärme«, die mich in diesem Moment an Vater denken ließen. Wäre er jetzt hier gewesen, in diesem lichten Saal des Schlosses Bellevue, hätte ich wohl gesagt: »Papa, es war doch richtig, dass ich Schauspielerin geworden bin, nich, Papa?«

Spätestens in diesem Moment wäre er bestimmt mit meinem Beruf versöhnt gewesen. Und Mutter hätte vor Glück geweint.

Es war ein wunderbar sonniger Tag, die Gäste konnten nachher im großen Garten des Schlosses flanieren. Fotos wurden geschossen, die Nachrichten-Agenturen nannten die Namen der Ausgezeichneten, und die Briefe, die ich danach bekam, waren Stück für Stück weitere Ehrungen. Fritz Pleitgen, der WDR-Intendant, schrieb mir: »Durch Ihr schauspielerisches Können und Ihre Persönlichkeit sind Sie in der Tat für ein großes Publikum zu einer wichtigen Identifikationsfigur geworden, mit der man mitlebt und mitleidet. Diesen Verdienstorden trägt zukünftig zurecht eine Ikone des öffentlichen-rechtlichen Fernsehens in Deutschland.«

Die Vorsitzenden von Plan International, von UNICEF Deutschland und der Deutschen Lebensbrücke dankten mir in herzlichen Worten für meine Unterstützung ihrer Arbeit. Der Kölner Oberbürgermeister und viele Fans gratulierten und freuten sich mit mir. Ein alter Freund schrieb: »Ich bin stolz, so eine hochdekorierte Persönlichkeit zu kennen.«

Auch Hans W. Geißendörfer ließ mir einen Brief zukommen: »Ist ja ungeheuer, was man – aus unserer Branche kommend –

alles erreichen kann. Dieses Verdienstkreuz ist u. a. auch Feedback für die ganze ›Lindenstraße‹.«

Dann sprach er einige praktische Probleme an – und damit hatte mich der Schauspiel-Alltag wieder.

Sechzig Jahre – Helga Beimers Kinder sind aus dem Haus, die zweite Ehe droht zu scheitern. So sieht mein »Lindenstraßen«-Alltag aus!

Und die Wirklichkeit?

Alle Freiheiten der Welt habe ich, mein persönliches Leben zu gestalten. Hoffentlich stehe ich noch vor vielen positiven Herausforderungen. Der liebe Gott möge mir ein guter Ratgeber sein, dass ich die richtigen Entscheidungen treffe, dass ich gesund bleibe und meine Freude am Leben und mein positives Denken an andere Menschen weitergeben kann.

Ich habe es als besonderes Glück empfunden, so vielen interessanten und talentierten Menschen zu begegnen und mit ihnen arbeiten zu dürfen. Dafür bin ich dankbar. Und ich danke auch den vielen Menschen, die mein Leben begleitet haben und weiterhin begleiten werden.

Bildnachweis

Alle Fotos stammen aus der privaten Sammlung von Marie-Luise Marjan.
Der Verlag hat sich gewissenhaft bemüht, die Rechteinhaber zu kontaktieren. Soweit dies im Einzelfall nicht gelungen ist, wird der Rechteinhaber gebeten, sich mit dem Verlag in Verbindung zu setzen. Wir danken folgenden Fotografen:

Fotografennachweis:

Bartsch, Gerhard, Sprockhövel (S. 372)
Beiderbeck, Gerhard, Bochum (S. 14)
Bischoff, Peter, Worpswede (S. 341)
Clausen, Rosemarie, Berlin (S. 88, 96)
Fuhrmann, Charlotte, Bochum (S. 219)
Helden van, L., Düssldorf (S. 278)
Kneidl, Helga, Berlin (S. 13)
Natter, Erich, Basel (S. 150, 174)
Neumann, Willy, Bochum (S. 267)
Ollischläger, A., Köln (S. 350)
Panáček, Jindrich, Prag (S. 335)
PI, Hamburg (S. 379)
Preker, Christoph, Münster (S. 297)
Presseamt, Stadt Bochum (S. 187, 243)
Täubner, Wilfried, Köln (S. 213)
Weiss, Gerd, Karlsruhe (S. 165, 184)
Wesselow, Aribald (S. 380)

Register

Abel, Inga 369
Alex, Liesel 244, 261
Anders, Sylvia 304, 305, 309
Andree, Ingrid 103
Anouilh, Jean 123, 193, 208, 232
Arden, John 209
Arendt, Elke 215
Arnold 232
Aron, Henriette 108
Arrabal, Fernando 249, 250
Bach 232
Ballhaus, Michael 290
Barlach, Ernst 216
Barner, Klaus 234, 243
Barnes, Peter 295
Bassermann, Johanna 347
Beauvais, Peter 290
Becker, Anke 347
Becker, Ben 384
Becker, Maria 146 ff., 148, 155, 230
Becker, Meret 384
Beckett, Samuel 272
Beckmann, Horst Christian 215
Belmondo, Jean-Paul 384
Biolek, Alfred 75, 370
Bleiweiß, Ina 357
Bogdan, Lew 312
Böhmert, Axel 257
Böttinger, Bettina 370
Bouquet, Carole 333
Boysen, Rolf 230
Brecht, Bertolt 144, 146, 208, 231, 272, 277, 279, 325
Breidenbach, Tilli 7, 326
Breloer, Heinrich 290
Bresser, Klaus 372
Bruck, Birke 142
Buhre, Traugott 165

Burda, Aenne 8
Burda, Dr. Hubert 8
Burkhard, Paul 196
Calderón de la Barca, Pedro 232, 283
Carstensen, Margit 103
Caven, Ingrid 333
Charell, Erik 196
Christen, Ilona 370
Clausen, Claus 272
Cossardt, Jörg 202
Costner, Kevin 384
Cremer, Ute 255
Dall, Karl 370
Daube, Otto 39, 40, 48, 55–60, 65, 69 ff., 85
Di Benedetto, Ida 333
De Burgh, Chris 8
De Fazio, Domenic 320, 323
Degenhardt, Franz-Josef 285
Delius, Franz 143
Delon, Alain 384
Diem, Conny 330
Dietrich, Hannelore 236 ff.
Doll, Hans Peter 230
Dorst, Tankred 329
Driest, Burkhard 285
Dürrenmatt, Friedrich 164, 184
Etzel, Marie-Luise 266 f.
Fallada, Hans 261
Farenburg, Hanns 108–118
Fassbinder, Rainer Werner 103, 246, 290, 333
Fernandes, Augusto 252, 258, 312
Feydeau, Georges 334
Fiedler, Gerlach, 330
Fischer, Jürgen 242
Fischer-Windorf, Astrid 252
Flimm, Jürgen 290
Fo, Dario 326
Freitag, Robert 146
Frisch, Max 146, 178
Fritsche, Max 215 ff.

García Lorca, Federico 201, 272
Gärtner, Fried 181 f.,186–189
Geißendörfer, Hans W. 8 f., 152, 247, 290, 338, 340–344, 346, 348, 351, 382, 394
Genet, Jean 245
Genscher, Hans-Dietrich 8, 371 f.
Gerke, Hartmut 261
Gies, Hajo 334
Giller, Walter 103
Giskes, Heinrich 262
Glas, Uschi 392
Goethe, Johann Wolfgang von 147
Gogol, Nikolai 232
Goldoni, Carlo 272
Gottschalk, Thomas 370, 384
Grabowski 196 f.
Gräwert, Günter 331
Grönebaum, Wolfgang 7, 368
Grothe, Wilhelm 115
Grühn, Petra-Maria 330
Gründgens, Gustaf 91, 104, 134, 296, 311
Haas, Ludwig 7, 103, 347
Häckermann, Hans 218–221
Hackländer, Ben 364
Hädrich, Rolf 290
Hammer, E. 155
Harvan, Hilde 144, 175
Hasse, O. E. 329
Hauff, Eberhard 286
Hauff, Reinhard 285 f.
Haupt, Ullrich 104, 330
Hauptmann, Gerhart 184
Häussermann, Helga 196, 308
Havel, Václav 234
Hebbel, Friedrich 92
Heck, Dieter Thomas 370
Heidmann, Manfred 233
Herren, Willi 323
Herzog, Roman 376, 392 f.
Hessenland, Dagmar 361
Hessenland, Werner 153, 156 ff., 176
Heyse, Hans-Joachim 200 f., 208–212, 230
Hindemith, Paul 69
Hinz, Knut 103, 323
Hofmann, Ilse 290, 334, 340
Höger, Annemarie 120 f.
Hoger, Hannelore, 262, 315, 321
Höhne, Klaus 262
Hörbiger, Tommy 143
Horney, Brigitte 326
Hübner, Kurt 245
Hugo, Victor 252, 254, 260
Humperdinck, Engelbert 47 f.
Huonder, Guido 266
Ilgner, Fred 285–293, 326 f.
Jones, Tom 8
Kabel, Heidi 8
Kahrmann, Christian 323, 357 f.
Karter, Egon 120 f., 130, 136, 247
Kehler, Dieter 359
Keller, Gottfried 141
Kerner, Johannes B. 370
Khouri, Jalal 272–280, 320 ff.
Killert, Johannes 151
Kinski, Klaus 179
Kirch, Leo 8
Kirchner, Alfred 242
Kleist, Heinrich von 143
Klevenow, Heinz 115
Kollek, Teddy 8
Kopp, Ursula 143
Koschwitz, Thomas 370
Krüger, Mike 370
Kucera, Herbert 212 f.
Lafer, Johann 370
Lagerfeld, Karl 8
Lamprecht, Günther 234, 266 ff.,
Leitgeb, Waldemar 195, 238 f.
Lennbach 185
Lichtenhahn, Fritz 234

Lindenstraße 7f., 75, 103, 152, 185, 198, 291, 308, 326, 334, 342ff., 347, 351, 364, 382ff., 395
Loepelmann, Götz 252f., 258
Lothar, Hanns 103
Lott, Walter 320, 323
Luger, Joachim Hermann 7, 330, 344, 347, 350
Mack, Günter 215
Maertens, Kai 364
Mairich, Max 139
Marks, Eduard 86ff., 103, 105, 151, 211, 308f., 328
Marks, Malte 308
Marks-Rocke, Annemarie 115
Markwort, Helmut 8
Masjos, Doris 142
Mattern, Boris 179
Mendelssohn Bartholdy, Felix 201
Menge, Wolfgang 281, 284
Messemer, Hannes 230, 234
Meyn, Robert 115
Michalski, Anna 258
Mikisch, Sonia 392
Milster, Angelika 300
Minks, Wilfried 245, 326
Mira, Brigitte 262
Mockridge, Bill 354ff.
Mödl, Martha 59, 61
Molière, Jean-Baptiste 86, 166
Möller, Gunnar 326
Montezuma, Magdalena 111, 260
Moorse, Georg 290, 368
Mora, Ute 7, 323, 347, 361
Mozart, Wolfgang Amadeus 69
Müller, Hertha 165
Münchhoven, Helen von 142
Neumann, Günther 296, 304
Niedecken, Wolfgang 392
Nowottny, Friedrich 371, 383, 393
O'Brien, Edna 292
O'Casey, Sean 265, 292
Offenbach, Jacques 363
Orff, Carl 201
Ostrowski, Alexander Nikolajewitsch 141, 151
Paetow, Monika 367
Panzer, Wolfgang 326
Papanastasiou, Kostas 7
Peine, Helmut 154
Pempelfort, Dr. Karl 198ff., 247
Petersen, Gunnar 150
Petersen, Wolfgang 281, 283, 290
Peymann, Claus 324ff.
Piazza, Barbara 340
Placido, Michele 8
Platte, Rudolf 326
Pleitgen, Fritz 394
Prochnow, Jürgen, 8
Pulver, Liselotte 306
Quadflieg, Will 134, 146ff., 155
Quinn, Freddy 306f.
Raben, Peer 255
Rampelmann, Franz 323
Rau, Johannes 376
Raven, Marianne M. 381
Reber, Roland 330
Reich-Ranicki, Marcel 8
Reincke, Heinz 105, 115–118
Richter, Walter 143
Rickelt, Martin 7, 185, 349
Rogée, Marianne 7, 323, 361
Rose, Paul 149f., 163f., 173f., 195, 198, 200, 247
Rose, Traute 184
Roussin 141
Rudolph, Hans-Georg 195
Rudolph, Niels-Peter 230, 234
Sachs, Moritz A. 8, 357
Sägebrecht, Marianne 8
Sartre, Jean Paul 231, 234, 269
Schafheitlin, Franz 130
Schalla, Hans 201, 211ff., 214, 229,

230, 231 ff., 257, 269, 281, 283, 324
Schanzara, Tana 244, 330
Schautzer, Max 370
Schell, Hermann Ferdinand 141
Schell, Maria 248
Schell, Maximilian 251
Schepmann, Ernst August 86, 91
Schieske, Alfred 114–118, 141
Schiller, Friedrich von 92, 146, 242
Schmahl, Hildegard 218, 230
Schmeling, Klaus von 308
Schmidt, Harald 370
Schmitt, Saladin 230 f.
Schramm, Günther 115
Schroeter, Werner 246, 259 f., 332, 333
Schubert, Willi 204
Schulz, Eva Katharina 230
Schwabe, Manfred 323
Schwarz, Kurt Julius 179 ff.
Schweiger, Til 384
Seiffert, Baldur 184
Shakespeare, William 48, 139, 147, 208, 231, 245 f., 272
Shaw, George Bernard 266
Shaw, Rodrigo 364
Simon, Neil 234
Spatzek, Andrea 7
Stanislawski, Konstantin 311
Stas, Wolfgang von 164 f.
Stein, Ingeborg 142
Stepanek, Elisabeth 266
Sternheim, Carl 201
Strasberg, Anna 312
Strasberg, Lee 311–322, 357
Striebeck, Peter 103, 334

Süßmeier 347
Sydow, Rolf von 290
Synge, John Millington 211, 213, 292
Tantau, Gisela 130
Tessen, Robert 143
Thaler, Susanne 335
Thoelke, Wim 43
Tirso de Molina 104
Trafic, Carlos 254–259
Trissenaar, Elisabeth 234, 243
Tschierschke, Olaf 200, 208, 295
Ustinov, Peter 265 f., 392
Varnay, Astrid 59
Vibach, Karl 296, 298, 300, 306 f., 309,
Vitrac, Roger 242
Vogler, Rüdiger 192 f., 334
Vosgerau, Karl-Heinz 262, 266, 330
Wagenbreth, Peter 330
Wagner, Richard 39, 55
Wedel, Dieter 290
Wenders, Wim 193
Wendl, Annemarie 7, 361
Westphal, Gert 139
Wildgruber 246
Willemsen, Roger 370
Windgassen, Wolfgang 59, 61
Winzewski, Patrick 364
Wirth, Franz Peter 340
Zadek, Peter 111, 229, 230, 261, 265, 281, 290, 300, 324, 326, 328 f., 242 ff.
Zech, Rosel 261
Zeisberg, Dieter 359
Zierl, Helmut 383
Zoch, Gisela 155
Zuckmayer, Carl 146